스타란 무엇인가

스타란 무엇인가

배국남 지음

스타란 무엇인가

초판 1쇄 인쇄  2016년 9월 25일
초판 1쇄 발행  2016년 9월 30일

지은이  배국남
펴낸곳  논형
펴낸이  소재두
등록번호  제2003-000019호
등록일자  2003년 3월 5일
주소  서울시 영등포구 양산로 19길 15 원일빌딩 204호
전화  02-887-3561
팩스  02-887-6690
ISBN  978-89-6357-175-1  03300
값  15,000원

이 도서의 국립중앙도서관 출판예정도서목록(CIP)은 서지정보유통지원시스템 홈페이지
(http://seoji.nl.go.kr)와 국가자료공동목록시스템(http://www.nl.go.kr/kolisnet)에서 이용
하실 수 있습니다. (CIP제어번호: CIP2016022778)

## 나는 왜 이 책을 썼는가?

"몸을 주면 정말 연예인 될 수 있을까요. 저에게는 성상납 제의도 없었어요." 연기학원 특강에서 만난 배우 지망생이 나에게 던진 말이다. "딴따라 주제에 뭘 안다고 광우병, 세월호, 역사교과서에 대해 이야기 하나!" 사회문제에 견해를 피력한 연예인 기사에 쏟아지는 댓글이다. "대중에게 웃음을 주는 코미디언이 왜 현실에선 무시당하며 웃음거리가 될까요." 스타 코미디언 故 이주일이 생전 인터뷰에서 했던 말이다. "저것들은 한 일도 별로 없고 얼굴 반반한 것 밖에 없는데 돈은 엄청나게 버네. 저러니 연예인 하려고 하지." 이영애, 송혜교, 전지현의 광고 출연료가 편당 10억 원 선이라는 말에 한 중년 직장 남성의 반응이다.

오디션 프로그램 '슈퍼스타K4'의 참가자가 전체 인구 4%에 이르는 208만 명에 달하고, 대학의 방송연예, 연극영화, 실용음악 관련학과 입학 경쟁률이 100~500대 1로 가장 치열하다. 연예인 지망생 100만 명 시대다. 네이버, 다음 등 포털에 하루 수백 개에서 수천 개의 연예인 관련 기사가 쏟아지고 연예인 뉴스가 인기기사 상위를 늘 독차지하는 상황이다.

송중기의 2016년 4~7월 베이징, 홍콩, 타이페이, 방콕 등 아시아 10 개 도시 팬 미팅에 6만 명이 몰린 광경은 송중기, 송혜교 주연의 드라마 '태양의 후예'가 끝난 직후 연출된 풍경 중 하나다. '태양의 후예' 파급효과는 수출 판매액 100억 원을 포함해 생산ㆍ부가가치 유발 효과가 1조 원에 달한다는 한국수출입은행 해외경제연구소 보고서도 그 열풍을 말해준다.

　대한민국은 연예인 지망생 공화국이다. 스타가 대중의 라이프스타일에서부터 가치관까지 막강한 영향을 미치고 대중의 욕망까지 충족시켜주는 시대다. 영화, 드라마 등 대중문화뿐만 아니라 신문, 인터넷 등 매스미디어, 기업광고, 굿즈(goods)에 이르기까지 스타의 영혼과 숨결마저 상품화되는 스타 마케팅이 일상이다. 스타 시스템을 거치지 않으면 아무리 뛰어난 실력과 탁월한 외모를 가진 연예인 지망생이라도 스타가 되지 못한다. 스타는 철저히 시스템에 의해 만들어지는 상황이다. 스타를 만들고 관리하는 연예기획사가 대중문화 권력으로 군림한지 오래다.

　그런데 말이다. 대통령까지 스타의 소중한 가치를 역설하고, 국민의 일상은 스타 소비로 점철된 시대지만, 정작 스타의 정의에서부터 특성, 역할은 모른다. 어린 아이의 손을 잡고 오디션장을 누비는 어머니, 학교보다는 연예기획사에서 많은 시간을 보내는 연습생, 사설학원부터 대학에서까지 스타의 꿈을 키우는 100만 명에 달하는 연예인 지망생은 연예계의 현실과 스타 시스템의 실태를 잘 모른다. 문화 권력으로 떠오른 연예기획사와 방송사, 영화사, 신문사 등 미디어는 연예인과 스타를 수입창출의 상품으로만 취급하지 스타의 진정한 가치 발현과 생명력을 배가하는 데 소홀하다. 대중은 스타와 연예인을 왕성하게 소비하고 생활 전반에 걸쳐 이들의 영향을 받으면서도 한 편으로 연예인을 '딴따라'로 치부하며 경멸하고 무시하는 이중성을 보이기도 한다. 또한 스타는 희소성과 높은 한계생산력, 인기도를 바탕으로 대중문화와 미디어의 흥행보증 수표 역할을 하지만 스타 권력 남용으로 스태프와 동료 연예인을 열악한 상황으로 몰아넣고 대중문화 콘텐츠의 질을 악화시키기도 한다.

연예인, 스타와 스타 시스템의 현실과 실상 그리고 특성을 모르는 결과는 참담하다.

연습생으로 4년여를 보내고 데뷔조차 못한 채 스스로 목숨을 끊은 연예인 지망생 안소진부터 성상납 강요와 폭행에 시달리다 "저는 나약하고 힘없는 신인 배우입니다. 이 고통에서 벗어나고 싶습니다"라는 절규를 남긴 채 자살한 신인 연기자 장자연, 전 국민의 사랑을 받았지만 악성 루머와 사이버테러에 힘겨워하다 극단적 선택을 한 톱스타 최진실은 단적인 사례다. 또한, 연예계 현실과 특성을 모른 채 수많은 연예인 지망생이 연예계 진출에 올인하며 소중한 시간과 노력을 허비하고 있다. 이윤창출에만 몰두해 스타와 연예인을 돈 버는 기계로 전락시켜 결국 스타의 생명력을 잃게 하는 연예기획사가 증가하고 있다. 롤모델 역할을 하며 정체성과 가치관 정립에 도움을 주고 인격을 형성하며, 욕망까지 충족시켜주는 스타의 소중한 가치를 모르는 대중이 양산되고 있다.

이 책은 스타와 스타 시스템의 특성과 실태, 그리고 연예계와 연예인의 현실과 실상을 몰라서 초래되는 문제와 부작용, 병폐를 조금이라도 해소했으면 하는 간절함으로 쓴 책이다.

100만 명에 달하는 연예인 지망생이 제대로 연예계에 진입하고 소중한 인생의 시기를 허비하지 않았으면 하는 절박한 바람이다. 연예계 현실과 스타 시스템을 잘 알지 못해 힘든 생활을 하다 결국 극단적인 선택을 하는 연예인 지망생과 연예인, 스타들이 더는 나오지 않기를 기원한다. 스타와 연예기획사, 미디어가 스타와 스타 시스템의 병폐와 문제, 실상을 총체적으로 파악해 경쟁력 있는 시스템과 건강한 스타문화를 구축하기를 진정으로 원한다. 대중이 스타의 역할과 가치를 제대로 알고 스타에게서 대리만족을 구하며 생활의 위안을 받거나 그들과 동일시하며 삶의 희망을 얻기를 바란다. 자료와 연구의 빈곤으로 어려움을 겪는 대중문화와 스타 전공자에게도 조금이라도 도움이 되길 기대해본다.

　이 책은 바로 이런 간절함의 결과다.

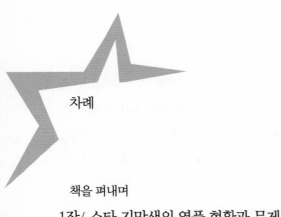

차례

# 3장/ 스타화의 경로

# 4장/ 스타 시스템

1장
스타 지망생의 열풍 현황과 문제

## 1. 연예인 지망생 열풍의 현황: 대한민국은 연예인 지망생 공화국

"아빠가 (연예인 되는 것을) 계속 반대하셔서서 별로 좋은 얘기는 안 하신다. 조금 지친다. 빨리 데뷔해서 아빠에게 이쪽 일은 정말 멋있는 일이라고 보여드리고 싶다." 가수로 데뷔할 날만을 기다리며 연습생으로 4년여의 세월을 보낸 연예인 지망생이었다. 무대에 한 번 서보지도 못한 채 2015년 2월 24일 목숨을 끊고서야 대중에게 이름을 인지시킨 소진(본명 안소진)이다.

"가수가 되고 싶었지만, 집안 형편이 어려워 꿈을 이룰 수 없다." 2012년 2월 20일 전남 순천에서 여고생 김 모(18) 양이 스스로 목숨을 끊으며 남긴 유서다. 김 양이 숨진 2012년은 오디션 프로그램 엠넷 '슈퍼스타K4'가 진행중이었다. 참가 지원자는 무려 우리나라 전체인구의 4%에 이르는 208만 명에 달했다.

대한민국에 연예인 지망생 광풍이 몰아치고 있다. 연예인이 되려는 사람의 규모는 상상을 초월한다. '대한민국은 연예인 지망생 공화국'이라는 말이 과언이 아니다.

초등학생 고학년 10명 중 4명의 장래 꿈은 연기자, 가수, 운동선수다. 한국보건사회연구원과 서울대 사회복지연구소가 2015년 초등학교 4~6년생 458명을 대상으로 조사한 결과다. 초등학생 40.5%가 미래에 원하는 직업으로 연기자, 가수, 운동선수 등 문화예술 스포츠 관련 직종을 꼽았다. 초등학생뿐만 아니다. 중고생과 대학생 역시 마찬가지다.

2015학년도 수시모집 원서접수 상황은 연예인 지망 광풍을 단적으로 보여준다. 한양대 실용음악학과 보컬전공은 5명 정원에 2,181명이 지원해 436.2대 1의 천문학적 경쟁률을 기록했고, 서경대 실용음악학과(보컬)가 330대 1, 단국대 생활음악과(보컬)가 319.67대 1 등 높은 경쟁률을 보였다. 연예계 진출과 관련한 연극영화, 방송연예, 실용음악, 개그학과 경쟁률이 대학교 입학 경쟁률 중 가장 높다. 문화부 발표에 따르면 매년 전국 130여 개 대학에서 방송, 연예, 영화, 실용음악 등 대중문화와 연예 관련학과 1만 4,000여 명의 학생을 모집하고 있다. 수도권 지역에서만 연예인 관련 사설학원 수강생이 4만 8,000명으로 추산된다. 또한, 전국적으로 방송 연예인 관련 학원은 1,000여 개에 이른 것으로 알려졌다.

연예인 지망 광풍의 현주소를 볼 수 있는 곳이 바로 SM엔터테인먼트, JYP엔터테인먼트 등 주요 연예기획사 연습생 선발 오디션이다. JYP엔터테인먼트 연습생 3명 모집에 2만여 명이 몰리며 7,000대 1의 경쟁률을 보였다. 기획사 연습생을 뽑는 오디션에 수만 명이 몰리는 것은 일상의 풍경이 됐다. JYP엔터테인먼트 정욱 대표는 "JYP엔터테인먼트 오디션팀이 연습생 선발을 위해 보는 참가자만 매년 5만 명에 달할 정도다"라고 말한다.

2016년 개봉된 박찬욱 감독의 영화 '아가씨'의 주연 김태리가 1,500대 1의 경쟁을 뚫고 주인공 배역을 따낸 것처럼 드라마나 영화 등 작품별 오디션장 역시 적으면 수천 명 많으면 수만 명의 연예인과 연예인 지망생이 몰린다.

연예인 등용문 역할을 한 엠넷 '슈퍼스타K', SBS 'K팝 스타'를 비롯한 수많은 방송사 오디션 프로그램의 지원자 수를 보면 연예인 지망 열기가 어느 정도 인지를 쉽게 가늠할 수 있다. 2009년 첫 선을 보이며 오디션 붐을 일으킨 '슈퍼스타K'는 시즌1의 70만 명, 시즌2 135만 명, 시즌3 196만 명, 시즌4 208만 명, 시즌5 198만 명, 시즌6 147만 명, 시즌7 174만 명에 달했다.

〈슈퍼스타K 참가자와 우승・준우승자〉

| 시즌(년) | 시즌1 (2009) | 시즌2 (2010) | 시즌3 (2011) | 시즌4 (2012) | 시즌5 (2013) | 시즌6 (2014) | 시즌7 (2015) |
|---|---|---|---|---|---|---|---|
| 참가자수 | 70만 명 | 135만 명 | 196만 명 | 208만 명 | 198만 명 | 147만 명 | 174만 명 |
| 우승 | 서인국 | 허각 | 울랄라세션 | 로이킴 | 박재정 | 곽진언 | 케빈오 |
| 준우승 | 조문근 | 존박 | 버스커버스커 | 딕펑스 | 박시환 | 김필 | 천단비 |

출처: CJ E&M

고현정, 김남주, 이보영, 염정아, 이승연, 오현경 등을 배출한 미스코리아 선발대회, 이소라, 송선미, 한예슬, 한지혜, 소이현 등을 데뷔시킨 슈퍼모델 선발대회, 최란, 박지영, 오정해, 윤손하, 장신영의 춘향선발대회 등 연예인 배출 전진기지 역할을 하는 각종 미인대회 역시 연예인 지망생으로 문전성시를 이루고 있다.

이밖에 비정기적으로 열리는 방송연예 채용박람회나 일반인이 참여하는 가요대회, 인터넷의 캐스팅 사이트, 홍대 음악클럽 등 연예인이 될 기회가 존재하는 곳에는 어김없이 내일의 스타를 꿈꾸는 연예인 지망생으로 들끓고 있다.

대한민국을 강타하는 연예인 지망 광풍은 이 같은 통계 수치에서뿐만 아니라 연예인 예비자원을 발굴하는 탤런트 스카우터들이 자주 찾는 전국 주요 도시 번화가에 이들을 의식하고 거리를 배회하는 청소년, 우연한 기회에 아이가 PD들의 눈에 들어 스타로 뜨지 않을까 하는 기대로 아이 손을 잡고 방송사 앞을 배회하는 어머니, 2006년 배우 하겠다며 사채를 쓰다가 60억 원 재산을 탕진해 구속된 20대 여성 오 모씨, 2016년 2월 13일 방송된 SBS '그것이 알고 싶다—시크릿 리스트와 스폰서: 어느 내부자의 폭로'에서 "연예인이 되기 위해 (몸을 주고 돈을 받는) 스폰서 제안을 수락했지요. 스폰서가 밤이든 낮이든 전화를 하면 무조건 가야 돼요. 어떤 요구든 다 들어줘야 하는 거죠"라고 말한 가수 지망생 J양, 집안 형편이 어려워 가수의 꿈을 이룰 수 없을 것 같다며 2012년 자살한 여고생 김모 양 등 수많은 사람의 모습에서도 쉽게 찾을 수 있다.

연예인 지망 열기가 폭발한 것은 대중문화 시장이 급성장하고 연예기획사 중심의 스타 시스템이 정착된 가운데 연예인의 사회적 위상과 인식이 크게 개선되며 스타가 엄청난 수입을 창출하기 시작한 1990년대부터다. 물론 1990년대 이전에도 연기자를 발굴하고 유통 관리하는 방송사 탤런트 공채 시험이 500대 1을 넘거나 영화사 오디션에 수천 명이 몰리는 열기가 있었지만 우려할 상황은 아니었다.

운군일 전 SBS 드라마 국장은 "1970~1980년대 탤런트 공채 경쟁률이 치열했지만, 본격적으로 연예인 지망 광풍이 불기 시작한 것은 1990년대부터다. 연예인을 수요 하는 매스미디어가 발전하고 대중문화 시장이 커졌기 때문이다"고 설명했다.

1990년대부터 연예인 지망 열기는 엄청나게 뜨거워졌다. 일제 강점기부터 1950년대까지는 악극단, 가요음반사, 영화사가 연예인 자원을 발굴하고 유통하는 주체 역할을 했다. 1961년 KBS 개국으로 TV 시대가 열린 1960년대부터 1980년대까지는 TV 방송사가 연기자, 코미디언, 가수 예비자원을 발굴하여 전속제로 관리하는 스타 시스템의 핵심 역할을 담당했다. 당시에는 연예인에 대한 대중의 관심은 높았지만, 지망 열기는 과도하지 않았다.

1972년 MBC 공채로 탤런트가 된 고두심은 "1960~1980년대에도 탤런트 공채 시험 경쟁률이 매우 치열했지요. 당시만 해도 연예인에 대한 부정적인 인식이 있는 데다 연예인이 될 수 있는 길이 방송사 공채중심이라 매우 한정돼 있어 연예인 지망생은 지금처럼 엄청나지 않았습니다"고 말한다.

1991년 SBS TV 개국으로 방송사 연예인 전속제가 무너지고 SM엔터테인먼트를 비롯한 많은 연예기획사가 연예인 예비자원을 발굴해 교육과 훈련으로 연예인과 스타를 만드는 스타 시스템의 주체로 자리 잡으면서 연예인 지망생은 폭발적으로 증가했다. 길거리에서부터 인터넷 캐스팅 사이트에 이르기까지 연예인 지망생으로 넘쳐났다. 대학은 속속 방송연예, 영화, 실용음악, 개그맨 관련 학과를 신설했고 연기 및 음악학원 역시 급증했다. MBC 라디오 '별이 빛나는 밤에' 제작진이 1997년 중고생 500명을 대상으로 설문 조사한 결과 학생의 47%가 연예인이 되고 싶다고 답했다. 1990년대부터 초중고생의 선망하는 직업 1위가 연예인이 됐고 가수, 배우, 개그맨이 되려는 지망생이 폭증했다. 2000년대 들어서는 연예인을 지망하는 청소년이 더 증가했다. 소년한국일보가 2009년 초등학생 300명을 대상으로 한 설문조사에서 여학생이 뽑은 장래희망 1위는 연예인이었다.

대중문화 관련 기관과 청소년단체, 언론은 우리나라의 연예인 지망생 규모를 100만 명 정도로 추산하고 있다. 인구의 2%에 해당하는 규모다.

오늘도 수많은 학생이 선망하는 연예인 꿈을 이루기 위해 학교수업까지 포기하며 연예기획사 연습실로 향하고 오디션장이나 연기·음악학원으로 발길을 돌리고 있다. 적지 않은 청소년이 연예인이라는 꿈을 이루지 못해 좌절하거나 심지어 자살까지 하고 있다. 그야말로 대한민국의 연예인 지망 열기는 대단하다. 이 때문에 우려의 목소리도 터져 나오고 있다. "현재 우리는 과도한 연예인 지망 열기에 휩싸여 있다. 학교에 가나 길거리를 가나 연예인을 하겠다는 사람이 너무 많다. 문제는 연예인이 되기 위해 들이는 노력과 돈, 시간이 결실을 보지 못한 채 소진된다는 점이다. 대부분 연예인이 되지 못하기 때문이다. 이것은 개인의 인생 낭비인 동시에 국가적인 낭비다. 이에 대한 대책이 시급하다." 연예기획사 스타제이 정영범 대표의 문제제기다.

오죽했으면 이런 광고까지 등장했을까. "우리에겐 아이돌도 필요하지만, 과학자가 더 필요 합니다!"


## 2. 연예인 지망 열기의 원인: 연예계 지망생과 스타바라기 홍수 이유

길거리에서부터 학교, 연예기획사, 방송사 오디션 프로그램까지 어디서든 연예인이 되겠다는 지망생을 쉽게 볼 수 있다.

연예인 지망 광풍은 왜 부는 것일까. 유아부터 중장년층에 이르기까지 수많은 사람이 왜 연예인이 되려는 것일까. 연예인과 스타 특성에서부터 청소년의 직업관 변화에 이르기까지 다양한 이유가 있을 것이다.

우선 지망 열기의 원인 진단에 앞서 MBC 라디오 '별이 빛나는 밤에' 제작진이 청소년 500명을 대상으로 조사한 설문조사 결과를 살펴보자. 조사 대상자의 47%가 연예인이 되고 싶다고 응답했는데 그 이유는 '개성 발휘'가 62%로 가장 많았고, '화려해서'가 27%, 그리고 '짧은 시간 안에 큰돈을 벌어서'라고 응답한 사람이 9%였다.

다른 여론조사 결과도 비슷하다. 또한, 방송사 오디션 프로그램 현장에서 만난 연예인 지망생이나 연예기획사 연습생의 연예인 지망 이유도 크게 다르지 않다.

연예계와 연예인에 대한 학교 교육은 거의 전무한 상황에서 연예인과 스타에 대한 교육과 정보를 얻는 핵심 창구 역할을 하는 매스미디어는 연예계 현실과 스타의 특성을 도외시한 채 스타의 화려한 성공과 특정 스타의 수입, 생활만을 집중 조명해 대한민국을 연예인 지망생 공화국으로 만들고 있다.

"배용준, 드라마 회당 2억 5,000만 원 받아", "송중기, '태양의 후예' 이후 광고 한편 출연으로 100억 원 수입 거둬", "장동건, 고소영 부부 200억 원대 서울 강남 빌딩 구입", "한류스타 장근석, 슈퍼카 몰고 다녀" … 등 톱스타의 수입과 활동에만 초점을 맞춰 연예인에 대한 환상을 심어주고 이것이 연예인 지망생을 증가시키는 원인으로 작용하고 있다.

또한, "당신의 끼와 꿈을 키워 보세요", "당신도 스타가 될 수 있습니다"라는 구호를 내걸며 전 국민의 연예인화를 조장하는 방송사 오디션 프로그램과 인터넷 캐스팅 사이트가 홍수를 이루면서 청소년에게 연예인의 꿈을 갖게 하고 있다.

신문, 인터넷 매체, TV에 보아나 문근영, 트와이스를 비롯한 아이돌그룹과 10대 스타 성공 신화가 부각되면서 연예인의 꿈을 꾸는 청소년이 급증했다.

장수봉 전 MBC PD는 "학생들에게 막대한 영향을 미치는 연예인과 매스미디어에 대한 교육이 거의 이뤄지지 않기 때문에 매스미디어에 의해 부풀려진 스타의 일면만을 본 학생들은 연예인에 대한 환상을 갖게 되고 이것이 연예인의 지망열기를 확대재생산 하는 결과를 낳는다"고 지적한다.

청소년의 직업관 변화도 연예인 꿈을 가진 사람의 증가로 이어졌다. 과거에는 사회와 사람들이 인정하는 직업을 택하는 경향이 강했지만, 이제는 자신의 개성을 살리고 좋아하고 행복해하며 일을 할 수 있느냐가 직업을 선택하는 가장 중요한 준거가 됐다. 이러한 직업관의 변화와 연예인의 사회적 위상과 영향력이 상승한 것과 맞물리면서 배우, 가수, 개그맨, 모델 분야를 지망하는 사람이 크게 늘었다.

하드웨어 중심사회에서 소프트웨어 중심 사회로의 이동 역시 연예인 지망 열기를 고조시키는 하나의 원인으로 작용한다. 콘텐츠가 우선시되는 소프트웨어 중심 사회에서 가장 각광받는 것은 대중문화다. 그 중심에 연예인이 있기에 젊은이는 연예계에 자연스럽게 관심을 갖는 것이다.

그리고 연예인이 활동할 수 있는 분야가 확장되고 엔터테인먼트 부문이 엄청난 이윤을 창출할 수 있는 산업으로서 자리를 잡은 것과 신인을 발굴하고 교육, 관리하는 전문화한 연예기획사의 등장 역시 연예인을 지망하는 사람들을 증가시켰다.

무엇보다 연예인과 연예계 속성과 스타의 특성 역시 수많은 사람에게 연예인 꿈을 갖게 한다.

연예인, 스타가 될 수 있는 확실한 기준의 부재와 활동하고 있는 연예인과 스타의 근접성 역시 연예인 광풍이 부는 하나의 원인이 된다. 실력만 갖추면 스타가 되는 것도 아니고 외모만 빼어나도 스타가 되는 것이 아니다. 실력이 없어도 스타는 될 수 있고 외모가 빼어나지 않아도 스타가 될 수 있는 모순적 상황이 연예인에 대한 지망 열기를 고조시키고 스타 꿈을 버리지 못하게 하는 것이다. 여기에 스타로 부상한 연예인과 비교해 자신이 비교우위에 설 수 있다는 주관적 생각을 하게 만드는 것도 우리 사회를 스타 열병을 앓게 만드는 원인이다.

세종대 허행량 교수는 『스타 마케팅』에서 누구나 스타가 될 기회가 부여되면서 사람들이 자신도 스타가 될 수 있다는 낙관적인 기대인 '나도 스타 증후군'과 누구나 자신의 재능을 잘 알 수 없다는 불확실성이 만드는 '묻지마 스타 증후군', 그리고 등위나 실적을 단축하기 위한 투자가 기하급수적인 데도 산술급수적으로 착각하는 착시효과로 인해 나도 스타가 될 수 있다는 욕망이 커져 연기학원에 등록하거나 연예기획사를 찾고 연예 고시에 도전하는 연예인 지망생이 많이 늘어나고 있다고 진단한다.

스타나 연예인은 누구나 될 수 있지만 아무나 될 수 없다. 이 점도 많은 사람에게 연예인의 꿈을 갖게 하는 원인이 된다. 연예인과 스타가 되는 것은 '가능한 불가능한 일이며, 불가능한 가능한 일'이다. 사람들은 불가능한 일이면 가능성이 없기에 모두 연예인과 스타가 되는 것을 포기할 것이다. 하지만 연예인과 스타가 되는 것이 가능한 일이라고 생각하면 많은 사람이 연예인과 스타가 되려고 노력한다. 연예인과 스타가 되는 것이 가능하다고 생각하면서 노력할 때 연예인과 스타가 되는 것이 불가능으로 다가오기도 하고 불가능하다고 생각했을 때 때로는 가능하므로 수많은 사람이 오늘도 연예인과 스타의 꿈을 저버리지 못하고 연예계 주변을 맴돌고 있다.

이러한 이유로 가능성이 희박한 연예계 진출을 꿈꾸는 젊은이는 늘어나고 대한민국이 연예인 지망생 공화국이 된 것이다. 하지만 전문가들은 연예인을 지망해 연예인으로 성공하고 스타로 부상하는 사람은 0.1%의 불확실한 가능성의 게임이라는 말을 한다. 99.9%가 좌절의 쓴맛을 본다. 연예인과 연예계를 지망하는 사람은 99.9%의 좌절과 한숨을 보지 못한다. 아니 보지 않으려 한다. 단지 0.1%의 화려한 성공신화만을 꿈꾸는 것이다. 연예인 꿈을 좇다가 중요한 인생의 시기를 허비하고 좌절 속에 인생을 살아가는 사람이 엄청나다. 심지어 연예인 지망생으로 4년여를 보냈지만, 연예계 데뷔조차 못 하고 스스로 목숨을 끊은 소진, 연예계에 데뷔했지만, 무명으로 힘들게 살다 자살한 신인 연기자 정아율 같은 비극적인 상황도 왕왕 발생한다.

스타의 전당이라는 할리우드에서 12년 동안 2만 명의 단역 배우 중 12명만이 스타가 됐다. 연예인이 돼서도 성공하기가 이처럼 힘들다. 할리우드만이 아니다. 스타 메이커인 KBS, MBC, SBS 지상파 방송사 드라마 PD

들은 6,000~8,000명 내외가 응모해 한 해 20명 정도의 탤런트를 선발했지만 이 중에서 스타가 한 사람도 나오지 않는 경우가 허다하다고 이야기한다. SBS 김영섭 드라마 본부장은 "오디션이나 탤런트 공채, 연예기획사 등을 통해 방송사 문을 두드리는 사람은 엄청나다. 하지만 이들 중 성공한 연기자는 손으로 꼽힐 만큼 소수다. 연기자 지망생 대부분이 한 작품도 출연하지 못한 채 오랜 시간을 보내다 좌절한 뒤 꿈을 접는다"고 말했다.

오늘도 연예인과 스타의 꿈에 모든 것을 걸며 연예계에 돌진하는 수많은 연예인 지망생들이 거리를, 연예기획사 연습실을, 방송사와 영화사 오디션장을 배회하고 있다.


## 3. 연예인 지망 광풍의 폐해: 성폭행 · 금품갈취에서 인생포기까지

#1. "10여 명의 매니저와 성관계를 했지만 아무 소득도 없었다. 오히려 매니저들 사이에서 원하면 무조건 OK인 연예인 지망생으로 낙인 찍혔고 더는 성관계를 요구하는 매니저도 없어졌다. 결국, 매니저들 사이의 소문 때문에 오디션조차 보지 못하게 됐고 나를 원하는 기획사는 하나도 없었다. 변변한 작품에 한 번 출연도 못해보고 나의 배우에 대한 꿈은 사라진 것이다." 월간중앙 2002년 9월호에 실린 '배우 지망생 P양의 충격 고백—뜨겠다는 일념으로 돈과 섹스를 바쳤다' 중 일부다.

#2. "방송에 데뷔만 시켜달라고 매달리는 박 모(여 · 20)씨는 이미 한 연예기획사 대표에게 수천만 원의 돈을 빼앗기고 성폭행까지 당한 경험도 있었다. 그러나 당시 사건은 이미 지난 일이라며 나를 키워줄 수 있는 매니저를 만나 방송에 데뷔하고야 말겠다고 말했다." 조선일보 2003년 5

월 28일 사회면에 실린 기사 '해부 연예기획사—환상 좇는 스타 지망생'의 일부다.

#3. "대법원은 연예인 지망생을 상습적으로 성폭행한 혐의로 구속기소된 연예기획사 대표 장 모씨(53)에 대한 상고심에서 징역 6년에 성폭력 치료프로그램 40시간 이수, 정보공개 5년을 선고한 원심을 확정했다고 밝혔다…장 씨는 2010년 11월부터 지난해 3월까지 서울 청담동 자신의 회사 건물 등에서 10대 청소년 2명을 포함해 소속사 연기ㆍ가수 연습생 4명을 10여 차례 걸쳐 성폭행과 강제 추행한 혐의로 구속기소 됐다." 경향신문 2013년 6월 21일 사회면에 실린 '연예 지망생 상습 성폭행…연예 기획사 대표 징역 6년 확정' 기사다.

이처럼 연예계에는 각종 사건, 사고가 터진다. 연예인 지망생과 연예인이 넘쳐나면서 이들을 대상으로 한 범죄와 사건이 지속해서 발생하고 있다. 몸과 돈을 주더라도 연예인이 되겠다는 연예인 지망생도 생겨나 사회문제가 되고 스타와 연예인이 되려는 사람들의 꿈을 사취하는 사람도 급증하고 있다.

영화나 드라마에 출연할 연기자, 음반을 내고 무대와 방송 활동을 할 가수, 방송과 공연에 나서는 예능인과 개그맨은 한정돼 있는데 연예인과 연예인 지망생이 급증하면서 이들을 대상으로 한 성폭력, 금품 갈취 등 각종 범죄가 빈발하고 있다.

김호석이 『스타 시스템』에서 주장한 것처럼 스타가 아닌 연예인과 연예인 지망생의 경우, 수요보다 공급이 엄청난 데다 한계 생산력도 낮아 출연기회나 출연조건 등의 협상에 있어 협상력이 전무해 감독, 연출자, 제작사, 방송사 등 수요자가 우위에 있는 수요자 중심 시장이 형성된다.

연예인 지망생이 100만 명에 달한다. 또한 매년 1만여 명에 달하는 방송, 영화, 연예 관련학과 졸업생이 쏟아져나오는 등 연예인 지망생과 연예인은 급증하고 있다. 하지만, 이들이 활동할 수 있는 방송, 영화, 예능 프로그램, 음반, 무대, 광고 등은 매우 한정돼 있다.

여기에 출연자를 공정하고 투명하게 선발하는 캐스팅 오디션 시스템이 구축되지 못한 상황 역시 연예인과 연예인 지망생을 대상으로 한 범죄나 문제를 근절시키지 못하는 요인으로 작용하고 있다.

이런 상황에서 연예인을 수요하는 곳에서의 범죄도 크게 늘고 있다. 또한, PD나 감독, 제작사 대표를 사칭하며 연예인 지망생과 연예인을 상대로 금품을 갈취하거나 성범죄를 저지르는 경우도 많다. 실제 현업에 종사하는 연예계 관계자들에 의해 자행되는 연예인 지망생과 연예인 대상의 범죄 역시 적지 않다.

문제 있는 연예기획사 대표, 매니저와 범죄를 목적으로 설립된 연예기획사 등이 교육이나 출연 섭외를 이유로 연습생이나 연예인 지망생, 신인의 돈을 갈취하거나 성폭행을 하는 경우도 있고 일부 연예기획사 종사자는 연습생이나 소속 연예인을 대상으로 스폰서에게 성매매를 시키는 사례도 있다.

무자격 연예산업 종사자들은 연예인 지망생의 꿈을 악용해 각종 범죄를 저지르고 우월적 지위를 가진 연예기획사 대표 중 일부는 신인 연예인과 연예인 지망생을 사리사욕을 채우는 수단으로 전락시키는 행태를 일삼고 있다.

캐스팅 카우치(Casting Couch)는 영화감독, PD, 작가, 매니저에게 잠자리(성상납)를 제공하고 배역을 받아 영화, 드라마, 프로그램 등에 출연하는 연예인을 지칭한다. 연예인 지망생이 홍수를 이루다 보니 수단과 방법을 가리지 않고 연예계에 진출하려는 일부 연예인 지망생이 성상납을 하고 연예계에 진출하는 캐스팅 카우치로 전락하고 있다.

또한, 돈을 주고서라도 출연 기회를 잡으려는 부모와 연예인 지망생도 적지 않다. 한 연예기획사 대표는 "우리 애를 스타로 만들어 달라며 수억 원을 뿌리는 사람을 적지 않게 만난다"고 증언한다.

신인 탤런트 장자연은 2009년 3월 7일 성상납, 술 접대 강요 그리고 폭행 등을 적시한 문건에 "저는 나약하고 힘없는 신인 배우입니다. 이 고통에서 벗어나고 싶습니다"라는 절규를 남기고 스스로 목숨을 끊어 큰 충격을 줬다.

장자연 사건 직후 국가인권위원회가 여성 연예인과 연예인 지망생을 대상으로 실시한 인권침해 실태 조사 결과는 연예계 병폐를 단적으로 보여준다. 국가인권위가 2009년 9~12월 여성 연기자 111명과 지망생 240명, 연예산업 관계자 11명을 심층 면접해 조사한 결과, 성희롱이나 성폭행과 같은 성적 피해가 많은 것으로 드러났다.

〈연기자 · 연예인 지망생 피해〉

단위: 명(%)

| | 연기자 (N=110) | 연예지망생 (N=238) |
|---|---|---|
| 사기 피해 경험 있음 | 70 (63.6) | 66 (27.7) |
| 연기 트레이닝, 캐스팅 비용 등을 빙자한 금품갈취 | 17 (15.5) | 20 (8.4) |
| 출연료 착복 | 44 (40.0) | 32 (13.4) |
| 감독, PD, 기획사 사장 등을 사칭하면서 따로 만나자는 요구 | 50 (45.5) | 33 (13.9) |
| 캐스팅, 연기력 테스트 등을 빙자한 성관계 | 10 (9.1) | 2 (0.8) |
| 누드/비디오 촬영 요구 | 7 (6.4) | 2 (0.8) |

출처: 국가인권위원회

여성 연기자의 45.3%가 술 시중을 들라는 요구를 받은 경험이 있다고 답했고, 60.2%는 방송 관계자나 사회 유력 인사에 대한 성접대 제의를 받은 것으로 조사됐다. 조사대상 여자 연예인의 31.5%는 가슴과 엉덩이, 다리 등 신체 일부를 만지는 행위 등의 피해를 봤다고 밝혔다. 21.5%는 성관계를 요구받거나, 6.5%는 성폭행 등 명백한 법적 처벌 행위가 되는 범죄 피해를 받은 경험도 있었다. 여성 연기자의 55%가 유력인사와의 만남 주선을 제의받은 경험이 있다고 답했는데 스폰서 관계를 매개하는 만남은 연예계 주변에서 매우 일상적이고 빈번한 것으로 조사됐다.

"기획사 대표가 세상과 남자를 알아야 한다면서 모텔로 끌고 갔어요. 옷을 실컷 사주고 저를 집에다 데려다주는 줄 알았는데 모텔로 데려가더라고요. 왜 그러시냐고 했더니 이쪽 일을 하려면…", "소속사의 요구로 식사자리, 술자리 등에 여러 번 불려 나간 적이 있어요. 결정적으로 사고가 나지는 않았지만 느끼하고 매우 불쾌한 상황이었어요." 국가인권위원회의 면접 조사에서 20대 여자 연기자나 연예인 지망생이 밝힌 피해 증언이다.

한국방송영화공연예술인노동조합(이하 한예조)이 2009년 7월 조합원을 대상으로 실시한 실태 조사의 결과도 인권위의 실태조사 결과의 수치 차이가 있을 뿐 범죄 피해에 해당하는 사례가 적지 않았다. 연기자 183명을 대상으로 설문 조사한 결과 19.1%인 35명이 '나 또는 동료가 성상납을 강요받았다'고 응답했다. 성상납을 강요한 사람은 PD, 기업인, 정치인 등이었다.

한 가수 연습생은 "연예인이 되고 아이돌을 꿈꾸는 지망생과 연습생이라면 대부분 성상납을 고민합니다"라고 토로했고 또 한 연기자 지망생은 "성상납을 제의받는 사람은 가능성이라도 있습니다. 저처럼 그런 제의도 받지 못하는 사람은 연예계 진출이 불가능한 것이 아닌지 너무 불안합니다"라는 절망적인 발언까지 서슴지 않았다.

'연예인', '연예인 지망생', '연습생'이라는 단어의 연관검색어로 '스폰서', '성폭행', '성상납', '금품갈취'라는 범죄 용어가 뜨는 것은 연예인 지망 과열의 또 다른 얼굴이다. 또한 "몸과 돈을 주더라도 연예인이 되겠다"는 문제 있는 캐스팅 카우치의 양산 역시 연예인 지망 광풍의 폐해다. 그리고 무엇보다 "저는 나약하고 힘없는 신인 배우입니다. 이 고통에서 벗어나고 싶습니다"라며 스스로 목숨을 끊은 장자연은 연예인 지망생 공화국의 가장 큰 비극이다.

2장
스타란 무엇인가

## 1. 스타란: 누가 스타인가

2016년 2~4월 방송된 KBS 드라마 '태양의 후예' 주연 송중기는 드라마가 끝난 직후 수십 개의 광고 출연 제의가 잇따랐다. 한국과 외국을 대상으로 하는 광고 한 편 출연료로 50억~90억 원을 제시받고 중국 기업 CF 편당 모델료가 40억 원에 이르는 등 막대한 수입을 올렸다. 중국에서 '송중기 부인 선발대회'가 열리는 등 국내외에서 송중기 인기를 입증하는 다양한 행사가 펼쳐졌다.

"유재석 씨의 삶과 활동을 보면서 제 삶의 방향도 정했지요. 늘 사회적 약자나 불우한 이웃에 관심을 기울이고 사랑 나눔을 실천하는 유재석 씨처럼 살고 싶어요. 엄청난 고통이 따르는 오랜 무명생활에도 굴하지 않고 최고의 자리에 오른 유재석 씨를 보면서 많은 용기와 힘을 얻기도 합니다." 수많은 유재석 팬들의 반응이다.

송혜교의 드라마 속 의상과 액세서리는 불티나게 팔려 유행을 창출하고 작품 속 대사는 대중의 유행어가 된다. '123만 원짜리 엑소 이어폰', '17만5,000원짜리 빅뱅 야구점퍼' 등 엑소와 빅뱅의 굿즈(goods)는 고가임에도 불티나게 팔린다.

송중기, 유재석, 송혜교, 엑소, 빅뱅을 관통하는 한 가지는 바로 '스타'라는 사실이다. 대중문화 시대의 가장 화려한 결실은 스타다. 스타는 이제 문화, 정치, 경제, 사회, 그리고 사람들의 일상생활이라는 하늘에서 그들만이 가진 이미지와 재능, 매력, 상품성으로 찬란한 빛을 발산하고 있다. 대중은 그 빛을 보고 느끼면서 때로는 즐거움과 위안을 얻기도 하고, 때로는 삶의 좌표를 정하기도 한다.

스타란 누구이며 어떤 사람이 스타로 호명(呼名)되는가. 스타에 대한 정의는 시대와 상황에 따라 변해왔다. 매스미디어의 발달 정도와 문화산업 시장 규모, 수용자의 수준과 범위, 대중문화의 판도, 스타 시스템의 체계화 정도, 문화·사회적인 이미지와 기호로서의 의미획득 정도, 사생활에 대한 유포 상황 등에 따라 스타의 범주와 판별 기준은 차이가 있다. 스타 시스템을 체계화하여 스타를 영화산업의 흥행 보증수표로 활용한 1900년대 미국 할리우드 영화산업 초기 이후 약 반세기 동안 스타란 곧 영화배우를 지칭하는 말이었다. 하지만 오늘날에는 가수, 연기자, 예능인, MC, 영화감독, 연출자까지 대중문화 스타 범위가 확대됐다.

방송문화진흥회가 펴낸 '방송대사전'에 따르면 스타는 흔히 우상 숭배와 유사한 방식으로 숭배의 대상이 되는 특정 개인의 가공적인 인물상(personality image)과 그 인물상을 구현하는 것으로 간주하는 인물을 지칭한다.

스타란 단어는 단순히 경의를 표하는 이상의 말로써 굉장한 지위에 오른 연예인을 지칭하거나 극장 출입구의 포스터에 영화배우 이름 하나로 영화 티켓 구매를 자극할 정도의 대중적, 문화적 소구력이 증명된 이들에게 부여된다.

또한, 명성과 이름만으로 수많은 소비자에게 음반과 음원을 구입하게 만들고, 드라마에 출연했다는 것만으로 엄청난 시청자를 TV 화면 앞으로 끌어당기는 이들을 우리는 스타라 명명한다.

그렇다면 스타와 비스타 여부를 결정짓는 가장 중요한 변별점은 무엇일까? 바로 인기도다. 루이스 자네티는 『영화의 이해(Understanding

*Movies)*』에서 일반적으로 직업 배우와 스타의 구분은 기법의 전문성 여부에 달린 것이 아니라 대중적 인기에 의한 것이라고 강조했다. 에드가 모랭 역시 『스타(*The Stars*)』에서 스타는 신과 같은 존재이기도 하지만 아무것도 아닌 존재이기도 하다. 이 아무것도 아닌 존재를 배부르게 해주는 신성한 양식은 바로 사람들의 사랑(인기)이라고 했다. 스타를 판별하는 주요한 기준으로 사람들의 사랑, 즉 대중의 인기 정도로 스타인지 아닌지가 판가름난다. 관념적 개념인 인기는 스타에 대한 대중의 친밀감이나 선호도의 표시, 스타와 관련된 문화상품의 구매라는 구체적 형태로 드러난다.

〈올해를 빛낸 탤런트〉(%)

| 순위 | 2007년 | 2008년 | 2009년 | 2010년 | 2011년 |
|------|--------|--------|--------|--------|--------|
| 1위 | 최수종(23.3) | 김명민(15.6) | 고현정(38.4) | 고현정(29.5) | 현 빈(9.2) |
| 2위 | 배용준(18.8) | 송승헌(10.6) | 이병헌(20.5) | 이범수(6.5) | 한석규(7.1) |
| 3위 | 송일국(18.1) | 문근영(9.8) | 김태희(16.3) | 김남주(6.5) | 김태희(7.0) |
| 4위 | 이서진(3.5) | 송일국(8.8) | 이요원(8.4) | 권상우(5.1) | 수 애(6.7) |
| 5위 | 김태희(2.8) | 최진실(8.1) | 김혜수(4.1) | 현 빈(5.0) | 장 혁(6.1) |
| 순위 | 2012년 | 2013년 | 2014년 | 2015년 | |
| 1위 | 송중기(18.2) | 이보영(11.0) | 김수현(19.6) | 황정음(14.4) | |
| 2위 | 김남주(12.9) | 지 성(8.1) | 이유리(18.2) | 김수현(10.4) | |
| 3위 | 유준상(9.5) | 소지섭(7.5) | 전지현(17.6) | 전지현(10.4) | |
| 4위 | 김수현(8.2) | 주 원(6.6) | 송윤아(6.1) | 유아인(9.4) | |
| 5위 | 장동건(8.1) | 이종석(6.4) | 오연서(5.9) | 박서준(7.8) | |

출처: 한국 갤럽

　스타인지 아닌지를 구분할 때 주요한 준거로 활용되는 것이 문화상품의 높은 수요를 창출할 수 있는 흥행성(스타 파워)이다. 물론 인기와 흥행(음반판매, 시청률, 관객동원)은 밀접한 관계가 있지만, 인기와 흥행이 반드시 비례하는 것은 아니다. 스타란 문화상품의 흥행 성공의 가능성을 높이는 매우 희소한 자원이라고 할 수 있다.

허행량은 『스타 마케팅』에서 스타란 추종자(팬)가 있고 미디어의 주목을 받으며 랭킹화한 인물로 상업적인 잠재력(흥행성)을 갖는 사람으로 명명했고 박해선 전 KBS 예능국장은 "스타란 음반, 영화, 드라마 등 문화상품에 있어 대단한 구매 유발력 또는 영향력을 지닌 희소한 연예인이다"고 정의했다.

스타 여부를 판별할 때 인기도와 흥행성 외에 연기나 노래의 관점과 사생활에 대한 대중의 관심과 유포 정도를 고려하기도 한다. 스타 여부를 판단할 때 연예인의 연기나 가수의 노래에서 개성 유무와 스타의 사생활에 대한 일반인의 관심도를 중요시하는 것이다. 연기의 관점에선 배우 개인의 개성이 극 중 인물의 성격을 압도하거나 그 성격에 혼합되어 나타날 때 그 배우를 스타라고 부른다. 에드가 모랭은 극 중 캐릭터와 배우의 개성 사이에 영향을 주고받는 가운데 양자를 초월하는 경우에 스타가 되며 극 중 캐릭터가 배우의 개성을 압도하거나 배우의 개성이 캐릭터를 제약하여 상승효과를 내지 못하면 스타가 될 수 없다고 했다. 크리스틴 글레드힐은 『스타덤: 욕망의 산업(Stardom: Industry of Desire)』에서 배우 중 스크린 밖에서의 생활 방식과 퍼스낼러티(Personality)가 연기력과 마찬가지로 중요하거나 능가했을 때 스타라고 명명한다고 했다. 스타에 대한 정의를 내릴 때 연기자(가수)의 개성과 사생활에 대한 대중의 관심도가 중요한 판단 근거로 작용한다는 의미이다.

대중에게 신인은 배역의 성격이나 연기 스타일뿐만 아니라 사생활이나 패션 등은 관심 밖이지만 스타는 사정이 다르다. 스타의 일거수일투족, 그들의 행보 하나하나, 그리고 사생활 전부가 대중이 보이는 호기심의 주요한 메뉴이다. 존 벨튼은 『미국영화/미국문화(*American Cinema/American Culture*)』에서 영화배우 제레미 아이언스와 앤소니 홉킨스는 아카데미 오스카상을 받고 배우로서 재능은 있지만, 스타가 되지 못한 것의 한 이유를 이들의 사생활이 널리 알려지기보다는 비밀에 싸여있기 때문이라고 한 것은 사생활에 대한 정보유통과 이에 대한 대중의 관심이 스타 여부를 가르는 주요한 요소임을 드러낸 것이다.

〈올해를 빛낸 영화배우〉(%)

| 순위 | 2007년 | 2008년 | 2009년 | 2010년 | 2011년 |
|------|--------|--------|--------|--------|--------|
| 1위 | 전도연(49.7) | 송강호(13.1) | 이병헌(20.1) | 원 빈(30.7) | 원 빈(11.3) |
| 2위 | 송강호(16.5) | 손예진(11.3) | 장동건(17.9) | 장동건(14.4) | 박해일(9.5) |
| 3위 | 배용준(6.4) | 김혜수(7.4) | 설경구(17.5) | 강동원(11.6) | 장동건(8.8) |
| 4위 | 안성기(6.4) | 전도연(7.3) | 하지원(14.3) | 이병헌(6.4) | 김하늘(8.2) |
| 5위 | 설경구(5.0) | 장동건(7.3) | 정지훈(8.3) | 송강호(5.6) | 공 유(5.8) |
| 순위 | 2012년 | 2013년 | 2014년 | 2015년 | |
| 1위 | 이병헌(37.6) | 송강호(22.5) | 최민식(42.3) | 유아인(26.9) | |
| 2위 | 송중기(15.0) | 하정우(18.9) | 송강호(22.2) | 송강호(20.3) | |
| 3위 | 김혜수(7.6) | 이병헌(18.0) | 류승룡(10.5) | 황정민(16.1) | |
| 4위 | 장동건(7.4) | 류승룡(10.1) | 하정우(9.0) | 전지현(14.2) | |
| 5위 | 하정우(6.4) | 설경구(7.4) | 이병헌(4.5) | 하정우(11.8) | |

출처: 한국 갤럽

　　연예인 중 대중이 선호하는 이미지를 창출해 시대나 사회에 의미 있는 기호로서 역할을 할 수 있느냐 없느냐가 스타이냐 아니냐를 판별하는 요소로 작용하기도 한다. 스타 이미지는 극 중 캐릭터와 사생활, 개성 그리고 대중매체에서 유통하는 정보에 의해 구축된다. 스타는 스스로 이미지를 컨트롤 할 수 있는 단계를 넘어 그 이미지가 스스로 생명력을 갖게 될 때 진정한 스타가 된다.

〈올해를 빛낸 코미디언/개그맨〉(%)

| 순위 | 2007년 | 2008년 | 2009년 | 2010년 | 2011년 |
|------|--------|--------|--------|--------|--------|
| 1위 | 유재석(49.3) | 유재석(49.9) | 유재석(51.6) | 강호동(43.0) | 김병만(42.5) |
| 2위 | 강호동(20.5) | 강호동(37.2) | 강호동(43.5) | 유재석(38.1) | 유재석(32.6) |
| 3위 | 박명수(11.1) | 신봉선(19.4) | 이수근(11.3) | 이수근(31.9) | 이수근(24.3) |
| 4위 | 신봉선(7.7) | 이수근(5.5) | 신봉선(7.8) | 김병만(15.4) | 최효종(19.7) |
| 5위 | 이경규(4.4) | 박명수(4.9) | 박명수(4.4) | 이경규(4.6) | 강호동(15.1) |
| 순위 | 2012년 | 2013년 | 2014년 | 2015년 | |
| 1위 | 유재석(38.7) | 유재석(34.6) | 유재석(43.3) | 유재석(51.3) | |
| 2위 | 김준현(20.6) | 신보라(15.8) | 김준호(20.7) | 이국주(12.9) | |
| 3위 | 김병만(18.7) | 김준현(14.7) | 김준현(14.5) | 강호동(10.4) | |
| 4위 | 이수근(16.6) | 강호동(11.2) | 이국주(13.9) | 김준현(9.5) | |
| 5위 | 신보라(11.6) | 김준호(10.6) | 강호동(11.3) | 박명수(8.4) | |

출처: 한국 갤럽

존 엘리스는 *Visible fictions, Cinema:Television:Video*에서 스타와 연예인의 구분을 배역과 실제적인 개인(사생활+개성)이 융합돼 구축된 이미지나 페르소나가 문화나 사회를 가로지르는 아이콘으로서 역할을 하느냐 못하느냐로 규정한다. 그러므로 텔레비전이나 영화에 출연하는 사람 모두 스타는 아닌 것이다. 스타는 이미지나 의미가 그들이 출연하는 프로그램이나 작품 너머로 확장되는 연기자나 가수 등 인기 연예인을 지칭한다. 만약 연기자의 이미지가 프로그램 너머로 확장되지 않는다면 그들은 캐릭터 안에 갇힌 배우일 뿐이다. 제레미 버틀러는 *Television: Critical Methods and Applications*에서 진정한 스타는 잡지, 신문, 웹사이트 그리고 다른 텔레비전 프로그램과 같은 다양한 대중매체와 문화를 관통하고 순환하며 문화적으로 스타 이미지와 관련된 의미들을 제한하지 않는다고 했다.

스타 여부를 판별할 때 고려되는 이 밖의 요소들도 있다. 에마누엘 레비는 *Media, Culture and Society*에서 할리우드 스타 기준으로 신체적 용모, 젊음, 연기력, 스크린 이미지 등 4가지가 일정 수준에 올라와 있는 사람을 스타라고 명명했으며 이 중 스크린 이미지에 특별한 가중치를 두었다. 미국 CBS 방송은 매년 50대 스타를 발표하는데 스타의 선정 기준은 스타성(흥행성과 끼), 연기력, 대중성(인기), 외모 등 4가지다.

〈올해를 빛낸 가수〉(%)

| 순위 | 2007년 | 2008년 | 2009년 | 2010년 | 2011년 |
|---|---|---|---|---|---|
| 1위 | 원더걸스(28.2) | 원더걸스(22.2) | 소녀시대(29.8) | 소녀시대(31.5) | 소녀시대(26.1) |
| 2위 | 빅뱅(16.8) | 빅뱅(21.2) | 빅뱅(21.1) | 2PM(12.5) | 빅뱅(8.2) |
| 3위 | 장윤정(11.0) | 장윤정(9.9) | 2PM(12.5) | 장윤정(11.6) | 장윤정(6.9) |
| 4위 | 소녀시대(9.9) | 소녀시대(7.8) | 원더걸스(10.4) | 태진아(8.4) | 김범수(6.3) |
| 5위 | SG워너비(9.8) | 이효리(6.5) | 장윤정(9.6) | 카라(7.7) | 아이유(6.0) |
| 순위 | 2012년 | 2013년 | 2014년 | 2015년 | |
| 1위 | 싸이(24.4) | 조용필(17.6) | 아이유(12.9) | 빅뱅(15.5) | |
| 2위 | 소녀시대(19.8) | 싸이(11.7) | 소녀시대(12.4) | 아이유(15.4) | |
| 3위 | 빅뱅(9.5) | 장윤정(8.8) | 씨스타(10.8) | 소녀시대(11.9) | |
| 4위 | 아이유(6.9) | 엑소(8.4) | 엑소(9.4) | 장윤정(8.9) | |
| 5위 | 장윤정(6.6) | 설경구(8.3) | 이선희(8.4) | 씨스타(6.9) | |

출처: 한국 갤럽

일반적으로 스타란 높은 대중성(인기)을 발판으로 산업 마케팅의 장치로 활용되며 또한 이미지와 개성, 캐릭터, 사생활에서 대중에게 영향력을 끼치며 문화적 의미와 이데올로기적 가치를 전달하는 사람이라고 볼 수 있다. 구체적으로 영화배우나 탤런트를 비롯한 연기자의 경우, 팬클럽 규모를 포함한 대중성(인기), 흥행이나 시청률을 담보할 수 있는 상품성, 연기력, 끼, 외모, 방송과 영화의 출연횟수, 사생활의 관심도, 대중이 선호하는 이미지, 사회적 의미 획득 측면에서 일정 수준을 넘어선 사람을 스타라고 할 수 있다. 또한, 가수의 경우 대중성, 음반과 음원 판매량, 방송 및 공연 출연 횟수와 규모, 가창력, 대중 선호 이미지, 가수 페르소나의 시대의 기호 역할에서 일정 정도의 수준에 오른 사람이 바로 스타이다.

## 2. 스타의 사회적 역할: 가치관 정립에서 인격형성까지

#1. "전범 기업 미쓰비시 제의를 거부하는 훌륭한 결심을 했다는 말에 눈물이 나고 이 할머니 가슴에 박힌 큰 대못이 다 빠져나간 듯이 기뻤습니다. (송혜교) 선생님 너무도 장한 결심을 해주셔서 감사하고 또 감사합니다. 우리나라 대통령도 못한 훌륭한 일을 송 선생님이 했습니다. 우리는 돈 문제가 아니고 일본 아베 총리와 미쓰비시한테 사죄를 받는 것이 첫 번째 바람입니다." 2016년 4월 28일 일제 강점기 미쓰비시(三菱)에 끌려가 강제노역했지만, 임금은커녕 사과조차 받지 못한 양금덕 할머니가 미쓰비시 CF를 거절한 송혜교에게 보낸 가슴 절절한 손편지다.

#2. "어떻게 스타가 그럴 수 있나. 실망과 배신감을 느낀다", "수많은

사람이 사랑을 보내는 대중의 우상이 기대를 저버린 행태를 보일 수 있나", …국내외 대중의 비판이 끝이 없다. "물의를 일으킨 박유천을 지탄한다. 향후 박유천과 관련된 모든 활동이나 콘텐츠를 철저히 배척할 할 것이다." 일부 팬클럽은 지지를 철회했다. 경찰에 의해 무혐의로 밝혀졌지만 2016년 6월 10일부터 17일까지 4명의 여성에게 성폭행 혐의로 연이어 피소당한 것만으로 연예계와 대중을 충격 속으로 몰아넣은 박유천에 대한 팬과 대중의 반응이다.

두 사례는 스타의 사회적 역할을 단적으로 보여준다. 대중문화가 '스타의 문화'로 명명될 정도로 대중문화에 있어 스타의 역할과 기능, 영향력은 상상을 초월한다. 스타는 대중문화의 형식과 내용을 좌우하는 주체이며 경제, 사회, 정치 등 다양한 분야에서 강력한 영향을 미치는 실체이기도 하다. 미국 정치학자 조지프 나이가 『소프트파워(Soft Power)』에서 권력작동이 군사력으로 상징되는 하드파워에서 마음을 잡아끄는 매력을 가진 문화와 스타 등 소프트파워 중심으로 이동했다고 강조한다.

스타는 방송, 스크린 그리고 무대에만 한정할 수 없다. 이들은 대중성과 영향력을 바탕으로 문화는 물론이고 사회, 정치, 경제를 가로지르며 다양한 역할과 기능을 수행하고 있다. 사회적 역할을 무시하고 스타를 단순히 문화적 역할로만 국한하려 한다면 이는 스타의 일부분의 역할만 인정하는 것이 된다. 반대로 사회적 역할만 강조한다면 스타의 역할에 대한 많은 부분을 보지 못하는 결과를 초래한다.

스타는 문화 텍스트를 구성하는 핵심 인자일 뿐 아니라 산업의 마케팅 장치이며 사회적 의미와 이데올로기적 가치를 전달하는 기제이고 대중의 취향과 친밀감, 욕망과 동일화를 끌어내는 기호이기도 하다. 스타는 막강한 영향력을 바탕으로 문화 외에도 사회, 경제, 정치, 교육 등 다양한 부문에서 여러 가지 역할을 수행하고 있다.

최근 들어 인기 스타는 강력한 영향력을 바탕으로 사회적 문제 해결부터 대중 특히 청소년의 가치관, 세계관 형성에 지대한 영향을 끼치고 있다. 뿐만 아니라 사회구성원으로 살아갈 규범을 체화시키는 사회화의 대리자(Socialization Agent) 기능까지 수행하고 있다.

마리타 스터르큰과 리사 카트라이트가 *Practices of Looking: Introduction to Visual Culture*에서 강조하듯 스타는 다양한 이데올로기의 형태로 사회와 깊은 연관을 맺으며 다양한 사회적 역할을 하고 있다.

사회 현상 유지를 위한 기제로 활용되든 아니면 전복적인 역할을 하든 스타는 어떠한 방식으로든 이데올로기를 체현하면서 사회와 연관성을 갖고 있다. 이는 스타가 표상하는 이미지는 이데올로기를 생산하고 투사하는 주요한 수단이기 때문이다.

하지만 사회와 스타와의 연관성에 대한 성격 규정의 입장은 전문가에 따라 극명하게 엇갈린다. 스타를 단순히 지배 이데올로기 강화나 자본가의 모순을 은폐하는 부정적 측면을 강조하는 주장 앞에서는 기존 체제의 대안적 이데올로기 체현자로서의 스타의 기능은 설 자리가 없다. 프랑크 푸르트학파 허버트 마르쿠제는 문화는 현상유지를 위한 재생산일 뿐임을 전제하며 스타를 기존 질서의 부정이라기보다는 긍정으로서 봉사하는 지배 자본가의 이데올로기를 설파하는 기제로 파악했다. 마르쿠제의 연장선상에서 스타와 사회관계의 부정적인 측면에 대해 비판한 학자는 레오 로웬탈이다. 그는 사회의 변화와 스타 역할 변화의 상관관계 속에서 스타와 사회의 연관성을 유추한다. 레오 로웬탈은 1901년에서 1941년 사이에 대중잡지에 실린 전기들에 대한 연구를 통해 사회적 우상(스타)이 개방적이고 민주적인 인간상에서 폐쇄적인 사회에 맞춘 인간상으로 변모했다고 주장한다. 초기 잡지의 주제는 생산의 우상들이고 이들은 세상에서 무엇인가를 이루었고, 자신의 길을 매진하며, 자기 분야에서 최정상에

도달한 흥미로운 사람들, 즉 은행가, 정치가, 예술가 발명가 사업가들이다. 그러나 그 사이에 소비의 우상으로 변화가 있었다. 현대의 우상은 주로 소비와 여가의 영역에서 나오고 있으며 그들은 바로 연예와 스포츠 우상들이다. 우상이 되는 과정에서 자신의 노력보다는 우연이나 행운으로 그러한 자리를 잡게 되었다. 이러한 대중의 우상은 자신들의 모습을 통해 대중에게 전달하는 가치란 반자유주의적 가치이며 궁극적으로 현 자본주의 사회에 적응할 수 있도록 모순을 숨기는 가치이다.

장 보드리야르 역시 생산의 영웅(스타)에 대해 찬양하는 전기가 오늘날에는 어디에서나 소비의 영웅에 대한 전기에 뒤지고 있다고 현재의 현상을 진단한다. 성자와 역사적 인물에 대한 이야기를 계승한 자수성가한 사람과 창업자, 개척자, 탐험가의 모범적인 위대한 생애에 대한 이야기는 영화와 스포츠 스타, 돈 많은 몇몇 왕자나 세계적인 군주들, 결국 대낭비가들에 대한 이야기로 바뀌었다며 스타를 소비의 화신으로 봄과 동시에 소비를 조장하는 실체로 파악했다.

이 같은 입장에서 스타는 사회 지배체제나 이데올로기의 저항으로서 존재 의미를 지니는 것이 아니라 사회의 강화 및 현상 유지의 기제와 위장된 형태로 자본주의 이데올로기를 퍼뜨리는 사회의 지배 이데올로기의 구현자로서의 의미가 있다.

반면 일반적인 의미에서 스타 현상 자체가 부여하는 이미지를 분석하면서 사회와 스타의 연관성을 설명하는 리처드 다이어는 스타의 이미지가 소비, 성공, 꿈, 평범과 비범의 모순과 사랑 등에 집중돼 있어 이러한 이미지들이 개인주의, 소비주의, 그리고 사회적 고정 관념화를 야기하며 이데올로기적 기능을 한다고 강조한다. 그는 스타가 지배 이데올로기 강화와 전복의 기능을 모두 수행한다고 파악한다.

아더 아사 버거 역시 "대중매체의 영웅(스타)은 사람들에게 모방할 모델을 제공하며 그래서 사람들이 정체성을 획득하는 것을 돕는다. 가끔 이러한 모델은 일탈적이며 그래서 어떤 남녀 영웅(스타)은 사회가 획득한 평온을 다소간 교란한다"며 스타가 사회 지배 이데올로기의 전달자와 전복자로서 두 가지 모습을 모두 갖는다는 점을 강조한다.

하지만 스타와 사회의 연관성을 더욱 더 적극적으로 긍정적 시각에서 바라보는 입장도 개진된다. 에드가 모랭은 스타는 지식 제공자일 뿐만 아니라 인격 형성자이며, 대중을 선도하는 자라며 스타의 사회적 기능을 긍정적으로 평가했다.

영화비평가 파커 타일러는 "스타는 현대의 종교에 의해 채워지지 않는 욕망까지 충족시켜준다"고까지 했다. 스타는 특정 시대와 사회에서 대중이 특정 인물에 대해 동일시하고 싶은 혹은 무의식적 욕구를 충족시켜준다. 다시 말하면 스타는 대중의 의식을 사로잡는 특정 두려움, 욕구, 근심, 그리고 꿈을 표현하고 그에 대한 상징적 해결을 가져다주면서 사회적인 바로미터 기능을 한다.

스타의 사회적 역할도 시대에 따라 변화했는데 대중문화 초기에는 스타는 신이고 여신이며 영웅, 완벽한 이상적인 모델, 즉 이상적인 행동방식의 구현체였으나 근래 들어서는 동일시 대상이 되는 인물, 즉 전형적인 행동방식의 체현체로서의 성격을 보이며 다양한 사회적 역할을 수행하고 있다.


## 3. 대중문화 · 문화산업의 스타 역할: 대중문화 흥행과 투자를 좌우

영화사에선 수많은 배우 중 송강호, 하정우, 황정민, 강동원, 김혜수, 손예진, 전지현을 캐스팅하기 위해 혈안이 돼 있고 방송사 PD는 송중기, 이민호, 유아인, 조인성, 송혜교를 출연시키기 위해 노심초사다. 스타의 영화 출연료는 5억~10억 원이고, 드라마 회당 출연료는 1억~2억 원이다. 국내외 기업 광고 모델료로 10억~50억 원을 받는 스타도 속속 등장하고 있다. 스타의 연예기획사 영입과 스타 아이돌그룹의 음반 출시, 스타의 열애 등 사생활은 주가에도 엄청난 영향을 미친다.

왜 그럴까. 스타는 문화산업과 대중문화에 있어 일반 배우, 가수와는 비교할 수 없는 중요한 역할을 수행하고 소비창출, 투자유치 등 여러 면에서 큰 효과가 있기 때문이다.

대중문화와 문화산업은 일반 상품처럼 명백한 물질적 욕구가 아니라 미적이고 표현적 또는 오락적 욕구와 관련돼 있다. 그래서 대중문화 상품에 대한 수용자의 효용은 다중적인 문화적 가치가 배여 있을 수밖에 없으므로 명백하게 수요를 추정하기 어렵고, 예측이 불확실하다. 영화, 드라마 등 문화상품은 소비자가 일회적 소비 경향을 보이는 비반복재 성격을 갖고 있기에 상품의 생명주기가 매우 짧을 뿐 아니라, 소비의 반복이 제약당하므로 상품의 질과 관련한 불확실성이 매우 높다. 문화상품은 소비한 후에 비로소 상품의 효용과 질을 알 수 있는 경험재적 특성도 있고 생필품이 아니라 사치재적 성격도 농후하다. 문화산업은 성공과 실패가 확연하게 드러난다. 문화상품이 흥행에 성공하면 대단히 높은 이익을 얻지만 실패하면 손실의 폭이 매우 크다.

문화산업과 문화상품의 이러한 속성 때문에 많은 비용 투자에도 불구하고 수요의 불확실성이 높아 성공의 결과를 예측하기가 힘들다. 하지만 성공하면 막대한 이윤을 창출할 수 있다.

이처럼 불확실성이 높은 환경 안에 존재하는 만큼 대중문화와 문화산업은 불확실성을 최소한도로 줄일 여러 가지 방안을 강구한다. 생산자가 시장에서 이익을 극대화하는 합리적인 행위자인 한 불확실성이나 위험에 대응하는 반응 양식, 즉 위험을 최소화하기 위한 위험회피, 위험감소, 그리고 위험분산 기법 등이 발달한다.

〈관객 1000만 영화와 주연배우〉

| 순위 | 영화 | 개봉 | 관객수(만명) | 주연 |
|---|---|---|---|---|
| 1 | 명량 | 2014 | 1,761 | 최민식, 류승룡 |
| 2 | 국제시장 | 2014 | 1,426 | 황정민, 김윤진 |
| 3 | 베테랑 | 2015 | 1,341 | 유아인, 황정민 |
| 4 | 괴물 | 2006 | 1,301 | 송강호, 박해일, 배두나 |
| 5 | 도둑들 | 2012 | 1,298 | 김윤석, 이정재, 김혜수 |
| 6 | 7번방의 선물 | 2013 | 1,281 | 류승룡, 박신혜, 갈소원 |
| 7 | 암살 | 2015 | 1,269 | 전지현, 하정우, 이정재 |
| 8 | 광해, 왕이 된 남자 | 2012 | 1,232 | 이병헌, 류승룡 |
| 9 | 왕의 남자 | 2005 | 1,230 | 감우성, 정진영, 이준기 |
| 10 | 태극기 휘날리며 | 2004 | 1,174 | 장동건, 원빈 |
| 11 | 부산행 | 2016 | 1,156 | 공유, 정유미, 마동석 |
| 12 | 해운대 | 2009 | 1,145 | 설경구, 하지원 |
| 13 | 변호인 | 2013 | 1,137 | 송강호, 임시완 |
| 14 | 실미도 | 2003 | 1,108 | 설경구, 안성기 |

출처: 영화진흥위원회

제작자는 위험을 최소화하는 방법을 대중문화와 문화산업에서 다양하게 전개하고 있는데 그 중의 하나가 바로 스타 활용이다. 문화산업의 불안정한 시장의 안정화를 꾀하는 다양한 방법의 하나가 한 사람 혹은 그 이상의 스타에 대한 소비자의 감정적, 정서적 연결고리를 만들어줌으로써 소비자를 간접적으로 특정 상품의 범주에 묶어두는 방법인 스타 활용이다.

스타 활용의 중요성은 생산의 측면에서 일종의 고정적인 수요자로서 기능하는 수많은 팬을 가지고 있다는 사실에 기인한다. 수요가 불확실한 문화산업은 일정 정도의 안정된 수요를 보장하는 스타를 선택하는 것이 합리적이다. 또한, 스타를 기용할 경우 홍보나 광고효과가 높아 그만큼 소비를 창출할 가능성이 커진다. 일반 연기자나 가수보다 스타 연기자나 가수는 음반판매나 드라마 시청률, 영화의 관객 동원에 있어 비교할 수 없을 정도로 한계생산력이 높다.

물론 스타를 기용하는 결과 역시 절대적인 것은 아니다. 파라마운트의 1933년 경제파산의 위기에서 구한 것은 배우 매 웨스트의 영화가 예기치 않게 성공한 것이고 이와 비슷하게 디아나 더빈은 1937년 유니버설을 구했고 텔레비전의 위협에 대한 영화산업의 응수는 마릴린 먼로였다. 그러나 이와 반대로 할리우드 전성기 때조차도 스타는 영화의 성공을 절대적으로 보증하지 못했다.

스타의 인기는 오르락내리락하며 그들의 인기가 제일 높을 때조차 주연으로 나선 영화를 보지 않는 경우도 있다. 흥행보증 수표 역할을 하던 스타 강동원, 송강호, 이병헌, 하정우, 김수현, 이민호, 전지현, 김태희가 출연해도 영화나 드라마가 흥행에 참패해 흥행부도 수표로 전락하는 경우도 왕왕 있다. 이런 이유로 리처드 다이어는 스타는 문화산업적인 측면에서 '문제성 있는 필수품'이라고 했다. 하지만 비스타를 활용하는 것보다 스타의 활용은 더 많은 이윤 창출을 하기 위한 안전판임은 분명하다.

스타는 상품으로서 갖는 특성 중 가장 중요한 것이 수요에 비해 희소성의 정도가 매우 높다는 것이다. 일반 제품처럼 수요만큼 공급이 이뤄지지 않는다. 공장에서 일반 상품을 대량생산하듯이 스타는 대량으로 만들어내지 못한다. 스타는 혼자만의 노력이 아닌 연예기획사와 대중매체의 노력과 투자 그리고 소비자의 호응이 뒤따라야 한다. 수만 명이 스타를 꿈꾸며 할리우드로 진출하지만, 그 중 한두 명만이 스타로 부상한다. 수천 명의 연기 지망생이 KBS, MBC, SBS 등 방송사 탤런트 공모에 응시하지만, 이 중 스타로 부상하는 사람은 1%도 안 된다. 이처럼 스타는 매우 희소하다.

또한, 스타의 상품성을 결정하는 인기는 매우 가변적이다. 팬의 기호 변화, 스캔들, 대중매체의 출연 빈도와 대중의 문화상품 선택요인의 변화, 문화상품의 흥행 성공 여부 등 여러 가지 이유로 스타의 인기는 급변한다.

〈드라마 시청률 순위〉

| 순위 | 드라마 | 출연 | 시청률 | 방송년도 |
|------|--------|------|--------|----------|
| 1위 | 첫사랑(KBS2) | 최수종, 박상원, 배용준, 이승연 | 65.8% | 1997 |
| 2위 | 사랑이 뭐길래(MBC) | 이순재, 김혜자, 최민수, 하희라 | 64.9% | 1992 |
| 3위 | 허준(MBC) | 전광렬, 황수정 | 64.8% | 2000 |
| 4위 | 모래시계(SBS) | 최민수, 고현정, 박상원 | 64.5% | 1995 |
| 5위 | 젊은이의 양지(KBS2) | 하희라, 이종원, 전도연, 배용준 | 62.7% | 1995 |
| 6위 | 그대 그리고 나(MBC) | 박상원, 최진실, 차인표 | 62.4% | 1998 |
| 7위 | 아들과 딸(MBC) | 최수종, 김희애, 채시라, 한석규 | 61.1% | 1993 |
| 8위 | 태조왕건(KBS1) | 최수종, 김영철, 서인석 | 60.5% | 2001 |
| 9위 | 여명의 눈동자(MBC) | 박상원, 채시라, 최재성 | 58.4% | 1992 |
| 10위 | 대장금(MBC) | 이영애, 지진희 | 57.8% | 2004 |

출처: AGB닐슨미디어 리서치

진현승이 「대중매체 산업의 스타 시스템에 관한 연구」에서 적시하듯 대중문화와 미디어에서 스타의 상품과 노동의 성격이 유사하므로 특정 시장의 노동이 타 시장으로 이동하는 데 장벽이 높지 않다. 이 때문에 스타의 수요대상은 특정 시장영역에만 국한되지 않고 스타는 문화산업 전반에 걸쳐 노동력을 제공할 수 있는 특성이 있다. 드라마, 영화에 출연하는 연기자나 노래를 부르는 가수는 광고 모델로 나서는 데 특별한 교육과 기술 습득이 필요 없어 수요만 있으면 자유롭게 광고모델로 나서는 것이 대표적인 경우다.

스타의 희소성으로 인한 낮은 공급탄력도, 인기에 따른 높은 한계 생산성, 인기의 가변성, 노동시장의 자유로운 이동 등으로 스타는 문화산업에서 공급자가 우월적 협상권을 갖는 공급자 중심 시장을 형성한다. 이로 인해 문화산업 시장의 규모와 수요 크기에 따라 스타의 몸값은 엄청나게 뛴다.

스타의 이러한 특성 때문에 수요 예측이 어려운 영화, 드라마, 예능, 음악, 공연 등 대중문화 산업에서 일반 연기자, 가수와 달리 엄청난 소비 창출력을 보여 흥행 성공 가능성을 높여줄 뿐만 아니라 해외 판매, 광고와 간접광고(PPL) 유치로 수입을 극대화하는 데 결정적 역할을 한다. 드라마 제작사 사과나무 픽처스 윤신애 대표는 "주연의 스타 여부가 방송사 편성 여부에서부터 광고와 PPL의 매출액까지 결정적인 영향을 미친다"고 말한다.

2016년 2~4월 방송된 '태양의 후예'는 130억 원의 제작비가 투입됐지만, 중국을 비롯한 30여 개국 수출과 광고, PPL, OST 수입 등으로 3,000억 원의 매출액을 기록했다. 이는 남녀 주연을 맡았던 스타 송중기, 송혜교의 출연이 결정적이었다.

스타는 또한 대중문화와 문화산업 투자를 유치하는 중요한 역할도 수행한다. 영화와 드라마, 음반, 화보를 비롯한 출판물 등 작품에 투자 여부를 결정하는 요소 중 가장 중요하게 고려하는 것이 바로 스타 출연 여부다. 어떤 스타가 출연하느냐에 따라 투자여부 뿐만 아니라 투자 규모가 달라진다. 이 때문에 일부 투자자는 투자조건으로 특정 스타의 출연을 내거는 경우가 적지 않다. 한 엔터테인먼트 사업가의 이민호 화보집 거액투자 사기사건은 역설적으로 스타의 투자 유치력을 보여준다.

스타는 수요, 판매 창출과 투자 유치라는 문화 산업적인 역할 뿐만 아니라 작품의 완성도와 문양을 결정짓는 기능도 한다. 드라마나 영화 주연을 하는 스타는 작품의 완성도를 결정짓는 중요한 핵심 인자다. 스타의 활약 여하에 따라 작품의 완성도의 높낮이가 결정된다.

또한, 스타의 성격, 이미지, 연기스타일, 출연 캐릭터 등으로 경험을 해봐야 아는 경험재적 성격을 갖는 영화나 드라마 등 대중문화 상품의 문양을 예측할 수 있게 해주는 것도 스타의 역할 중 하나다. 문화상품 소비자인 관객과 시청자는 청순한 이미지의 이영애와 강렬한 카리스마의 고현정 등 특정 스타의 출연만으로 어느 정도 작품의 장르적 성격과 주요 캐릭터의 문양을 예측할 수 있다.

## 4. 스타 권력화의 폐해: 출연료에서 캐스팅까지 무한권력

액션 신을 요구하는 감독에 대해 "진짜 때리려고 하자나. 내 몸값 모르나요. 내일 CF 찍는데 얼굴에 상처 나면 어떡해요. 나 톱스타에요. 이런 거 못해!" 큰소리친다. 한동안 인기를 누렸던 KBS '개그콘서트'의 한 코너 '최종병기, 그녀'에서 톱스타 역을 연기한 개그우먼의 대사다. 많은 사람이 웃지만, 이 대사에 공감하는 대중문화 종사자와 대중이 적지 않다.

"한국 스타들이 돈을 너무 밝힌다. 스타와 연예기획사 등쌀에 영화를 못 만들겠다고 하는 상황이 됐다." 2005년 6월 대중문화계에 큰 충격을 준 영화감독 강우석의 스타 권력화의 폐해에 대한 직격탄이다. "스타 연기자의 출연료가 지나치다. 이러다 드라마 전체가 공멸한다." 2007년에 열린 '한국 TV 드라마 제작의 위기와 대안'이라는 주제의 세미나에서 신현택 한국드라마제작사협회장이 스타의 천정부지로 치솟는 출연료 문제를 강도 높게 비판했다. "스타가 PD를 지목하고, 지목받지 못하면 1년 내내 한 편의 드라마도 찍지 못하는 신세로 전락하는 상황에서 드라마의 흐름과 거의 관계없는 조연 배우의 발탁을 요구할 때 묵묵히 요구대로 수용하고 있다면 시청자는 과연 믿기나 할까." 양문석이 「스타 권력과 드라마 현실 그리고 새로운 모색」이라는 글에서 스타 권력화 문제의 사례로 적시한 것이다.

스타는 희소자원이자 빨리 만들어질 수 없는 대체불가재로, 고정적인 수요자로서 기능하는 수많은 팬을 가지고 있다. 그뿐만 아니라 높은 인기와 영향력으로 엄청난 수요 창출과 투자유치, 막대한 마케팅 효과를 드러낸다. 대중문화 시장이 확대되고 한류로 인해 외국 시장까지 확장되는 상황에서 스타의 수요가 급증하면서 스타의 권력화와 독식 현상의 폐해가 증가했다.

스타 권력화의 폐해는 우선 엄청난 출연료 문제로 표출되고 있다. 자원이 희소한 데다 단기간 만들어지지 않고 수요 급증까지 더해져 스타의 경우, 공급자인 스타가 가격을 결정하는 공급자 중심시장 성격을 띤다. 이 때문에 스타의 수요가 급증하면 출연료가 기하급수적으로 상승한다.

1977년 한국 텔레비전 방송연기자협회의 '출연료 현실화 자료'에 따르면 이 당시 최불암, 김혜자 등 최고 스타의 40~50분 드라마 회당 출연료는 3만5,000원 선이었다. 20년이 지난 1997년에는 KBS, MBC, SBS 방송 3사 사장이 스타의 드라마 회당 출연료의 상한선을 200만 원으로 한정하자고 합의했었다. 이 당시 회당 200만 원을 받은 스타는 최진실을 비롯한 극소수 톱스타였다. 최진실의 회당 출연료 200만 원 기록 이후

10년이 흐른 2007년 방송된 사극 '태왕사신기'에 주연으로 참여한 한류스타 배용준은 회당 출연료로 2억5,000만 원을 받았다. 대중문화계에 스타 권력화의 문제를 촉발한 결정적인 사건이었다. 김승수 전 MBC 드라마국장은 "배용준의 회당 출연료 2억5,000만 원은 한국 방송계에 악영향을 끼친 대표적인 사건이다. 이를 계기로 일부 스타들이 한국 방송시장 규모를 생각하지 않고 엄청난 몸값을 요구하기 시작했다. 스타의 출연료가 치솟을수록 드라마 제작비는 한정돼 있어 제작 상황이 열악해졌고 스태프의 인건비가 삭감되어 많은 문제가 생겼다"고 강조했다.

이영애, 전지현, 송혜교, 고현정은 회당 1억 원 이상의 드라마 출연료를 받고, 최지우, 하지원, 김태희 등은 회당 5,000만~1억 원 정도다. 중국이나 일본에 인기가 많은 남자 한류스타 장근석, 김수현, 이민호, 이병헌, 장동건, 비는 드라마 회당 1억~2억 원의 출연료를 받는다. 남녀 주연 배우의 출연료가 드라마 제작비의 20~40%를 차지하는 상황까지 직면했다.

한 제작사 대표는 "스타들이 엄청난 몸값을 요구할 뿐만 아니라 판권 수익에서도 일정 부분을 요구하는 경우도 적지 않다고"고 말한다.

스타의 영화 출연료는 어떨까. 2006년 한국영화 평균 제작비가 30억~40억 원 할 때 한 스타의 출연료가 제작비의 10%인 4억 원에 육박하는 경우가 적지 않았다. 2012년 개봉한 '광해, 왕이 된 남자'의 주연 이병헌은 출연료는 미니멈 개런티 6억 원에 흥행보너스를 추가로 받기로 계약했는데 1,000만 관객을 돌파한 '광해, 왕이 된 남자' 출연료로 이병헌이 챙긴 수입은 10억 원이 넘었다.

영화 출연료 분석 자료에 따르면 남자 스타 출연료는 편당 6억~8억 원대다. 이 액수의 출연료를 받는 배우는 하정우, 김윤석, 송강호, 장동건, 원빈, 이병헌, 황정민 등이다. 이들은 이러한 기본 출연료 외에 런닝

개런티까지 챙기는 경우도 적지 않다. 여자 스타의 경우는 남자 스타보다 낮은 편이다. 3억~6억 원 선으로 전지현, 손예진, 김혜수, 하지원, 전도연이 이 같은 몸값을 받는다.

예능 프로그램의 스타 출연료 역시 일반 연예인과 비교가 되지 않을 정도로 높다. 유재석, 강호동 등 예능 스타의 경우 방송사의 성격이나 프로그램의 포맷에 따라 차이가 있지만, 회당 출연료로 1,000만~2,000만 원대를 받는다.

4,500여 명의 연예인 회원이 가입된 한국방송연기자노동조합(이하 한연노)의 2013년 실태조사 결과, 노조 소속 연기자 70%가 연 소득 1,000만 원 미만인 것을 고려하면 스타들의 몸값은 얼마나 엄청난지를 단적으로 알 수 있다.

스타 권력화 문제의 가장 큰 부분을 차지하는 출연료는 많은 폐해를 낳고 있다. 우선 한정된 제작비에서 스타 몸값이 차지하는 비중이 높아지면서 드라마나 영화 완성도를 위해 쓸 수 있는 제작비가 감소한다. 작품 완성도에 직접적인 영향을 미치는 배역, 의상, 세트, 컴퓨터 그래픽에 관련 제작비를 줄여야 하고 이로 인해 작품의 완성도가 크게 떨어진다.

드라마나 영화에 부모가 나와야 하는데도 스타 몸값이 너무 많아 제작비 압박을 받아 부모 배역을 다 쓰지 못하고 편모 혹은 편부만 출연하는 웃지 못할 일이 비일비재하게 일어나고 있다. 또한, 스타의 몸값은 조명, 오디오, 촬영, 분장을 담당하는 스태프의 인건비 삭감을 초래하는 부작용을 낳고 있다. 이 때문에 영화와 드라마는 망해도 스타만 흥한다. 스태프와 일반 연기자를 비롯한 방송영화계 종사자는 박봉과 열악한 제작환경에 시달리지만, 스타의 몸값은 천정부지로 치솟는 스타 독식 구조가 견고하게 구축된다.

스타 권력화의 문제 중 또 하나가 바로 출연배우 캐스팅과 연출, 극본 및 시나리오에 과도한 영향을 미치는 월권행위다. 출연자의 캐스팅은 PD, 감독, 작가의 고유 권한인데도 작품과 배역에 상관없이 일부 스타는 출연하는 조건으로 자신이 소속된 연예기획사의 신인이나 무명 연예인을 끼워팔기식으로 출연시키거나 촬영 도중 마음에 들지 않은 배우를 하차시키는 영향력까지 행사하는 경우가 있다.

또한, 자신만 돋보이게 하기 위해 작가의 드라마 극본이나 영화 시나리오를 무리하게 변경하거나 좌지우지하는 스타도 있다.

"스타 김 모, 윤 모 씨는 극 중 아버지 역을 하는 박 모 씨가 잔소리를 자주 한다며 교체를 요구했다. PD가 별말 없이 이 모 씨로 바꿨다. 한데 이번에는 이 모 씨가 카리스마가 없다며 또 다른 이 모 씨를 지명하며 교체를 요구해 관철했다." 양문석이 「스타권력과 드라마 현실 그리고 새로운 모색」에서 스타 권력화의 폐해 사례로 든 한 예다. 이 같은 스타의 극본과 캐스팅에 대한 월권행위 역시 작품의 완성도를 크게 저하하는 악영향을 끼친다.

일부 스타의 작품 속 PPL 삽입 조건 역시 스타 권력화의 폐해 중 대표적인 것이다. 일부 스타는 막대한 수입이 보장되는 특정제품의 작품 삽입을 요구한다. 이처럼 과도한 PPL 요구는 극의 흐름이나 이야기 전개에 장애요인으로 작용할 뿐만 아니라 관객과 시청자의 몰입을 방해하는 문제를 초래한다.

스타 위주 촬영 스케줄 요구, 잦은 촬영 펑크, 스태프에 대한 무례한 언행 등도 스타 권력화의 어두운 그림자들이다. 2011년 방송된 KBS 드라마 '스파이 명월'이 방송 도중 결방되는 사고가 발생했다. 여자 주연을 맡았던 한예슬이 촬영을 거부해 방송사고가 발생한 것이다. 방송사고 직후 현장 스태프와 연기자는 "한예슬은 잦은 지각과 늦은 촬영 준비로 스태프 및 상대 연기자를 자주 대기 시켰다"는 등의 내용이 담긴 성명을 발표하기까지 했다.

스타는 대중문화의 발전을 좌우하는 가장 소중한 자산 중 하나다. 하지만 스타 권력화의 폐해가 많아지면서 악영향도 커지고 있다.

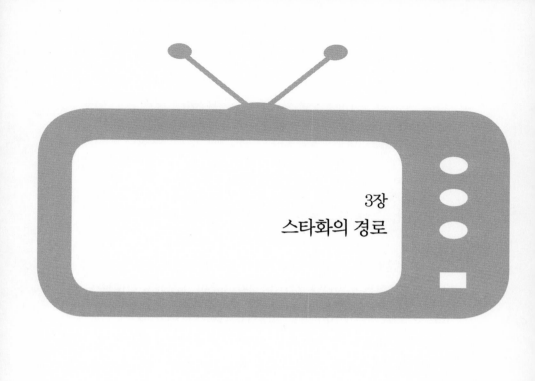

3장
스타화의 경로

## 1. 스타, 스타 시스템의 산물: 태어나는 것이 아니라 만들어진다

'경제 전문가들이 잠재적 경제가치가 1조 원이라고 추산할 정도로 보아의 부가가치는 엄청나다. 2001년 3월 진출한 일본에서 발매한 1, 2집 앨범 판매량은 260만 장. 앨범 판매액만 단순계산해도 750여억 원에 이른다. 또한, 평균 30만 장씩 팔린 8장의 싱글 판매량을 합치면 약 1,000억 원의 매출을 올렸다. '걸어 다니는 1인 기업'이라는 평가가 조금도 과장이 아니다. 무엇보다 '보아 브랜드'의 인기에 따른 전체 한국 브랜드의 평가절상에 따른 잠재적 경제효과는 돈으로 따지기 어렵다.' 한국일보 2003년 4월 15일자 '보아 열풍'이라는 제목의 기사 중 일부다.

100만 명으로 추산되는 연예인 지망생이 모두 보아처럼 스타가 되는 것은 아니다. 보아는 1998년 초등학교 5학년 때 가수 오디션을 보러 갔던 오빠를 따라갔다가 10대 초반의 여가수를 물색 중이던 SM엔터테인먼트에 의해 발탁됐다. 보아는 그 후 SM엔터테인먼트에서 하루 5~10시간에 이르는 춤과 노래 트레이닝을 받았다. 1999년 일본 도쿄에 있는 연예 프로덕션 호리 프로의 부설 학원에 보내져 체계적인 연기, 노래, 안무 지도를 받았을 뿐만 아니라 영어와 일어도 배웠다. 3년여의 가수 훈련을 거친 뒤 결과물이 바로 2000년 8월 첫 앨범 발표와 SBS 방송을 통한 가수 데뷔다. 이후 2001년 일본에 진출해 'ID: PeaceB'를 발표해 폭발적인 인기를 얻고 일본에서 출시된 첫 정규 앨범 'Listen to my Heart'가 오리콘 차트 1위에 오르며 70만 장 이상의 판매량을 기록하며, 한국과 일본 양국에서 최고의 스타로 우뚝 섰다.

〈SM엔터테인먼트 연예인 인재개발 과정〉

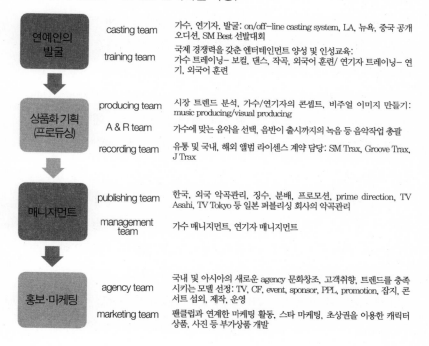

| 연예인의 발굴 | casting team | 가수, 연기자, 발굴: on/off-line casting system, LA, 뉴욕, 중국 공개 오디션, SM Best 선발대회 |
| | training team | 국제 경쟁력을 갖춘 엔터테인먼트 양성 및 인성교육: 가수 트레이닝- 보컬, 댄스, 작곡, 외국어 훈련/ 연기자 트레이닝- 연기, 외국어 훈련 |
| 상품화 기획 (프로듀싱) | producing team | 시장 트렌드 분석, 가수/연기자의 콘셉트, 비주얼 이미지 만들기: music producing/visual producing |
| | A & R team | 가수에 맞는 음악을 선택, 음반이 출시까지의 녹음 등 음악작업 총괄 |
| | recording team | 유통 및 국내, 해외 앨범 라이센스 계약 담당: SM Trax, Groove Trax, J Trax |
| 매니지먼트 | publishing team | 한국, 외국 악곡관리, 징수, 분배, 프로모션, prime direction, TV Asahi, TV Tokyo 등 일본 퍼블리싱 회사의 악곡관리 |
| | management team | 가수 매니지먼트, 연기자 매니지먼트 |
| 홍보·마케팅 | agency team | 국내 및 아시아의 새로운 agency 문화창조, 고객취향, 트렌드를 충족시키는 모델 선정: TV, CF, event, sponsor, PPL, promotion, 잡지, 콘서트 섭외, 제작, 운영 |
| | marketing team | 팬클럽과 연계한 마케팅 활동, 스타 마케팅, 초상권을 이용한 캐릭터 상품, 사진 등 부가상품 개발 |

보아가 SM엔터테인먼트에 발탁돼 훈련을 받지 않았으면 톱스타가 되기 어려웠을 것이다. 이 때문에 '스타는 만들어진다'는 말이 나온다. 하지만 대형 연예기획사에 발탁돼 훈련을 받고 연예계에 데뷔해도 대중의 인기를 얻지 못하고 사라지는 사람이 훨씬 많다. 때문에 스타는 뛰어난 자질 등을 갖고 태어나는 것이라는 주장도 나온다.

스타는 태어나는 것일까. 아니면 만들어지는 것일까. 학자와 전문가, 스타와 연예인, 연예기획사 종사자의 견해는 엇갈린다.

일부 학자나 전문가는 연기자나 가수의 끼와 외모, 재능이 출중해 대중의 우상이 되는 즉 배우, 가수 자신의 뛰어난 재능과 매력이 숭배의 대상이 됨으로써 스타가 탄생한다는 입장을 견지한다. 영화 제작자 사무엘 골드윈은 비용을 아끼지 않으면서 완벽한 외모의 러시아 출신 안나 스텐을 선전하고 이미지를 조작했으나 관객은 그녀의 영화에 극히 냉담한 것을 보고 "신이 스타를 만들고 제작자는 스타를 찾아내기만 할 뿐"이라고 주장했다. 사무엘 골드윈은 스타는 태어난다는 입장을 견지했다. I. C. 자비 역시 *Towards a Sociology of The Cinema*에서 연기자 중 일부가 인상적으로 포토제닉한 용모, 연기력, 카메라상의 모습, 매력과 개성, 성적 매력, 매혹적인 목소리와 행동거지 같은 재능 때문에 스타가 된다고 강조했다.

"어느 때나 폭발할 것 같은 배우라고 할까, 동물과 같다고나 할까, 곧 태어날 때부터 폭력성을 몸 안에 간직하고 있는 것처럼 보인다. 위대한 스타들은 대부분 그러했다"는 리처드 애튼보로 감독의 언급 또한 마술적 재능을 스타 현상의 원인으로 꼽는 것을 잘 보여준다.

또한, 운군일 전 SBS 드라마 국장은 「스타의 매력요인에 관한 연구」에서 안성기, 김지호 등 스타 50명을 대상으로 스타 매력요인을 연구 조사 한 결과 스타는 일반인과 다른 특성이 있는데 일반인에 비해서 예뻤고 개성이 강했으며 유행을 주도해 나갈 창의성이 두드러졌고 노력과 인내력이 출중했다고 밝혀 스타는 태어난다는 견해에 일정 부분 동조했다.

신대남 전 일간스포츠 편집국장 역시 「한국 연예인의 홍보 전략에 관한 연구」를 통해 상당수 연예인도 스타는 재능 때문에 된다고 인식한다는 사실을 보여줬다. 스타 연예인 70명을 대상으로 한 조사에서 스타가 되는 것은 재능 때문이라고 응답한 사람이 73%였고 주위의 도움과 운이라고 답한 사람은 각각 14%, 13%에 불과했다.

하지만 스타 예비자원을 발굴하여 교육과 훈련 후 연예계 데뷔와 활동을 통해 관리하는 시스템에서 스타가 만들어진다는 주장이 더 설득력을 얻고 있다. 제작자(기획자)나 자본가, 연예기획사(에이전시 또는 매니지먼트사), 대중매체가 스타를 만든다는 것이다.

1900~1940년대 스타 시스템이 정착된 할리우드의 영화사는 흥행의 성공을 위해 가능성 있는 신인을 발탁해 교육과 홍보, 이미지 조작을 통해 스타를 만들어냈다. 스튜디오 시대뿐만 아니다. 최근 이윤창출이 최대의 목적이 돼버린 대중문화계에서는 수입을 많이 올려주는 스타를 만들기 위해 혈안이 돼 있다. 연기자 학원이나 대학 연극영화과에서는 학생을 모집하기 위해 '스타는 탄생하는 것이 아니고 만들어지는 것이다'는 광고문구로 스타가 만들어진다는 것을 강조한다.

1920년대 미국 영화계의 최대의 스타, 메리 픽포드의 "나의 경력은 치밀하게 계획된 것이다. 거기엔 우연히 된 것은 하나도 없다"는 고백했다. 그리고 데뷔 앨범이 135만 장이 나가고 3집 앨범 '아시나요'가 발매 4일 만에 100만 장을 돌파하는 기록을 세우며 밀리언셀러 가수로 우뚝 선 조성모가 "그때 나는 내가 아니었어요. 상을 받아도 내가 받은 상인 것 같지 않았고요. 노래하고 차에 실려 이동해서 또 노래하고. 정말 노래만 하면 됐어요. 뮤직비디오도, 앨범 재킷 디자인도, 곡 선정도 기획사에서 다 알아서 해주었지요"라고 말한 것은 스타가 제조된다는 것을 스타 자신도 인정한 것이다.

'가을동화', '겨울연가'의 연출자 윤석호 PD는 "이제 스타는 연예기획사, 방송사와 영화사, 미디어의 개입 없이는 등장할 수 없는 시대가 됐다"고 강조한다.

윤석호 PD의 언급처럼 최근 들어서는 재능과 실력, 끼, 외모, 노력 그리고 운이라는 변수에 의존해 우연히 스타가 되는 시대는 지났다고 보는 견해가 지배적이다. 정교하게 체계화하고 철저하게 전문화한 체제로 움직이는 스타 시스템에 의존하지 않으면 스타는 탄생할 수 없는 시대라고 해도 과언이 아니다. 오늘의 스타 뒤에는 엄청난 투자와 치밀한 계획, 주도면밀한 이미지 조작, 그리고 무엇보다도 철저한 마케팅 논리가 숨어 있다.

"미래스타 탐지기인 신인 발굴 담당자가 지하철에서 가능성이 있어 보이는 얼굴에 강한 인상을 받는다. 가까이 가서 말을 걸고 사진 콘테스트를 하며 시험 삼아 녹음을 한다. 시험결과가 좋으면 그 젊은 미녀는 할리우드를 향해 출발한다. 그녀는 곧 계약을 맺고는 마사지사, 미용사, 치과의사 그리고 경우에 따라서는 외과 의사에 의해 재창조된다. 걷는 법을 배우고 사투리 억양을 없애며 노래와 춤 그리고 행동거지를 배운다. 또 그녀에게 문학을 가르친다. 할리우드에 와서 신인급 스타로 떨어진 외국인 스타는 자신의 미모가 바뀌고 다시 꾸며지며 최대한으로 분장 된다는 것을 경험하면서 영어를 배운다. 그리고 나서는 테스트의 연속이다. 그녀는 영화에 출연한다. 컬러색으로 30초간 클로즈업이다. 새로운 선발이 행해진다. 인정받으면 이차적인 역이 주어진다. 그녀에게 자동차, 가정부, 개, 물고기, 큰 새장을 골라준다. 그녀의 인격은 윤색되며 풍부해진다. 편지가 오기를 기다린다. 그렇지만 한 통도 오지 않는다. 일단 실패다. 그러나 팬레터부가 기획자에게 그 신인 스타가 하루에 300통의 팬레터를 받는다고 알리는 사태가 어느 날 일어날지 모른다. 그러면 그녀를 세상에 내놓기로 결정하고서는 그녀가 주인공인 로맨스를 조작해 만든다. 그녀는 화젯거리를 제공한다. 그녀의 사생활은 이미 스포트라이트를 받는다. 마침내 그녀는 대작의 인기배우의 자리를 차지한다. 신격화된다. 팬들이 그녀의 망토를 찢는 날이 온다. 그녀는 스타가 된 것이다."에드가 모랭이 『스타』에서 한 사람의 스타 탄생의 과정을 이렇게 제시했다.

연예인 지망생 발굴부터 스타가 되기까지의 과정은 스타 시스템의 형태나 대중문화 시장, 대중매체의 상황, 문화상품의 생산자와 연예기획사의 역량 등에 따라 차이가 있지만, 대부분 스타는 에드가 모랭이 제시한 스타화 경로를 따라 만들어진다.

우리의 경우도 마찬가지다. 우리 대중문화계에서 스타화는 신인 발굴에서 교육, 이미지 조성, 홍보, 매체 출연으로 이어지는 체계적인 경로를 밟아 이뤄진다. 물론 스타화 과정이나 경로는 연예계 데뷔 방식에서부터 개인 자질에 이르기까지 여러 변수로 인해 차이가 작지 않지만, 스타가 스타 시스템에서 만들어지고 있다는 점은 공통점이다.

1995년 SM엔터테인먼트 등장 이후 연예기획사 중심의 스타 시스템이 구축될 때부터 스타는 만들어진다는 인식이 대중문화계 안팎에 확고히 자리 잡았다. 송중기, 김수현, 이민호, 손예진, 송혜교, 김태희, 전지현, 이효리, 수지, 아이유, 엑소, 빅뱅 등 수많은 스타가 스타 시스템에 의해 만들어졌다.

나무엑터스 김종도 대표는 "과거에는 영화사나 방송사가 신인을 발굴해 스타로 만들었지만 이제 연예기획사를 거치지 않고서는 스타가 될 수 없을 정도로 연예기획사가 전문적인 스타 양성기관으로 확고하게 자리 잡았다. 우리 대중문화계에서 톱스타로 활동하는 전지현, 김태희, 비, 이민호, 김수현, 수지, 엑소, 빅뱅, 소녀시대, 트와이스 등이 모두 연예기획사에서 만들어진 스타인 것만 봐도 연예기획사의 위력을 단적으로 알 수 있다"고 말한다.

## 2. 스타의 자질: 스타가 되려면 필요한 것은

연예인 지망생이 100만 명에 이르고 가수 예비자원을 발굴하는 오디션 프로그램 엠넷 '슈퍼스타K'에 참가자가 200만 명이 넘는다. 연예인이 되려는 사람들이 급증하고 있다. 오늘도 내일의 스타의 꿈을 이루기 위해 연예기획사에서, 대학에서, 학원에서, 집에서 땀을 흘리는 사람이 엄청나다. 하지만 대중의 사랑을 받는 스타가 되는 것은 하늘의 별 따기보다 힘들다. 스타는 실력이 있다고 되는 것이 아니다.

연예인 지망생의 재능과 외모, 실력, 노력, 자질과 함께 기획사의 체계적인 교육과 훈련, 방송사, 영화사의 전문적인 스타 메이킹, 그리고 타이밍과 행운이 종합적으로 어우러져 대중의 선택을 받아 스타로 부상할 수 있다.

'나도 언젠가는 스타가 될 거야'라는 열망을 실현할 실낱같은 기회 근처조차 가지 못하고 좌절하는 사람과 데뷔하여 스타의 꿈을 갖고 있지만, 여전히 생계조차 해결하지 못하고 힘든 생활을 하면서 연예계 주변을 떠나지 못한 배우와 가수들이 나날이 급증하고 있다.

연예기획사의 막강한 홍보, 마케팅, 흥행에 성공하거나 화제가 된 작품 출연, 하나의 히트곡으로 인기를 얻어 대중이 알아보는 연예인이 됐다고 하더라도 히트작이 연이어 나오지 않으면 이내 대중의 외면을 받고 스타의 자리에 오르지 못한다.

뛰어난 가창력과 연기력에도 불구하고 기회나 운이 없어 연예계 진출조차 못 하는 사람도 허다하다. 큰 인기를 누리는 연예인의 반열에 올랐지만, 사생활과 연예활동에서 자기관리 부족으로 스타가 되지 못하고 추락하는 사람도 적지 않다.

그렇다면 스타의 자질은 무엇일까. 스타의 원석 기준은 무엇일까. 방송사 PD와 작가, 영화감독, 연예기획사 대표나 매니저, 대중문화 전문가는 스타의 자질로 무엇을 꼽을까. 그리고 연예인과 스타들은 스타가 될 수 있는 요소는 무엇이라고 생각할까.

스타가 되기 위한 자질은 어떤 것이 있을까. 학자와 전문가가 스타 원석을 판별하는 기준은 무엇일까. 에드가 모랭은 『스타』에서 스타의 자질로 소질, 미모와 젊음, 대담함, 행운을 꼽았다. 에마누엘 레비는 신체적 용모(외모), 젊음, 연기력(가창력), 대중이 선호하는 이미지의 소유를 스타로 부상할 수 있는 기본 요소로 파악했다.

〈연예인이 꼽은 성공요소〉

(단위: %, 연예인(n=735))

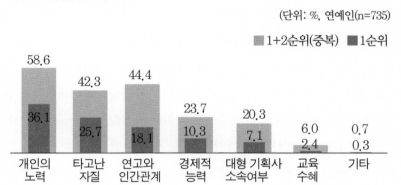

출처: 한국콘텐츠진흥원

허행량은 재능(연기력 또는 가창력+외모)과 운, 그리고 노력이 스타가 되기 위한 필요한 조건이라고 주장했다. MBC와 JTBC 예능국 PD로 활동한 뒤 교수로 재직 중인 주철환은 스타가 되려면 네 가지 요소를 갖춰야 한다고 강조했다. 첫째는 재능(자질, 대중의 눈을 끌 수 있는 용모와 마음을 움직일 수 있는 언어와 태도), 두 번째로 의욕(자신이 목표로 하는 세계에 접근하기 위한 정보 획득 욕구)과 열정, 세 번째는 운(행운이나 운명), 네 번째 요소는 엄정한 자기관리다.

그렇다면 스타 시스템의 주체인 연예기획사 종사자와 PD, 작가, 감독은 스타의 자질로 꼽는 것은 무엇일까.

god에서부터 2PM, 원더걸스, 미쓰에이, 트와이스에 이르기까지 수많은 스타를 배출한 JYP 엔터테인먼트의 박진영은 "스타가 되려면 끼와 열정, 개성, 실력과 함께 인성이 매우 중요하다. 진실하고 겸손하며 성실함을 바탕으로 한 인성이 스타가 되는 중요한 자질이라고 생각한다"고 말하며 스타의 자질로 끼와 열정, 개성, 실력과 함께 인성을 강조했다.

휘성, 거미, 빅뱅, 2NE1 등 수많은 스타를 만든 YG엔터테인먼트 양현석 대표는 'K팝 스타' 심사평과 인터뷰를 통해 스타의 자질로 개성과 창의성을 꼽았다. 양현석은 "스타와 일반인을 구별하는 가장 큰 차이는 크리에이티브한 데 있다고 생각한다. 스타는 사고방식도 생활방식도 독특할 수 있다. 스타에게 가장 중요한 게 창의성이다"고 말했다.

정우성, 김지호, 전지현 등 톱스타를 많이 배출한 IHQ엔터테인먼트 정훈탁 대표는 스타의 자질로 대중에게 강렬한 존재감을 심을 수 있는 이미지(느낌)와 실력, 노력, 운(타이밍)을 꼽았다. 원빈, 수애를 스타로 키운 스타제이 대표 정영범은 첫 번째가 인간성, 두 번째는 끼, 세 번째로 노력을 들었다.

'내일은 사랑', '프로포즈', '순수', '웨딩 드레스', '가을동화', '겨울연가', '사랑비' 등 수많은 작품을 통해 송혜교, 김희선, 명세빈, 류시원, 이병헌, 한효주를 스타로 배출한 윤석호 PD는 "스타가 되려면 대중에게 어필할 수 있는 매력적인 분위기와 이미지가 있어야 한다. 연기력(실력)이 조금 부족하더라도 매력적인 분위기와 이미지가 있으면 스타로 부상할 수 있다"고 했다. 또한, '대장금', '허준', '상도', '동이'를 통해 많은 연기자를 스타로 만든 이병훈 PD는 "이영애처럼 톱스타가 되려면 연기력뿐만 아니라 생활태도도 중요하다. 톱스타가 되고 싶으면 자기 일을 사랑하는 것은 물론이고 다른 동료나 스태프의 일도 배려할 줄 알아야 한다"며 스타가 되기 위해 갖춰야 할 자질로 연기력, 연기에 대한 사랑, 그리고 생활태도라고 강조한다.

영화나 방송 제작현장과 무대에서 만난 수많은 스타 메이커 역할을 하는 감독과 제작자, 기획자 그리고 방송사 연출자, 작가도 스타의 자질로 실력, 외모(미모만을 말하는 것이 아니다. 개성적인 분위기를 풍기는 외모 등등), 재능, 노력, 끼와 열정, 이미지, 운을 꼽는다.

그렇다면 연예인과 스타 자신은 스타가 되기 위한 조건이나 자질은 무엇이라고 생각하는 것일까. "수없이 만들어지는 스타들을 지켜보면서 대중에게 인정받는 자와 그렇지 않은 자들이 어떻게 다른가 나름대로 분석해 본 적이 있다. 겸손은 기본이고 그 눈망울 속의 배우의 열정이 있는 친구들이 결국에는 성공(스타가 되는 것)하는 것을 나는 수없이 보았다." 스타의 길을 걸어온 중견 연기자 최불암이 『인생은 연극이고 인간은 배우라는 오래된 대사에 관하여』에서 언급한 사항이다. 최불암은 실력과 함께 스타의 자질로 겸손과 성실, 인성과 열정을 꼽았다.

"가창력과 노력이지요. 아무리 스타라 하더라도 노력을 하지 않으면 대중과 팬은 금세 알아요. 스타가 되는 것은 끊임없이 노력하는 사람이라는 의미지요." '가왕'으로 불리며 팬과 대중에게 최고의 슈퍼스타로 우뚝선 조용필의 말이다. 스타의 자질에 대해 김남주는 연기력과 개성, 외모라고 했고, 최지우는 연기력, 외모, 이미지를 꼽았다. 김명민은 실력과 노력을 스타의 가능성을 높여주는 요소로 적시했고, 고현정은 연기력과 카리스마를 스타의 자질로 꼽았다.

연예인들 역시 가중치는 달랐지만, 스타의 자질로 실력(연기력과 가창력), 개성, 외모, 이미지, 창의성, 노력, 인성, 자기관리를 강조했다.

이러한 스타의 자질을 가진 사람들이 스타로 부상할 가능성은 높지만 그렇다고 모두 스타가 되는 것은 아니다. 실력과 개성, 외모, 이미지, 창의성, 인성 등 스타의 자질을 모두 갖췄다 하더라도 모두 스타가 되는 것은 아니다.

스타의 자질을 가진 스타 예비 자원이 정교하고 전문화한 스타 시스템에 편입돼 체계적인 스타화 과정을 밟아 스타로 부상하는 것이다. 스타의 다양한 자질을 가진 연예인 지망생들이 기획사, 방송사, 영화사에 발굴돼 체계적이고 전문적인 교육을 받고 성공적인 연예인 데뷔와 작품 활동을 통해 대중의 사랑을 받는 스타로 부상한다. 인기를 얻었다고 모두 스타가 되는 것은 아니다. 인기 배우와 가수 중에는 인성과 자기관리 부족으로 스타가 되지 못하는 경우도 비일비재하고 스타의 자리에 올랐다가 자질부족으로 추락하는 경우도 적지 않다.


### 3. 스타 지망생의 발굴: 인맥, 길거리 캐스팅에서 오디션까지

"광주에서 2009년 열린 '슈퍼스타K' 오디션 지역 예선에 참가하러 갔는데 JYP엔터테인먼트 관계자의 눈에 뜨여 연예계에 데뷔하게 됐지요." 스타 수지는 오디션 프로그램 현장에서 우연히 만난 기획사 종사자에 의해 발탁됐다. IHQ엔터테인먼트 정훈탁 대표는 선배의 소개를 통해 만난 정우성과 잡지 '에꼴'에 실린 전지현을 발탁해 스타로 만들었다. 악동뮤지션, 정준영, 서인국은 방송사 오디션 프로그램을 통해, 빅뱅의 멤버는 YG엔터테인먼트 오디션을 통해 발굴됐다. 김건모는 콘서트장에서 장기자랑하다 연예기획사 대표에게 발탁됐고, 신승훈은 데모테이프를 들고 음반사를 찾아다니다가 개인제작자를 만나 톱스타로 부상했다. 장동건,

차인표, 유재석은 방송사 탤런트와 개그맨 공채를 통해 발굴됐고, 고현정, 이승연, 이보영, 한예슬은 미인대회 참가를 통해 연예계에 발을 디뎠다. 박한별은 인터넷 얼짱으로 알려져 발굴됐다.

이처럼 스타의 원석을 찾은 연예인 지망생 발굴 방법은 매우 다양하다. 연예인 지망생 중에서 스타의 원석을 찾는 방법은 매스미디어와 스타 시스템 그리고 대중문화 판도에 따라 크게 변했다.

대중문화 초창기였던 일제 강점기부터 1950년대까지는 인맥과 길거리 캐스팅, 레코드사의 콩쿠르 대회, 연예인 지원자들의 악극단과 레코드사의 방문을 통해 신인 발굴이 이뤄졌다. 원로 스타 배우 최은희는 길거리에서 우연히 유명배우 문정복을 만나 연예계에 입문하게 됐고, 원로 코미디언 구봉서는 고등학생 때 길을 가다 악극단 사업부장에게 발탁돼 연예인의 길에 들어섰다. 고복수는 레코드사의 콩쿠르대회 입상으로, 남인수는 레코드사를 직접 찾아가 가수로 데뷔했다. 영화 '아리랑'의 신일선, '잘 있거라'의 전옥은 오빠들이 영화감독과 제작자에게 소개해 배우로 활동하게 됐다.

1960~1990년대까지는 영화사의 오디션과 방송사의 탤런트 및 가수, 개그맨 공채가 신인발굴의 주요 창구였다. 1960년대 은막의 스타 윤정희, 남정임은 영화사 오디션을 통해 영화배우로 활동하면서 스타가 됐다. 또한, 1970년대 임현식, 고두심, 김해숙, 유인촌은 방송사 탤런트 공채로, 1980년대 이경규, 이경실, 박미선은 방송사 개그맨 콘테스트를 통해 연예계에 진출해 스타로 부상했다.

1990년대 연예기획사 중심의 스타 시스템이 정착하면서 길거리 캐스팅과 오디션이 연예인 지망생 중 스타 원석을 찾는 방식의 주류로 떠올랐다. 다양한 대중매체와 뉴미디어가 등장하고 체계적인 스타 시스템이 정착되기 시작한 2000년대에 들어서는 길거리 캐스팅 방법은 점차 사라지고 연예기획사, 방송사, 영화사의 오디션과 방송사 오디션 프로그램이 신인발굴의 주요 채널로 자리를 잡았다. 또한, 인터넷을 비롯한 뉴미디어를 통한 발굴, 대학교, 연기학교, 광고 에이전시, 지인 소개같은 인맥을 통한 발탁까지 다양한 방식으로 스타 원석을 찾고 있다. 요즘 대형 연예기획사는 가수 및 연기자를 발굴하는 캐스팅 팀(Casting Team)을 두고 체계적이고 전문화한 방식으로 연예인 예비 자원을 발굴하고 있다.

우선 가장 전통적이면서도 다양한 연예인 인적 자원을 발굴하는 것이 인맥을 통한 것이다. 매니저와 영화감독, 방송사 PD 등 연예계 종사자에게 지망생을 소개하여 발굴하는 방식은 대중문화 초창기부터 최근까지 활발하게 이뤄지고 있다. IHQ 정훈탁 대표는 정우성을 선배로부터, 김지호를 잡지사 기자로부터 소개받았다. 전 에이스타스 김희정 부사장은 김재원을 아는 의사로부터 소개받아 스타로 부상시켰고, 박성혜 전 싸이더스HQ본부장은 지진희를 선배로부터 소개받아 스타로 만들었다. 연예기획사 스타제이의 정영범 대표는 지인으로부터 걸그룹 준비 중이던 멤버를 소개받고 멤버 중 수애를 발탁해 연기자로 교육시켜 스타로 만들었다.

요즘 오디션은 스타 예비자원을 발굴하는 가장 강력하고 널리 활용되는 방법이다. 오디션에는 크게 두 가지가 있다. 연예기획사가 '연습생'으로 통칭하는 연예인 예비자원 발굴을 위해 실시하는 오디션과 영화사나 방송사가 작품에 필요한 인원을 뽑기 위해 실시하는 작품 오디션이 있다. SM엔터테인먼트, YG엔터테인먼트, JYP엔터테인먼트를 비롯한 연예기획사는 국내외 오디션을 정기적으로 개최해 연예인 예비자원을 발탁한다. 비, 세븐, 빅뱅, 2NE1, 동방신기, 엑소, 소녀시대, 2PM, 원더걸스가 대표적이다. 아이돌그룹이나 솔로 가수의 경우, 대부분 연예기획사의 오디션을 거쳐 연예인 예비자원으로 선발된다. 700대 1의 오디션 경쟁률을 뚫고 연기자로 데뷔해 신예 스타로 부상한 서강준 등을 배출한 판타지오 엔터테인먼트를 비롯한 연기자 전문 연예기획사 역시 정기적인 오디션을 거쳐 배우 지망생을 선발하고 있다.

또한, 방송사나 영화사 역시 작품별로 오디션을 통해 신인을 발굴하는 경우가 적지 않다. 이정현, 김소연이 이 케이스다.

엠넷의 '슈퍼스타K', SBS 'K팝 스타' 같은 방송사 오디션 프로그램 역시 스타 예비자원을 뽑는 주요한 등용문 역할을 톡톡히 하고 있다. 방송사 오디션 프로그램은 적게는 수만 명에서 많게는 수백만 명의 연예인 지망생이 몰린다. 이들 프로그램에서 우수한 성적을 거두거나 실력과 존재감을 드러낸 연예인 지망생은 연예기획사에 발탁돼 연예계에 진입한다. 서인국, 정준영, 박지민, 이하이, 악동뮤지션, 백아연, 손승연, 허각, 존박은 오디션 프로그램을 통해 배출된 스타들이다.

1961년 KBS TV 개국으로 열린 TV 방송시대와 함께 스타 예비자원을 가장 많이 확보한 창구는 바로 방송사 탤런트, 개그맨 공채였다. KBS가 1997년, MBC가 2001년, SBS는 2003년부터 탤런트 공채를 중단했지만, 중단 전까지 수많은 연기자 스타들이 방송사 공채를 통해 배출됐다. 방송사는 연기 지망생을 뽑아 교육한 뒤 자사 드라마에 출연시켜 스타로 육성하는 탤런트 공채 시스템을 통해 스타로 키웠다. 이병헌, 장동건, 차인표, 김정은, 차태현, 송윤아, 김명민이 대표적이다. 또한, 방송사 개그맨 공채로 예능 스타로 부상한 사람도 적지 않다. 유재석, 신동엽, 남희석, 김구라, 서경석이 바로 방송사 개그맨 공채 출신으로 예능계 판도를 좌우하고 있다.

심은하와 함께 1993년 MBC 탤런트 22기로 연기자의 길에 들어선 차인표는 "제가 연예인으로 나설 때는 방송사 탤런트 공채가 연예인이 되는 가장 빠른 첩경이자 강력한 채널이었다. 물론 경쟁률이 1,000대 1이 넘어 매우 치열했다"고 말했다.

미국이나 일본의 가수들처럼 자신의 노래를 담은 데모 테이프를 기획사에 가져가 자신의 스타성을 직접 내보이는 경우와 자신의 연기 모습을 담은 CD나 파일, 프로필 사진을 들고 직접 기획사에 찾아가 면접을 통해서 연예기획사 담당자의 눈에 들어 발탁되는 방식도 스타 지망생을 발굴하는 주요한 채널로 활용되고 있다. 유승준과 신승훈의 경우가 데모 테이프를 통해 발탁된 경우다.

길거리 캐스팅 방법은 1990년대 탤런트 스카우터나 매니저에 의한 스타 예비자원 발굴의 주요 창구였지만, 2000년대에 들어 많이 줄어들었다. 김태희는 지하철에서 길거리 캐스팅돼 CF에 출연하게 됐고 연기자로 활동영역을 넓혀 스타로 부상했다. 배두나는 서울의 압구정동 거리를 지나가다 발굴됐고, 김원준은 대학교정을 거닐다가 탤런트 스카우터에 의해 길거리 캐스팅돼 스타가 됐다. 1996년 광화문에서 H.O.T의 사인 부탁을 하던 유진은 탤런트 스카우터의 눈에 들어 발탁돼 SES의 멤버로 스타가 됐다. 핑클의 이효리, 성유리, 이진, 신화의 김동완, 클릭B의 김상혁, 오종혁, 김태현, UN의 김정훈, 주얼리의 서인영, 이글화이브의 론, 클레오의 채은정, 김하나 등이 길거리 캐스팅된 연예인들이다. 탤런트 스카우터를 겸한 기획사 사장과 매니저, 프로듀서들이 패션쇼장이나 홍대클럽, 대학교의 연극영화과, 연기학원을 찾아 직접 발굴하는 경우도 있다.

또한, 인터넷, 잡지 등 다양한 매체를 활용한 신인 발굴도 활발하게 전개된다. 얼짱 사이트에 실리거나 인터넷 캐스팅 사이트에 지원한 사람, 잡지와 광고에 나온 인물, 케이블 방송이나 인터넷 방송에 얼굴을 내민 일반인이나 연예인 지망생 중에서 탤런트 스카우터나 매니저들이 스타성을 가진 예비자원을 발굴한다. 전 에이스타스의 김희정 부사장은 잡지에 증명사진이 실린 김현주, 김효진을 발견하고 신인으로 발탁해 스타로 키운 경우가 대표적이다. 이영애는 잡지 '주니어' 표지모델, 전도연은 하이틴 잡지 거리패션 모델, 전지현은 잡지 '에꼴' 표지모델로 나섰다가 연예기획사에 발굴된 경우이고, 채림은 '덴티껌' CF, 김하늘은 청바지 '스톰' CF 모델로 나섰다가 탤런트 스카우터와 매니저의 눈에 든 경우다. 성시경은 인터넷 가요제에서 시선을 끌고, 조PD는 자신의 음악을 인터넷 사이트에 올려 네티즌으로부터 좋은 반응을 얻어 각각 기획사에 의해 발탁됐다. 박한별, 남상미, 구혜선은 인터넷 얼짱 사이트에서 눈길을 끌어 연예계에 입문하게 됐다.

각종 미인대회 역시 연예인 자원을 발굴하는 주요한 채널 중 하나다. 미스코리아, 슈퍼모델선발대회, 미스 춘향 등 미인대회는 신인발굴의 보고(寶庫)로 기능한다. 미인대회는 연예인으로서 가장 큰 경쟁력 중 하나인 외모가 출중한 사람들이 참가한다. 또한, 연예인이 되는 꿈을 실현하기 위해 중간 경유지로 미인대회에 참가하는 사람들이 급증하기 때문이다. 이승연, 고현정, 염정아, 김남주, 김혜리, 김성령, 김사랑, 손태영, 오현경, 성현아, 이하늬, 박시연, 김연주, 궁선영, 이보영은 미스코리아 출신 스타들이다. 그리고 이소라, 송선미, 한예슬, 한지혜, 김빈우, 공현주는 슈퍼모델 선발대회 출신 스타이고, 박지영, 오정해, 윤손하, 이다해, 장신영, 강예솔은 미스 춘향 출신 스타다. 이 밖에 김희선은 고운 얼굴 선발대회, 송혜교는 선경스마트 모델대회 출신 스타다. 고현정은 "미스코리아 대회 입상이 연예인이 된 결정적 계기였다. 미스코리아에 참가한 뒤 연예기획사로부터 연락을 많이 받았다"고 말했다.

스타 원석인 연예인 지망생은 이처럼 다양한 방법을 통해 연예계 입문의 첫 발을 딛게 된다.

## 4. 스타 지망생의 교육 · 훈련 과정: 노래, 연기에서 외국어, 성형까지

오디션, 오디션 프로그램, 인맥, 길거리 캐스팅 … 이처럼 다양한 방법으로 발굴한 지망생을 대상으로 데뷔까지 다양한 교육과 훈련, 그리고 연예계에 진출 시 필요한 작업이 진행된다.

1960~1990년대 방송사 주도의 연예인 육성 시스템에서는 방송사가 탤런트, 개그맨 공채를 통해 연예인 자원을 확보한 뒤 이들에게 1~2년 정도 연기와 희극연기에 대한 것에서부터 드라마와 개그 프로그램 녹화 시 주의점, 실기와 이론까지 지도한 뒤 작품에 출연시켜 연예인으로 데뷔시켰다. 그리고 1950~1980년대 가수 지망생을 교육하고 스타가수로 키워낸 곳은 레코드사나 음반 제작사였다. 가수 자원으로 선발되면 작곡가나 전문가들이 가창력이나 무대매너에 대해 교육을 했지만, 체계적인 교육 시스템은 미비했다.

연예인 예비자원에 대한 체계적인 교육 시스템은 1995년 SM엔터테인먼트를 비롯한 대형 연예기획사에 의해 도입됐다.

1996년 데뷔해 2001년까지 활동하면서 발표하는 음악마다 큰 히트를 하며 톱스타로 군림한 기획형 아이돌그룹 H.O.T는 SM엔터테인먼트의 체계적인 교육의 결과물로 주목받았다. 이를 계기로 대형 연예기획사를 중심으로 연예인 예비자원 교육 시스템이 도입됐다. 연기자를 영입해 관리하는 연기자 위주 연예기획사도 연기자 지망생을 다양한 방식으로 발굴해 이들에게 체계적인 교육을 해 연기자로 진출시켰다.

물론 대형 연예기획사와 군소 연예기획사가 영입한 연예인 지망생에 대한 교육 시스템의 구축 정도와 교육 내용은 천양지차다. SM, YG, JYP, FNC같은 가수를 양성하는 대형 연예기획사는 트레이닝팀 혹은 신인 개발팀에서 영입한 연예인 지망생 교육을 전담해 보컬, 댄스뿐만 아니라 체력 훈련, 외국어 교육까지 한다. 최근 들어서는 가수와 연기를 병행하는 연예인이 주류를 이루면서 연기와 예능 개인기까지 교육하는 것이 대세를 이루고 있다. 연습생의 진도와 수준, 지향하는 음악 장르와 스타일에 따라 교육 내용도 달라진다. 반면 대부분 영세한 기획사의 교육 시스템은 여전히 주먹구구식이다.

정욱 JYP 엔터테인먼트 대표는 한국예술종합학교 이동연 교수가 엮은 『아이돌』에 실린 인터뷰에서 "기획사에는 기본적인 교육 커리큘럼이 있다. 기본적인 춤과 노래를 교육하는 커리큘럼이 있는데 굉장히 단순해 보이지만 그 동작을 완벽하게 몸에 익혀야 다음으로 넘어갈 수 있다. … 춤, 노래, 태도, 학업성적까지 확인하고 학업이 어느 정도 안 되면 퇴출한다"고 개략적인 연예인 지망생 교육 시스템을 설명했다.

걸스데이가 소속된 드림티엔터테인먼트의 나상천 이사는 연습생 트레이닝에 대해 "안무와 노래 레슨을 위주로 한다. 안무 같은 경우는 기본 동작부터 해서 기존 가수의 안무를 익힌다. 노래 역시 기존 곡 중에서 잘 소화할 수 있는 곡들 위주로 레슨을 시킨다. 연습생들이 체계를 가지고 배울 수 있는 것이 중요하다. 하루 10시간 정도 훈련 한다"고 말했다.

지드래곤은 빅뱅이 쓴 『세상에 너를 소리쳐』에서 "하루 열두 시간 춤, 노래, 웨이트트레이닝, 거기에 외국어 두 개까지 포함된 7~8개의 레슨을 받는 것은 체력의 한계를 불러왔다"며 연습생 시절 때 교육 내용과 혹독한 트레이닝을 증언했다.

판타지오 같은 연기자 위주의 연예기획사 역시 체계적인 교육 시스템을 연기 지망생에게 적용하고 있다. 연예기획사에 의해 신인 연기자 자원으로 발탁이 되면 기획사 내부나 외부(외부 전문가에게 의뢰)에서 연기 트레이닝 과정을 거치는데 기본적인 발성, 대본 이해력, 감정 표현력, 대사 전달력을 지도한다. 그리고 드라마나 영화 캐스팅을 위한 오디션

요령과 함께 연기에 도움이 되는 노래와 안무 교육도 한다.

〈연예기획사 연습생 교육 사항(중복응답)〉

(단위: 중복%, 소속연습생이 있는 업체, n=253)

출처: 한국콘텐츠진흥원

연예기획사의 연예인 지망생 혹은 연습생 기간은 얼마나 될까. 데뷔 그룹의 시기와 전략, 연습생의 개인차, 기획사의 교육시스템에 따라 차이가 있다. 2009년 발탁돼 연습생 생활 1년도 안 돼 걸그룹 미쓰에이로 데뷔한 수지부터 12세 때 발탁돼 5년간의 연습생 생활을 거쳐 소녀시대로 데뷔한 서현, 룰라 뮤직비디오에 출연한 것을 계기로 12세 때부터 6년간의 연습생 생활을 한 빅뱅의 지드래곤, 13세 때 SBS 오디션 프로그램 '초특급 일요일 만세-영재육성프로젝트 99%의 도전'에서 발탁돼 8년간의 연습생 생활을 거친 2AM의 조권까지 연예인마다 연습생 기간은 차이가 크다.

문화부가 한국연예제작자협회와 공동으로 2012년 11월부터 2013년 1월까지 355개 연예기획사를 대상으로 실태를 조사해 작성한 보고서 「매니지먼트 산업 실태 조사」에 따르면 연예기획사의 교육 기간은 가수 연습생의 경우 15.38개월, 연기자 연습생은 15.37개월에 달하는 것으로 나타났다.

문제는 연습생의 53.1%가 도중에 탈락해 연예계 데뷔조차 못 하는 것으로 조사됐다. 연습생이 매주, 매월, 매 분기마다 정기적으로 평가를 받아 기준에 도달하지 못하거나 다른 연습생과 비교해 낮은 평가가 나오면 탈락하게 된다. 2016년 4월 19일 방송된 MBC 'PD수첩—아이돌 전성시대, 연습생의 눈물'에 출연한 메이다니는 연습생 교육의 문제첨을 적나라하게 보여준 사례다. 메이다니는 2001년 SBS '초특급 일요일 만세—영재육성프로젝트 99%의 도전' 오디션 프로그램을 통해 발굴돼 11세부터 19세 데뷔까지, 몇 군데 연예기획사를 거치면서 8년간의 연습생 생활을 하며 치열한 경쟁과 데뷔무산으로 공황장애를 앓는 힘든 생활을 했다. 메이다니는 "연습생 시절로 다시 돌아가고 싶지 않다. 너무 고통스러웠다"고 진저리쳤다. 연예기획사에서 연습생 생활 1년 만에 그만둔 김모(17) 군도 "연습생 생활에 전념하느라 정상적인 수업은 고사하고, 학교생활도 제대로 하지 않아 연습생을 그만두고 학교도 그만뒀다. 연습생이 연예인으로 데뷔하지 못하면 삶을 포기할 정도로 힘들다" 고 말했다.

연습생은 또래 친구들이 공부할 시간에 모든 노력과 시간을 오로지 춤과 노래에 투자하기 때문에 데뷔가 좌절된 후에는, 또 다른 진로를 선택하는 데 어려움이 클 수밖에 없다. 특히 어린 나이에 연습생 생활을 시작했다면 다른 일을 찾기란 더욱 힘들다. 또한, 연습생 교육과정에서 학습권 보호가 제대로 지켜지지 않고 인권 및 사생활 침해가 빈발한다.

연예인 지망생은 연기자나 가수 되기 위한 보컬, 댄스, 연기 교육뿐만 아니라 성형, 몸매 관리까지 한다. 연예인의 경쟁력 중 하나인 외모와 몸매 가꾸기가 교육과정에 본격적으로 이뤄진다. 교육, 조탁 과정에선 연예기획사가 의도한 콘셉트와 이미지를 만들기 위해 외모 관리를 집중적으로 하는 데 필요하면 전문의 상담을 받아 성형수술도 진행한다.

연예기획사의 지망생 교육비용은 얼마나 들까. 연예기획사와 교육 기간, 교육 커리큘럼에 따라 연습생 교육 비용은 천차만별이다. 하나금융투자 이기훈 연구원이 2015년 발표한 보고서『남자 아이돌이 군대에 간다』에 따르면 연습생으로 발탁돼 데뷔까지 짧게는 수개월, 길게는 10년 가까운 투자가 이뤄지는데 JYP의 경우 20~30명의 신인개발비로 연간 7억~9억 원의 비용을 사용한다. 연습생 1인당 연간 2,500만~3,000만 원 정도 소요된다. 문화부의 보고서『매니지먼트 산업 실태 조사』에 따르면 연습생 1명당 월 평균 교육투자비용은 약 177만 원으로 나타났다. 월 평균 100만 원이 20.8%로 가장 많았고, 200만 원이 19.2%로 그 뒤를 이었다.

SM, YG, JYP 등 대형 연예기획사는 발탁한 연예인 지망생 교육과 조탁 비용을 회사에서 부담하지만, 일부 기획사는 연습생 시절 발생한 음악, 댄스 트레이닝 비용은 물론 숙소 비용과 데뷔 이후의 활동비용까지, 연습생의 수익에서 공제하고 있다.

연예기획사에 의해 발탁되지 않아 개인적으로 연예계 진출을 준비하는 사람은 대학에 진학해 연기나 보컬을 배우거나 연기학원, 실용음악학원을 다니며 개인적인 교육에 집중한다. 이 과정에서도 적지 않은 문제가 발생하는데 학원업자들이 수강생 유치를 위해 작품 출연 보장까지 사칭하기도 한다. 또한, 일부 방송연예 관련 사설학원들이 더 많은 수익을 올리기 위해 수강생에게 성형수술을 강권해 경제적, 육체적 피해가 발생한다.

오랜 기간 많은 노력과 시간, 비용을 들여 교육을 받은 연예인 지망생은 데뷔 직전까지 작품 오디션에 대응하는 방식과 방송 출연할 때의 매너에 대해 배운다.

## 5. 연예인 데뷔: 연예계 첫발이 연예계 활동 좌우

가수나 연기자가 되기 위한 교육과 함께 외모의 조탁 과정이 끝나면 연예기획사나 연예인 지망생들은 연예계 데뷔를 시도한다.

데뷔 경로는 차이가 있다. 연기자 지망생이 연기력 교육과 외모 관리, 캐스팅을 위한 작품 오디션 요령을 배우고 나면 프로필 작업을 먼저 진행한다.

솔트 엔터테인먼트 이은영 이사는 「연예 매지니먼트 시스템과 운영의 실제-연기자를 중심으로」에서 "프로필은 작품의 서류심사이기 때문에 연기자는 프로필이 있어야 한다. 연기자의 이미지에 맞는 콘셉트를 정하고 신인이 가장 잘 표현할 수 있는 콘셉트로 프로필을 촬영해야 한다"고 지적했다.

프로필 작업이 끝나면 광고 에이전시나 영화사에 프로필과 연기 관련 동영상 파일을 전달하고 오디션을 보게 된다. 이은영 이사는 "매체를 통한 연기력이 검증되지 않은 상황에서 드라마 오디션은 연기자에게 부담으로 작용하는 경우가 많다. 드라마는 검증되지 않은 작품 활동이 없는 연기자에게 기회가 거의 주어지지 않는다. 준비되지 않은 미팅은 자칫하면 앞으로 주어질 기회의 박탈로 이어질 위험이 있으므로 연예기획사는 데뷔 무대를 광고나 영화로 준비하는 경우가 많다"고 말했다.

광고는 연기력과 무관하게 연기자의 이미지만으로 캐스팅 하는 경우가 대부분이어서 신인은 쉽게 경력을 쌓을 수 있고 영화는 다른 매체에 비해 준비 기간이 충분히 길어서 영화감독은 연기자의 이미지와 연기에 대한 가능성만 가지고 출연시키는 경우가 적지 않다. 또한, 뮤직비디오, 웹드라마, 방송사 단막극과 드라마 단역은 비교적 부담이나 비중이 적어이를 통해 데뷔하는 사람도 많다.

스타 김태희는 길거리 캐스팅으로 '화이트' 광고 모델로 연예계에 첫발을 디뎠다. 이후 2001년 영화 '선물'의 이영애 아역 연기자로 데뷔해 단편 영화 '신도시인'과 시트콤 '렛츠고'에 출연하고 드라마 '스크린'으로 활동영역을 넓혀가며 연기자로서 자리를 잡았다.

한류스타 이민호는 고교 시절 잡지 모델로 나서다 연예기획사에 발탁돼 연기자 교육을 받은 뒤 2003년 드라마 '반올림' 미술학원 학생 역, 2005년 시트콤 '논스톱5' 성형한 MC몽 역으로 연기를 시작해 점차 드라마 배역 비중을 넓히고 영화에도 진출하며 연기자로서 전형적인 데뷔 경로를 밟았다.

스타 손예진은 지인 소개로 연예기획사 대표를 만나 연기 교육을 받은 뒤 화장품 '꽃을 든 남자' CF에 출연하고 2001년 드라마 '맛있는 청혼'의 주연으로 연기 데뷔를 하는 이변을 연출하며 스타덤에 올랐다. 손예진은 "'맛있는 청혼' 오디션에서 김인영 작가가 마음에 들어 하고 이은규 책임 프로듀서가 감이 좋다고 말을 해 잘하면 조연 정도는 하겠구나 생각했는데 데뷔작에 주연을 맡게 돼 많이 놀랐다"고 말했다.

연예기획사 에이스타스는 잡지에 실린 사진을 보고 신인으로 발굴한 김현주에게 연기와 대사, 방송 매너를 지도한 뒤 귀여운 이미지를 살릴 수 있는 광고를 공략해 광고 모델로 나서게 한 다음 광고 테이프를 들고 MBC 예능국과 드라마국을 찾아 출연과 배역 캐스팅을 위한 홍보에 나서 몇 개의 예능 프로그램에 출연시켰다. 이후 미니 시리즈 '내가 사는 이유'에 조연으로 출연하며 연기자로서 성공적인 연예계 데뷔를 할 수 있었다.

연예기획사는 인맥이나 정보를 총동원해 소속 연기자 지망생을 광고, 영화, 드라마에 출연시키기 위해 치열한 노력을 기울인다. 그뿐만 아니라 최근 드라마나 영화 제작을 겸하고 있는 연예기획사가 연기자 지망생을 자사 제작 작품을 통해 데뷔하게 하는 경우도 급증했다. 또한, 일부 연예기획사는 소속 스타를 출연시키는 조건으로 연기 지망생을 끼워팔기식으로 캐스팅하게 해 연기자로 데뷔시킨다. 데뷔하려는 연기자 지망생은 넘쳐나고 출연할 수 있는 작품은 한정돼있는데다 캐스팅 과정은 투명하거나 공개되지 않아 뇌물, 접대 문제도 발생한다. 이 과정에서 성상납을 하고 배역을 받는 캐스팅 카우치도 생겨나고 있다.

가수 데뷔는 연기자보다 더 복잡하고 오랜 시간이 걸리는 경우가 대부분이다. 연예기획사는 아이돌그룹을 데뷔시킬 경우, 그룹의 정체성과 성격을 정한 뒤 멤버 구성이 끝나면 멤버들에 대해 집중적인 교육을 한다. 멤버의 콘셉트와 비주얼 이미지를 만들고 그룹 성격에 맞는 음악을 선택해 훈련한 다음 음반 작업을 진행한다. 쇼케이스를 통해 대중매체에 그룹 데뷔를 알리고 방송사 음악 프로그램을 통해 데뷔한다. 솔로 가수 역시 이 경로를 밟아 데뷔한다.

스타 시스템을 주도하고 있는 SM엔터테인먼트의 경우 시장과 트렌드를 분석해 가수의 콘셉트와 비주얼 이미지를 만들어내는 제작기획팀과 가수에게 맞는 음악을 선택해 음반이 나오기까지 음악 작업을 총괄하는 A&R팀, 음반이 나온 후 발매된 음반의 마케팅 영업을 담당하는 마케팅팀, 각종 매체에 대한 가수 프로모션을 담당하는 홍보팀이 유기적으로 신인가수나 아이돌그룹 데뷔 작업에 참여한다.

리얼리티 프로그램이나 아이돌그룹 결성을 위한 멤버 선정 서바이벌 예능 프로그램을 통해 멤버 구성, 준비부터 데뷔까지 진행하는 가수나 아이돌그룹들도 속속 등장하고 있다. YG엔터테인먼트의 아이콘과 위너는 엠넷의 '윈', '믹스 앤 매치'를 통해 탄생했고, JYP의 트와이스는 엠넷의 '식스틴'을 통해 데뷔 기회를 얻어 아이돌그룹으로 활동하게 된 것이 대표적 사례다.

연예기획사는 가수의 데뷔 때 총력전을 펼친다. 신인데뷔 때의 홍보 마케팅이 가수로서 생존 여부를 결정하는 경우가 많기 때문이다. 솔로 가수나 아이돌그룹이 음반을 발표하고 방송을 통해 데뷔하면 신문, 인터 넷매체, 라디오, 케이블TV, 지상파TV에 음반과 가수를 끊임없이 홍보 하는 것을 비롯해 대중매체 노출을 위해 전쟁에 가까운 치열한 홍보전과 로비전을 펼친다.

신인 가수나 신곡을 대중에게 알릴 수 있는 대중매체 특히 방송 매체 가 한정돼 있고 수많은 신인 가수와 음반이 쏟아져 나오고 있어 음반과 가수가 방송에 한 번도 소개되지 않은 경우도 허다하다. 물론 무대나 인 터넷을 통해 데뷔해 대중의 인정을 받는 경우도 있다.

하지만 연예계 데뷔를 성공적으로 하기 위해서는 노출 범위가 넓은 방 송 출연이 필수적이다. 방송 출연은 대중에게 신인 가수의 존재를 일시 에 많은 사람에게 알리는 가능성을 높여준다. 또한, 스포츠신문, 일간지 등 인쇄 매체와 인터넷 매체에 노출하는 것도 주요한 홍보 전략이다.

방송 출연이 주로 노래의 내용과 형식, 가수 외모와 패션 등 외형적인 것에 대한 소개라면 인쇄 매체나 인터넷 매체는 가수의 성장환경, 철학, 라이프 스타일을 담은 내면적인 모습이 공개되는 장이다. 이 또한 기획 사에서 철저히 준비하고 제조한 정보와 내용이다.

가수의 가창력과 이미지, 팬들의 호응, 그리고 기획사의 홍보력이 결 집해 일단 방송에 성공적으로 진출하면 신인 가수는 버라이어티쇼, 예능 프로그램, 정보 프로그램, 퀴즈 프로그램을 비롯한 각종 프로그램의 게 스트 출연이나 보조 MC 등 다양한 형태로 미디어의 지속적 접촉을 유지 한다. 이로 인해 인기가 상승하면 가요 순위 프로그램에 진입하게 되고 순위가 올라가면서 음반과 음원 판매도 따라서 올라가 인기 가수로 발돋 움하게 된다.

2002년 '나쁜 남자', '안녕 이란 말 대신'으로 데뷔해 가요 순위 프로그램 1위에 오르고 방송사 연말 가요제에서 신인상과 본상을 휩쓴 비는 이러한 미디어 노출전략에 따라 단기간에 스타덤에 올랐다. 비는 데뷔 전 매우 적은 출연료를 받고 이동 통신 광고에 모델로 나서 대중에게 인지도를 쌓은 다음 음악 프로그램을 통해 데뷔했다. 곧 바로 MBC '강호동의 천생연분' 등 각종 예능 프로그램에 출연해 그가 갖고 있는 남성적 매력과 뛰어난 춤 실력을 과시했다. KBS, MBC, SBS 방송 3사를 누비며 각종 프로그램에 얼굴을 내밀어 인기를 얻은 비는 데뷔 첫 해 가요 순위프로그램에 1위로 등극하며 성공적인 가수 데뷔를 했다.

하지만 비처럼 성공적인 데뷔는 매우 드물다. MBC 'PD수첩' 제작진이 2016년 4월, 2011년 데뷔한 아이돌그룹 40개 팀의 활동 여부를 조사한 결과, 멤버 변동 없이 활동 중인 팀은 5개 팀에 불과했고 나머지 35개 팀 중 12개 팀은 데뷔 앨범 하나만을 남기고 소리소문 없이 사라졌다. 한 연예기획사 대표는 "1년에 50개 아이돌그룹이 데뷔하면 대중의 주목을 받아 수익을 내는 그룹은 3~5개에 불과하다. 나머지는 힘겹게 버티거나 해체를 하게 된다. 데뷔 무대가 은퇴 무대가 되는 경우가 많다"고 말했다.

그렇다면 가수와 연기자로 데뷔하는 데 비용은 얼마나 소요될까. 가수와 연기자가 차이가 있고 연습생 기간과 데뷔 시기에 따라 큰 차이가 있다.

5인조 아이돌그룹의 경우는 연습생 발굴에서 데뷔 방송까지 10억~11억 원이 들어간다. 하나금융투자 이기훈 연구원이 2015년 발표한 보고서 『남자 아이돌이 군대에 간다』에 따르면 연습생 1인당 연간 2,500만~3,000만 원 정도 들고 연습생 기간을 평균 3년으로 치면 5인조 아이돌그룹을 만든다고 했을 때 데뷔전 트레이닝 비용으로 5억~6억 원이 소요된다. 연습생 생활을 마치고 데뷔하기까지의 비용은 얼마나 드는 것일까. 흥국증권 최용재 연구원이 2015년 발표한 보고서『스타가 되기까지』에 따르면 사전마케팅에서부터 KBS 등 지상파 3사 음악방송 활동까지 6주간의 데뷔 활동 기간에 5억 원 정도가 소요된다. 신인그룹 데뷔용 3곡 신곡 작곡과 녹음 비용이 2,700만 원, 뮤직비디오 제작 1억5,000만 원, 앨범 자켓 2,000만 원, 바이럴 마케팅 1억500만 원, 안무비 1,500만 원, 무대의상 제작(6주 24개 음악방송 5인 출연 기준) 1억7,000만 원, 방송 미용 1,000만 원 등 5억여 원이 투입된다.

연기자의 경우도 연기 교육부터 성형에 이르기까지 적지 않은 돈이 연기자 데뷔 비용으로 소요된다. 한국연예매니지먼트협회 배경렬 이사는 "연기 지망생의 자질과 실력, 교육 기간, 데뷔 시기에 따라 연기자로 데뷔할 때까지 5,000만~2억 원 정도의 비용이 들어간다"고 설명했다.


## 6. 연예인은 어떻게 스타 될까: From Zero To Hero

화장품 광고 등 CF 몇 편 출연이 전부였던 손예진은 2001년 드라마 '맛있는 청혼'을 통해 연기자로 데뷔했다. 데뷔작에서 주연을 맡아 단번에 스타로 부상했다. MBC 탤런트 공채 출신인 차인표는 단역을 몇 번 한 후 1994년 미니시리즈 '사랑을 그대 품 안에' 주연으로 차인표 신드롬을 일으키며 전 국민의 사랑을 받는 스타가 됐다.

2001년 1집 앨범 '눈물에 얼굴을 묻는다'를 발표하며 곧바로 스타 가수로 도약했던 장나라는 2002년 드라마 '명랑소녀 성공기'로 스타 탤런트로도 각광 받았다. 2007년 8월 싱글 '다시 만난 세계'를 발매하고 SBS '인기가요'를 통해 데뷔한 소녀시대는 같은 해 11월 발표한 첫 정규 앨범

'소녀시대'의 'Kissing You'와 'Baby Baby'로 가요 순위 프로그램에서 1 위에 오르며 데뷔 후 순식간에 스타덤에 올랐다. 또한 곰TV·MTV 코리 아가 2006년 7~8월 방송한 데뷔 전 최종 멤버 선정을 위한 '리얼다큐 빅 뱅(BIGBANG)'으로 이름을 알린 빅뱅은 2006년 9월 MBC '쇼! 음악 중 심'을 통해 'La La La'로 데뷔무대를 가지면서 인기를 얻었고, 2007년 발표한 앨범 'Always'의 타이틀곡 '거짓말'이 7주 연속 주요 인기차트를 장악하며 톱스타로 부상했다.

손예진, 차인표, 장나라, 소녀시대, 빅뱅처럼 데뷔작으로 순식간에 스 타덤에 오르거나 데뷔한지 얼마 안 돼서 스타가 되는 연예인이 있다.

"무명의 고통과 가장으로서 생계책임 때문에 연기의 꿈을 접고 싶었 다. 이민까지 생각했었다. 그런데 연기를 포기하면 다른 일도 못 할 것 같았다. 죽을 힘을 다해 최선을 다해보고 후회 없이 이민 가자는 생각이 들었다." 데뷔 후 8년 동안 단역과 조연을 오가며 힘겹게 버티다 너무 힘 들어 가족과 함께 이민까지 갈 생각을 한 김명민은 2004년 드라마 '불멸 의 이순신'의 주연을 맡아 대중에게 인정받으며 스타로 부상했다. "방송 이 너무 안 되고 하는 일마다 자꾸 어긋난 적이 있다. 그때 간절하게 기 도했다. 한 번만 기회를 주시면, 단 한 번만 개그맨으로서 기회를 주시면 최선을 다하겠다고 다짐했다." 1991년 KBS 대학 개그콘테스트에서 입 상해 연예계에 데뷔했으나 별다른 성과를 올리지 못하고 남희석, 김국 진, 김용만, 박수홍 등 동기 개그맨들의 스타로의 화려한 비상을 옆에서 지켜봐야 하는 아픔을 겪은 유재석 역시 7~8년 동안 힘든 무명생활 끝 에 예능 톱스타로 올라섰다. 김명민, 유재석처럼 오랜 무명 기간을 거쳐 스타가 되는 연예인도 있다.

대학 때 연기자의 꿈을 키워 학원에 다니며 연기공부를 하다 연예기획 사 싸이더스 HQ에 발탁된 송중기는 2008년 영화 '쌍화점'으로 데뷔한 이후 드라마 '내 사랑 금지옥엽', '트리플', '산부인과', 영화 '마음이 2'에 출연하며 캐릭터 비중을 높인 뒤 2010년 방송된 사극 '성균관 스캔들'을 통해 연기자로서 존재감을 확보하고 2012년 드라마 '세상 어디에도 없는 착한 남자'와 영화 '늑대소년'을 통해 스타로 올라섰다. 그리고 2016년 드라마 '태양의 후예'로 최고의 한류스타 반열에 합류했다. 송중기처럼 작품을 하면서 캐릭터 비중과 이미지의 스펙트럼을 확장하면서 스타로 올라선 유형이 스타화 경로에 가장 대표적인 경우다. 이병헌, 유아인, 송혜교는 이 같은 경로로 스타가 됐다.

하지만 수많은 연예인이 연예계에서 활동하지만, 스타의 반열에 오르는 사람은 극소수다. 연예기획사 종사자, PD, 영화감독, 작가, 작곡자, 음악 프로듀서, 대중문화 기자들은 연예인 중 스타가 되는 사람은 0.1%도 되지 않을 것이라고 입을 모은다. 그만큼 스타 되기가 어렵다.

신인과 연예인이 스타가 되는 길과 유형은 매우 다양하다. 가장 중요한 스타화의 경로는 바로 활동하는 분야의 대중문화 상품 즉 영화, 음반, 드라마, 예능 프로그램의 성공을 통해 스타덤에 오르는 것이다. 신인은 성공한 작품을 통해 스타가 되는 인지도와 인기, 그리고 대중이 선호하는 이미지를 창출할 수 있다. 박찬욱 감독의 영화 '아가씨'를 통해 신인 배우 김태리가 스타가 됐고, 이민호는 드라마 '꽃보다 남자'를 통해 한국뿐만 아니라 중국과 일본 등 해외에서 인기가 높은 한류스타로 발돋움할 수 있었다. 수지는 영화 '건축학 개론'을 통해 국민 첫사랑이라는 긍정적인 이미지와 함께 높은 인기를 얻으며 스타로 우뚝 섰다. 이승기는 2004년 1집 앨범 타이틀곡 '내 여자라니까'가 대중 특히 여성들의 폭발적인 사랑을 받으면서 스타로 부상했고 40%의 높은 시청률을 기록한 드라마 '찬란한 유산' 성공으로 스타 연기자로, 30%대의 엄청난 시청률을 보인 예능 프로그램 '1박 2일' 출연으로 예능 스타라는 수식어까지 거머쥐었다. 이처럼 작품의 성공 여부가 신인이나 연예인을 스타로 부상 여부를 좌우한다.

또한, 광고 등 2~3차 시장에서의 활약과 반응도 신인의 스타 부상 여부를 좌우하는 변수다. 1998년 '내 마음을 뺏어봐'와 1999년 '해피투게더'를 통해 연기자 행보를 본격적으로 시작한 전지현을 스타로 만든 것은 연기자의 1차 시장인 영화나 드라마가 아닌 2차 시장인 광고를 통해서였다. 전지현의 존재감을 일시에 수많은 대중에게 강렬하게 각인한 것은 삼성 프린터 CF다. 전지현은 이 광고를 통해 단번에 신세대 아이콘 이미지로 부상하며 대중의 스타로 자리 잡았다. 연기자 이영애 역시 그녀를 스타로 만든 것은 '산소 같은 여자'라는 화장품 광고 카피로 상징되는 CF와 광고를 통한 청순한 이미지 구축이었다. "남자는 여자 하기 나름이에요"로 잘 알려진 최진실 역시 가전제품 CF로 스타덤에 올랐다.

아이돌그룹 god가 인지도와 인기를 폭발시키며 스타로 부상한 원동력은 1차 시장인 음반과 무대가 아니었다. god는 방송을 통해 1999년 1집 '어머니께'라는 신곡을 발표했지만, god의 존재를 확실하게 대중에게 심어주지는 못했다. 물론 음반 판매도 기대에 미치지 못했다. 1집을 발표한 후 물론 광고 출연 역시 한 편도 없었다. 2집 출시 직후 연예기획사는 MBC 제작진과 출연 교섭을 벌여 버라이어티쇼 MBC '일요일 일요일 밤에'의 한 코너, 'god의 육아 일기'에 god를 1년 6개월 동안(2000년 1월~2001년 5월) 출연시켜 어린 재민이와의 생활을 통해 설정된 멤버들의 성격과 이미지를 명확하게 드러내고 친근한 그룹 이미지를 구축하며 폭발적 인기를 얻어 스타로 자리 잡았다.

연예인이 활동하는 1, 2차 시장 활동과 무관하게 신문의 사적 영역 보도나 인터넷 등에 유통되는 사적 정보, 일반인에 의해 제작된 콘텐츠로 신인이나 연예인들이 스타로 화려하게 비상하는 경우도 왕왕 있다. 걸그룹 EXID는 2012년 2월 싱글 앨범 'Holla'를 발표하며 가요계에 데뷔했지만, 대중의 눈길을 끌지 못했다. 데뷔 이후 2년 동안 무명으로 지내고 멤버 교체 등 많은 어려움을 겪었다. 2014년 8월 세 번째 싱글 '위아래'를 발표했지만, 발매 3~4일 만에 대부분의 차트에서 차트 아웃 되면서 무명생활이 이어졌다. 한 일반인이 2014년 10월 유튜브에 '위아래'를 부르며 춤을 추는 멤버 하니의 직캠 동영상을 올려 폭발적인 반응을 얻으며 EXID가 인지도를 얻고 차트 아웃됐던 '위아래'가 가요 프로그램에서 1위를 차지하는 이변을 연출하며 스타 걸그룹으로 도약했다.

이처럼 스타가 되는 일 자체가 매우 힘든 일이고 스타가 되는 경로나 소요시간은 천차만별이다. 신인과 연예인 지망생이 데뷔해 활동하면서 많은 사람이 알아보는 인지도와 호감도, 그리고 활동하는 창구와 수입, 미디어의 노출빈도에서 일정 수준에 올라 스타가 되는 것은 매우 힘든 일이다.

'무에서 유를!', 'From Zero To Hero!'를 외치며 연예인은 스타가 되기 위해 치열한 노력을 한다. 연예기획사를 비롯한 스타 시스템의 주체들은 연예인과 신인을 스타로 만들기 위해 다양한 전략을 구사한다.

데뷔한 후 어느 정도 대중의 인지도가 쌓여 무명에서 신인 연예인으로 발돋움하게 된 후 가장 중요한 것이 지속적인 미디어와의 접촉이다. 신인의 경우 만약 몇 개월만 텔레비전과 신문, 잡지 등에 노출이 안 되면 금세 대중의 시선에서 사라진다.

이 때문에 연예기획사는 신인 탤런트나 신인 가수들이 인기를 얻어 인기 탤런트나 인기 가수로 한 단계 도약하면 더욱 정교하고 전문적인 미디어 진출 전략과 전술을 구사하고 이미지 관리를 집중적으로 한다. 또한, 고정적인 수요와 관심을 창출할 수 있는 팬을 관리하는 체제에 돌입한다. 팬클럽을 결성해 인기 연예인의 홍보 전령사나 스타의 상품성 창출에 최대한 활용한다.

연기자의 경우, 기획사는 이 과정에서는 신인 때보다 작품 출연 횟수를 늘림과 동시에 극 중 캐릭터를 통해 확실한 이미지를 구축할 수 있는 비중 있는 배역을 섭외하는 데 총력을 기울인다. 또한, 광고나 뮤직비디오, 신문과 인터넷매체를 최대한 활용해 시너지 효과를 높인다.

가수의 경우에도 음반이 일단 홍보된 뒤에는 연예기획사가 가수의 상품성을 창출하기 위해 신인 가수(그룹)를 가급적 많은 다양한 방송 프로그램과 광고 등에 출연시켜 대중에게 지속해서 가수의 모습을 노출한다.

이 과정에서 미디어의 너무 잦은 노출은 대중에게 자칫 식상함을 줘 오히려 역효과가 발생할 수 있으므로 연예인의 노출 정도를 적절하게 조절한다. 또한, 미디어의 잦은 노출은 짧은 기간 안에 제조된 연기자나 가수의 부족한 문제들이 드러날 수 있기에 이에 대한 보완작업을 철저히 진행한다. 그렇지 않으면 이 과정에서도 그저 평범한 가수나 연기자로 전락할 가능성이 크다.

또한, 어느 정도 인기를 얻으면 부족한 이미지나 카리스마를 보완할 방안을 강구한다. 이 단계에서는 연예기획사의 과학적이고 체계적인 기획 하에 담당 프로듀서와 영화감독들을 대상으로 출연 작품이나 캐릭터의 출연 교섭을 벌인다. 이 과정에서는 지명도를 높이기 위해 스캔들을 조작하는 경우도 종종 있다.

연예기획사에 의해 발탁돼 단발성 광고에 출연한 김재원은 시트콤이라는 장르가 신인에게는 정통 드라마보다 세밀하고 정교한 연기력을 필요로 하지 않아 시트콤 '허니 허니'를 통해 편하게 연기자로 데뷔한 뒤 개성을 살릴 수 있는 단막극 몇 편에 출연하고 시추에이션 드라마 '우리집'에 주연급으로 출연해 인기를 얻었다. 그리고 그의 꽃미남 이미지를 극대화할 수 있는 '로망스'라는 미니 시리즈에 진출해 스타덤에 올랐다.

또한, 영화 '구미호' 주연으로 출연해 인지도는 높였으나 연기력 부족이라는 질타가 쏟아진 정우성은 이후 초콜릿 광고와 조관우 '늪' 뮤직비디오를 통해 쓸쓸한 남자의 몸짓과 강렬한 눈빛의 이미지를 많은 이들에게 각인시켰다. 이후 연기력을 키울 수 있는 드라마 '아스팔트 사나이'에 출연해 인기와 연기력 모두를 얻어 스타로 부상했다. 두 사람의 경우와 같이 신인에서 인기 배우로의 과정이 과학적이고 체계적으로 진행돼 스타덤에 오른 스타가 있지만 그렇지 못한 사람이 훨씬 많다. 이는 개인의 자질부족, 기획사의 체계적인 전략과 자본 부족 등이 원인으로 작용한다.

신인 가수나 연기자가 연예기획사의 전략 구사에 따라 스타로서 화려한 비상을 하느냐 아니면 대중의 시선을 뒤로 한 채 쓸쓸히 퇴장하느냐가 극명하게 결정된다. 대중의 취향과 기호를 읽는 분석력, 드라마나 영화의 대본과 캐릭터를 볼 줄 아는 식견, 음악과 연기에 대한 지식과 정보 등 연예기획사와 매니저의 전문적인 지식과 활약이 신인의 스타로의 부상 여부를 결정하는 원동력으로 작용한다.


## 7. 스타, 왜 바닥으로 추락할까: From Hero To Zero

#1. 2001년 11월 13일. 수갑을 찬 톱스타 황수정의 모습이 대중매체를 통해 전달됐다. 마약투약 혐의로 구속돼 유죄가 선고됐다. 수사과정에서 유부남과의 스캔들도 터졌고 드라마 촬영 불성실 문제도 불거졌다. 1994년 SBS 전문 MC 공채 1기로 방송계에 입문한 후 1995년 드라마 연기자로 전업해 1999~2000년 방송돼 시청률 60%대를 기록하며 신드롬을 일으킨 사극 '허준'의 여자 주연을 맡아 폭발적인 인기를 얻어 톱스

타로 부상했다. '허준' 출연 이후 화장품, 백화점, 신용카드 등 수십 개의 CF로 엄청난 수입을 올렸다. 하지만 마약투약 혐의로 구속된 뒤 바닥으로 추락해 2007년 드라마 '소금인형'으로 재기했지만, 대중의 눈길을 끌지 못했다.

#2. 2016년 6월 10일. 20대 여성 A씨가 유흥주점 안 화장실에서 박유천에게 성폭행을 당했다며 서울 강남 경찰서에 고소장을 접수했다. 한류 스타 박유천은 이후 3명의 여성에게 추가로 같은 혐의로 피소당해 연예계를 발칵 뒤집어 놓으며 대중을 충격 속에 몰아넣었다. 2004년 동방신기 멤버로 데뷔해 스타덤에 올랐고 이후 JYJ 멤버로 그리고 연기자로 최고의 스타 반열에 오른 박유천은 경찰에 의해 무혐의로 밝혀지고 성폭행 혐의로 고소한 여성이 무고혐의로 기소됐지만, 성을 상품화한 곳에 출입하고 성폭행 혐의로 피소됐다는 이유만으로 많은 대중과 팬들은 절망하고 지지를 철회했다. 박유천의 인기는 급격히 하락했다.

연예인들이 스타가 되는 것은 매우 힘들다. 뛰어난 외모와 빼어난 실력을 갖춘 연예인에게 많은 노력과 시간, 자본이 투자돼도 스타가 되지 못하는 경우가 다반사다. 하지만 강력한 팬덤과 대중의 열렬한 환호를 받는 톱스타라 할지라도 바닥으로 추락하는 것은 한순간이다. 5년간의 연기자 생활 끝에 '허준'으로 스타가 된 황수정, 치열한 경쟁을 뚫고 오랜 연습생 시절을 견디며 동방신기로 그리고 소속사였던 SM엔터테인먼트와의 법적 분쟁 끝에 JYJ로 새 출발 하며 가수로, 연기자로 최고의 스타가 된 박유천의 추락은 단적인 사례다.

스타의 자리에 오른 가수나 연기자는 여러 면에서 위상과 영향력이 이전의 상황과 비교가 안 될 만큼 달라진다. 높은 인기를 누리는 스타의 희소성으로 인해 출연 교섭이나 모델 계약 협상에서 우선권을 행사하는 공급자 우위에 서게 되는 것이 스타다.

방송사와 영화사 제작진은 시청률과 흥행성을 높이기 위해 대중에게 인기가 높은 스타를 우선 기용하려는 치열한 경쟁을 하는데 이는 한정된 수의 스타에게 협상력을 높여주며 스타의 시장가치를 천정부지로 올린다. 또한, 광고 모델, 이벤트 행사출연, 캐릭터산업, PPL 등 스타를 활용하는 스타 마케팅 창구가 급증하게 된다.

스타와 연예기획사는 인기와 스타 마케팅 창구의 급증을 의식해 수입만을 고려한 작품을 선택할 때 스타성이 추락해 대중의 외면을 받을 수 있다. 스타의 생명력과 경쟁력은 드라마, 영화, 예능 프로그램, 음반 등 문화상품의 성공 여부와 밀접한 관련이 있다. 아무리 높은 인기를 얻은 스타라 하더라도 출연 작품이나 음반이 연이어 실패하게 되면 경쟁력과 인기가 하락해 스타의 자리에서 물러나야 한다. 스타와 연예기획사가 수입에만 초점을 맞추다 보면 작품을 잘 소화하지 못하거나 부정적인 이미지가 초래돼 인기 급락을 초래하는 경우가 생긴다.

많은 수입만을 올리기 위해 무분별하게 작품에 출연하게 되면 스타에 대한 대중의 시선은 이내 식상함으로 변하게 돼 스타의 자리에서 추락하는 경우도 발생한다. 대중의 기호와 취향이 급변하기 때문에 스타라도 대중에게 새로움과 또 다른 매력을 주도록 노력해야 한다. 그렇지 못하면 스타는 대중의 외면을 받아 스타성이 하락한다. 수입보다는 스타의 경쟁력과 이미지, 연기력을 확장할 수 있고 완성도와 흥행 가능성이 높은 작품을 선택하는 것이 스타의 수명과 스타성을 배가시킨다.

또한, 운이 좋아 작품이 대단한 성공을 거두고 대중이 선호하는 이미지를 창출해 스타가 됐다 하더라도 연기력, 가창력 등 스타의 본질적인 문제점을 개선하지 못하면 스타의 자리는 오래 유지되지 못한다. 연기력이나 가창력의 문제를 보완하지 못하면 한 번의 히트로 스타가 됐다가 이내 사라지는 원히트 원더(one-hit wonder), 일회용 스타, 냄비 스타의 운명을 벗어나지 못할 뿐 아니라 진정한 스타로서 인정을 받지 못한다. 고소영, 이연희 등 적지 않은 스타들이 연기력의 문제로 대중의 비판을 받아 스타성이 하락한 것이 대표적인 사례다.

스타들에게 막대한 수입과 이미지 구축에 결정적인 역할을 하는 광고도 신중한 선택이 필요하다. 광고 수입만을 생각해 기존의 이미지에 갇혀 연기 변신을 하지 않아 연기자가 지녀야할 경쟁력이 떨어져 대중의 외면을 받기도 한다. 그리고 대부업체, 전범 기업, 민족 정서에 반하는 문제 있는 기업이나 상품의 광고에 출연해 비판을 받고 인기가 하락한 스타도 적지 않다. 대부업체 광고에 나선 최민수, 백두산을 장백산으로 중국식 표기를 한 중국 생수 업체 광고 모델을 한 전지현과 김수현에 대한 대중의 비판이 쏟아졌다.

인기의 정상에 서면 이전의 단계와 비교가 안 될 만큼 대중과 매스미디어의 주목을 받고 수입과 지위가 엄청나게 올라간다. 스타가 된 연예인은 이런 상황 때문에 자신의 관리를 잘못하는 경우가 왕왕 발생한다. "스타가 돼 변했다", "스타병 걸렸다"는 말을 방송, 연예계에선 쉽게 들을 수 있는데 이는 스타로 부상한 뒤 초심을 잃고 연예인으로서 지켜야 할 양식과 자세를 저버리는 것을 의미한다. 스타가 된 뒤 극본과 배우 캐스팅에 무리한 영향력을 행사하는 월권행위에서부터 방송과 무대에서 한 약속 불이행, 촬영 지각과 펑크 등 불성실한 태도, 스태프에 대한 거만하고 무례한 자세에 이르기까지 문제가 된 행동으로 추락한 스타가 적지 않다. 2011년 방송된 드라마 '스파이 명월' 출연 당시 촬영펑크로 결방이라는 방송사고를 초래한 한예슬은 스태프들에게 불성실한 태도로 지탄을 받은 것이 대표적인 사례다.

스타의 자리에 오르면 대중매체와 대중의 관심이 증폭돼 스타의 일거수일투족이 공개될 가능성이 커지고 인터넷의 발달로 전 국민의 기자화 분위기가 조성돼 일반인들에 의한 스타의 관련 정보도 대량 유통되고 있다. 또한, 스타에 대한 기대치가 높아지고 규범적 역할에 대한 바람도 커진다. 이동연은 『대중문화 연구와 문화비평』에서 "대중에게 잘 알려진 만큼 선망의 대상이 되고 있는 스타들이 대중에게 귀감이 되어야 한다는 조작적 당위성이 가미돼 있고 우리 사회에서 공인으로서의 연예인에 대한 통념들이 개인의 감성과 취향 그리고 더 결정적으로 자기 결정권이 배제되는 보편적 도덕심을 가져져 할 자, 혹은 건전 사회 만들기를 위한 내레이터 모델로 보는 시각이 있다"고 지적한다.

이 때문에 스캔들에서부터 사회적 물의 행위, 범죄와 불법 행위까지 문제 있는 사생활은 스타에게 치명적인 악영향을 끼쳐 바닥으로 추락하게 하는 원인으로 작용한다. 최고의 스타라 하더라도 한 번의 실수나 범죄 행위로 스타의 자리를 내놓아야 하는 경우가 비일비재하다. 불법도박을 한 김용만, 탁재훈, 이수근, 마약 투약을 한 황수정, 주지훈, 음주운전과 뺑소니 등 문제를 일으킨 슈퍼주니어의 강인, 성폭행 혐의로 피소된 유상무, 병역문제로 한국 연예계에서 퇴출당한 유승준이 바로 사생활과 스캔들 관리를 제대로 하지 못해 인기 최고의 스타에서 바닥으로 추락한 대표적인 연예인들이다.

최고의 인기를 누리던 스타들이 영화, 음반, 드라마 등 문화상품의 흥행실패, 스캔들과 문제 있는 사생활, 연기력과 가창력의 문제 등으로 바닥으로 추락한 뒤 피나는 반성과 노력을 해 재기에 성공한 경우도 있지만 대부분 재기에 실패한다. 이 때문에 스타의 자리에 있을 때 철저한 자기관리가 필요한 것이다.

불확실한 상황이 계속되고 경쟁이 치열한 대중문화계와 연예계에서는 무명에서 스타로(From Zero To Hero)의 비상도 있지만, 스타에서 바닥으로(From Hero To Zero) 추락하는 경우가 훨씬 더 많이 발생한다.


## 8. 스타화 과정의 병폐: 학습권 · 사생활 침해에서 캐스팅 카우치까지

연예기획사의 연습생에 대한 인권유린부터 스타가 된 뒤 출연진 캐스팅 월권행위까지 스타화 과정에서 수많은 문제가 노출되고 있다. 이러한 문제는 연예인 지망생, 연예인, 스타에게 악영향을 끼치고 스타 시스템과 대중문화 발전에 장애가 되고 있다.

연예인 지망생과 연습생을 상대로 한 금전갈취나 성범죄 등이 사회문제화할 정도로 빈발하고 있다. 대법원은 지난 2013년 6월 한 연예기획사 장 모 대표에 대한 상고심에서 징역 6년에 성폭력 치료 프로그램 40시간 이수, 정보 공개 5년을 선고한 원심을 확정했다. 장 대표는 2010년 11월부터 2012년 3월까지 서울 청담동 회사 건물에서 10대 청소년 2명을 포함해 소속사의 연기 · 가수 연습생 4명을 10여 차례 성폭행 · 강제추행한 혐의(아동 · 청소년의 성보호에 관한 법률 위반 등)로 구속기소됐다.

"오디션을 보러 갔는데 저한테 딱 물어보는 거예요. 스폰서한테 몸을 주면 스타가 될 수 있는데 스폰서를 할 수 있냐고요."(배우 지망생) "회장님이 저를 원할 때 달려가야 한다고 했어요. 밤이든 낮이든 전화를 하면 무조건 가야 해요. 어떤 요구든 다 들어줘야 하는 거죠."(가수 지망생) 2016년 2월 방송된 SBS '그것이 알고 싶다─시크릿 리스트와 스폰서'에 연예인 지망생들이 증언한 내용이다.

서울남부지검은 2016년 8월 "연예인이 되기 위해서는 성로비를 잘 해야 한다"며 소속 신인을 대상으로 강제추행을 일삼은 연예기획사 대표이 모(38) 씨를 구속했다. 장 대표처럼 우월적 지위를 이용해 연예인 연습생에 대한 성폭행이나 무자격 연예기획사나 일부 사설 연예학원의 연예인 지망생을 대상으로 한 금전갈취, 성매매 알선같은 범죄가 끊임없이 발생하고 있다.

무엇보다 스타 배출의 주도적 역할을 하는 연예기획사의 연습생 신분 보장과 교육시스템의 문제도 심각하다. 문화부가 한국연예제작자협회와 공동으로 2012년 11월부터 2013년 1월까지 355개 연예기획사를 대상으로 실태를 조사해 작성한 보고서 『매니지먼트 산업 실태 조사』에 따르면 연예기획사에 소속된 연습생 중 46.2%가 무계약 상태로 표준전속계약서를 체결하지 않아 신분 보장에 적지 않은 문제를 노출하고 있었다. 연예기획사의 연습생 절반 정도가 무계약 상태여서 표준전속계약서에서 보장한 아동, 청소년 연예인의 육체적·정신적 건강, 학습권, 인격권 등 기본적인 인권 보호를 받지 못하고 매니지먼트 업무 불이행 문제에 노출돼있었다.

"미성년자들이 장기간 합숙하며 테크닉 훈련만 하는 한국 아이돌 육성 시스템은 학습권 박탈, 인권과 사생활 침해 등 문제가 많은데도 왜 유지되지요?" 2012년 K-POP 다큐멘터리를 제작한 디스커버리 채널 연출자 허브 델피에르(Herve Delpierre) PD가 세계적 경쟁력을 갖췄다고 자랑하는 아이돌 교육·육성 시스템에 대한 문제 제기다.

1990년대 연예기획사 중심의 스타 시스템과 아이돌 육성 시스템이 자리 잡고 연예인 지망생, 특히 초중고 어린 지망생들이 급증했다. 어린 지망생들은 기획사의 연습생으로 들어가 스타의 꿈을 꾸며 댄스, 노래, 연기 등 기술 체득에만 올인 한다. 세계적 경쟁력을 갖고 있으며 한류 원동력 역할을 한다는 아이돌 육성 시스템에는 사회구성원으로 살아갈 규범을 배우는 사회화 교육이나 공동체 생활, 도덕, 인성 교육은 전무한 실정이다. 물론 학교 수업에 대한 학습권 보장도 없다.

스타 시스템의 강력한 주체인 연예기획사의 상당수는 소속 연습생을 이윤창출의 수단으로 간주할 뿐 건강한 사회구성원으로 성장할 기회와 환경 제공은 외면하는 경우가 많다. 이 때문에 지망생들이 연예인이 되는 과정에 사회화와 인성 교육의 진공상태가 생긴다. 이는 사회 부적응 연예인의 일탈과 범죄 그리고 자살 증가로 이어진다.

전문가들은 급증하는 연예인의 불법·범죄행위는 연습생과 연예인 지망생을 대상으로 한 교육과정과 육성 시스템의 문제에 기인한 것이라고 분석하고 있다.

연예계에 데뷔한 신인과 스타가 되지 못한 연예인으로 활동하는 과정에서도 연예인과 대중문화에 악영향을 끼치는 부정적인 문제들이 발생한다. 신인과 스타가 되지 못한 연예인에게 가장 큰 문제는 '노예 계약'으로 대변되는 연예기획사와의 부당한 계약행태다.

연예기획사가 우월적 지위를 활용해 수입배분에서부터 계약 기간에 이르기까지 불공정한 계약을 체결해 연예인의 활동에 제한을 가하거나 심지어 연예계를 떠나는 극단적인 상황까지 벌어지고 있다. 연예기획사와 연예인 간의 불공정한 계약이 빈발해 문제가 되자 공정거래위원회는 2012년 계약 기간, 수익 배분 등을 명시한 표전전속계약서를 만들었으나 강제조항이 아니어서 연예인과 연예기획사의 계약을 둘러싼 분쟁은 지속해서 발생하고 있다.

문화부가 2013년 발표한 보고서『매니지먼트 산업 실태 조사』에 따르면 기획사와 연예인 간의 계약 분쟁 사유로는 '계약 기간'이 39.5%로 가장 많았으며 다음으로는 '수익 분배'가 31.6%, '이중계약'이 18.4%순이었다.

"저는 나약하고 힘없는 신인 배우입니다. 이 고통에서 벗어나고 싶습니다." 2009년 3월 7일 술 접대, 성상납 강요, 폭행 등 한국 연예계 병폐를 적시한 충격적 문건을 남기고 스스로 목숨을 끊은 신인 탤런트 장자연의 자살 사건은 신인과 연예인, 연예계의 병폐를 비극적으로 노출한 사건이었다.

"성을 팔아 배역을 얻는 배우가 있다. 내가 관여할 문제는 아니지만, 브라운관 속의 그녀를 부러워하며 나와 내 매니저를 질책하는 엄마. 완전미움." 배우 장경아가 자신의 트위터에 올린 글이다. "성상납과 스폰서 제의를 받았지만 거절했다. 기획사 대표의 술자리 초대도 거절했지만, 워낙 생활이 고단해 고민하기도 했다." 중견 연기자 김부선이 방송에서 한 말이다. 서울지방경찰청 광역수사대는 2009년 6월 "믿고 투자하려면 성관계를 하는 동영상을 찍어야 한다"며 소속 신인 여가수의 성관계 동영상을 촬영해 성상납과 술 접대를 강요한 연예기획사 대표 김모 씨를 구속했다. 또한, 조 모 씨는 2013년 5월부터 2015년 1월까지 영화에 출연시켜주겠다며 A모 양을 수차례 성폭행한 혐의로 징역 8년을 선고받았다.

이 같은 광고, 드라마, 영화, 예능 출연을 둘러싼 연예인의 성상납(캐스팅 카우치)과 접대, 금품 제공, 스폰서 문제는 근절되지 않는 연예계의 대표적 병폐들이다.

스타가 된 뒤 스타파워를 활용한 부당한 월권행위도 스타화 과정에서 드러나는 문제다. 드라마와 영화, 음반 등 작품의 흥행성과, 작품 비중과 기여도, 연예활동 경력, 인기도, 대중문화 시장과 제작비 규모, 연예인과 스태프의 인건비 상황을 고려한 합리적 출연료 시스템이 구축되지 않아 스타들이 주먹구구식으로 터무니없이 많은 출연료만을 요구해 작품의 완성도 하락과 인건비 인하로 인한 스태프의 생계위협 등 문제가 발생하고 있다.

또한, 스타의 권력을 활용해 스타 소속 연예기획사의 연예인의 끼워팔기 캐스팅, 극본과 시나리오의 부당한 변경요구도 스타화 경로에서 드러나는 고질적 폐해다. 오랜 기간 실력을 갖추고 땀을 흘려온 수많은 연기자가 스타의 끼워팔기 캐스팅 관행으로 출연기회가 무산돼 좋은 대중문화 인적자원을 상실하고 작품성이 떨어지는 결과를 초래한다. 또한, 스타의 무리한 극본 변경요구 역시 작품성을 훼손하는 부작용을 낳고 있다.

이처럼 연습생부터 스타까지 각 과정에서 수많은 문제가 발생해 연예인과 스타, 연예계와 대중문화의 발전과 진화에 큰 장애가 되고 있다.

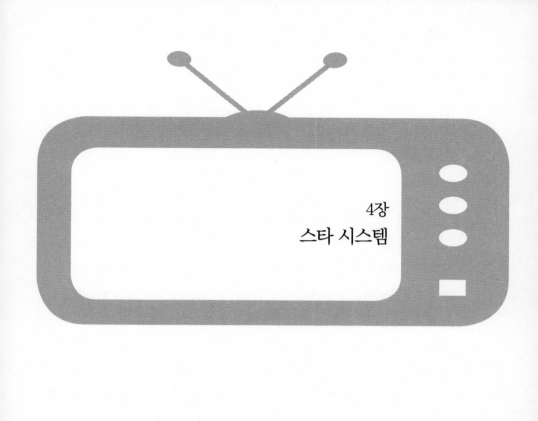

4장

스타 시스템

## 1. 스타 시스템이란: 스타 제조 · 유통 · 관리, 꿈의 공장

중학교 3학년 때 참가한 2009년 Mnet '슈퍼스타K 1' 광주 지역 예선 현장에서 우연히 JYP 관계자에게 발탁된 수지는 1년간의 연습생 생활을 거쳐 2010년 걸그룹 미쓰에이 멤버로 데뷔해 인기를 얻었고 드라마 '드림하이', 영화 '건축한 개론'의 주연 연기자로도 성공을 거두며 국내뿐만 아니라 중국에서도 인기가 높은 한류스타로 부상했다.

P 모 양은 중학교 3학년 때 뮤직비디오에 나올 여주인공을 뽑는 오디션장에서 유명 여배우 김 모 씨의 매니저를 만났다. 명함을 건네 찾아간 매니저는 보자마자 "나랑 한 번 자면 기획사와 계약하게 해주겠다"고 말했다. 성관계를 한 후 연락을 받지 못한 그녀는 이후 10여 명의 매니저와 성관계를 했지만 아무 소득이 없었다. 변변한 작품 한번 못해보고 배우의 꿈을 접었다. 월간중앙 2002년 9월호에 실린 '뜨겠다는 일념으로 돈과 섹스를 받쳤다'에 소개된 P 모 양의 사연이다.

오디션장에서 우연히 매니저와 만난 중학교 3년생 수지와 P 모 양, 두 사람의 운명과 현재의 위상은 하늘과 땅이다. 가수 겸 배우 수지는 이제 최고 출연료를 받으며 무대, 드라마, 영화, CF를 누비며 최고의 인기를 누리는 스타 그것도 외국에서도 열광하는 한류스타가 됐다. 반면 중학교 3학년 때부터 배우가 되려는 욕망으로 성형수술하고 무수한 오디션에 참가했던 P 모 양은 몸과 돈을 잃고 마음의 상처만 안은 채 화면에 얼굴

한번 내비치지 못하고 배우로서의 꿈을 접었다.

한 사람은 톱스타로, 한 사람은 아무도 모르는 연예인 지망생에 머물러버린 차이는 무엇일까. 정교한 스타 시스템의 편입 여부가 두 사람의 운명을 갈라놓았다. 이제 재능과 끼, 외모, 노력 그리고 운이라는 변수에 의존해 우연히 스타가 되는 시대는 지났다. 정교하게 체계화하고 전문화한 체제로 움직이는 스타 시스템에 의존하지 않으면 스타는 탄생할 수 없는 시대다. 오늘의 스타 뒤에는 엄청난 투자와 교육, 치밀한 데뷔 계획과 마케팅, 주도면밀한 이미지 조성, 그리고 무엇보다도 냉엄한 승부와 철저한 경쟁이 진행되는 스타 시스템이 자리하고 있다.

아무도 알아보지 못하는 무명과 신인을 수많은 대중의 찬사와 부러움, 그리고 동경의 대상, 스타로까지 부상시키는 스타 시스템은 무엇인가.

'스타 시스템'에 대한 용어의 잘못 사용으로 개념과 의미에 혼란이 많이 따른다. '스타'와 '스타 시스템'에 대한 구분 없이 두 용어가 혼재돼 사용되고 있다. 특히 스타 시스템 개념에 대한 잘못된 정의 중의 하나가 스타를 기용해 영화나 드라마, 음반 등 작품을 만드는 단순한 제작 메커니즘만을 스타 시스템으로 파악하는 것이다.

"시청자들에게 선택의 다양성을 빼앗고 스타에 속하지 못한 다수의 연기자를 소외시킨다. 스타 시스템에 의해 만들어지는 드라마는 결국 편중되고 다양하지 못한 드라마를 만들어낼 뿐이다"라는 한 드라마 PD의 언급이나 '스타 시스템은 영화나 연극에서 관객을 끌기 위하여 인기 배우를 중심으로 하여 극을 꾸미는 방식'이라는 국어대사전에서의 의미규정처럼 스타 위주의 제작 관행을 스타 시스템으로 명명해 사용한다.

또한, 스타 시스템의 전형을 만들고 발전시킨 할리우드 영화사의 전속제에 의한 스타 시스템만을 스타 시스템으로 간주하는 경우도 적지 않다. 학자들 대부분이 그러한 경향이 강하다. '마릴린 먼로의 죽음은 스타 시스템의 종말을 가져왔지만 스타는 다시 살아난다. 제임스 딘의 수난이 그를 청춘의 영웅으로 공인한 것처럼 마를린 먼로의 수난은 과거의 스타 중 최후의 스타로 만들 뿐 아니라 스타 시스템 없는 최초의 스타로 만든다'라고 에드가 모랭이 『스타』에서 언급한 스타 시스템과 '소위 스타 시스템의 황금기인 1930년대와 1940년대는 할리우드 스튜디오 시스템의 전성기와 일치한다'라는 루이스 자네티의 『영화의 이해』에서 언급한 스타 시스템은 할리우드 전속제에 의한 스타 시스템만으로 국한한 전형적인 사례다.

더욱이 스타의 발생과정이나 스타 시스템을 구축하는 구성 기제 혹은 주체 하나만을 스타 시스템으로 규정하는 경우도 적지 않다. 토마스 해리스가 『스타덤: 욕망의 산업』에서 스타 시스템을 배역과 배우의 개성이 상호 침투하여 공중의 주목을 이끄는 스타 발생과정으로 파악한 것은 스타 시스템을 일부분만을 확대하여 해석한 것이다. 또한, 영화사나 방송사, 에이전시의 전속제를 스타 시스템의 전부인 양 정의하거나 에이전시나 연예기획사를 스타 시스템의 동일어로 사용한 것은 스타 시스템을 구성하는 한 요소를 전체로 이해한 것이다.

이밖에 단순히 스타 시스템을 경제적 측면에서만 고찰한 것도 있다. 광고나 캐릭터 사업 등에 스타를 이용해 사업적 이윤을 남기는 스타 마케팅을 스타 시스템으로 오인하는 경우도 비일비재하다.

이러한 잘못된 스타 시스템에 대한 정의와 개념은 스타 시스템에 대한 정확한 이해와 스타 시스템을 총체적으로 파악하는 데 어려움을 안겨준다. 스타 시스템은 스타와 시스템의 합성어로, 대중의 호응을 높이기 위해 인기 있는 연기자나 가수를 개발해 내거나 인기 스타의 대중적 호소력을 집중적으로 조성, 선전 홍보함으로써 상업적 이윤을 창출하고 경제적 후원을 도모하는 체제 즉 스타의 생산, 거래, 활용, 관리, 소비의 전체적인 순환 메커니즘이다. 스타 시스템은 신인을 최단 시간에 최대의 인기를 얻는 스타로 부상시켜 가장 높은 경제적 가치를 인정받고, 이를 활용하며 양성된 스타의 생명을 장기간 지속할 수 있는 방향으로 운영하는 체계라 할 수 있다.

문화산업 시장의 규모, 매스미디어의 판도와 뉴미디어의 등장, 연예인 전속제의 주체, 팬층의 인식과 구성 분포, 스타들의 이윤 창출력 정도, 문화상품의 생산자와 소비자 그리고 에이전시 등 스타 시스템의 구성 주체에 대해 영향을 주는 요소들의 변화에 따라 그 구조와 내용도 변모하고 있다.

1950~1960년대 영화사가 오디션을 통해 신인을 발굴해 스타로 만들고 유통하던 상황에서 영화사가 스타 시스템의 중요한 역할을 하며 윤정희, 김지미, 최무룡, 문희, 남정임 등 수많은 스타를 배출했다. TV 방송사의 탤런트, 개그맨 공채와 연기자 전속제가 실시되던 1960~1990년대에는 방송사가 연기자와 예능인의 발굴, 유통, 관리하며 스타 시스템에 있어서 핵심적인 주체 역할을 했다. 고두심, 차인표, 장동건, 송윤아, 김명민, 차태현, 이경규, 유재석, 김구라는 방송사가 발굴해 스타로 만든 대표적인 연예인들이다.

방송사의 전속제와 연기자 공채가 폐지되기 시작한 1990~2000년대에는 연예기획사가 신인을 발굴해 스타로 부상시키고 스타의 이윤 창출을 위한 다양한 마케팅 활동을 주도하며 스타 시스템의 주체로 자리했다. 특히 1995년 체계적이고 전문적인 시스템을 갖춘 SM엔터테인먼트 이후 속속 등장한 대형 연예기획사는 한국 스타 시스템의 근간을 이루는 중추 역할을 하고 있다. 동방신기, 엑소, 소녀시대, 빅뱅, 트와이스, 수지, 손예진, 김태희, 송혜교, 하지원, 전지현, 김수현, 이민호, 송중기 등이 연예기획사에 의해 발탁돼 훈련을 받고 연예계에 데뷔해 다양한 전략으로 대중의 인기를 얻어 스타의 반열에 오른 연기자와 가수들이다.

또한, 스타를 주도적으로 배출하는 대중매체의 발달 정도와 법적 · 제도적 차이, 문화상품의 수요판도에 따라 각 국가마다 스타 시스템의 구조는 차이가 있다. 미국은 영화, 드라마 등 문화상품 생산자와 스타를 이어주는 에이전시가 스타 시스템의 중심축을 구성하고 있다. 법적으로 에이전시는 매니저 기능과 엄격히 분리돼 있다. 에이전트, 매니저, 변호사가 미국 스타들을 유통 관리하는 스타 시스템의 주체들이다. 하지만 한국과 일본에선 에이전시 기능과 매니저 기능이 혼합된 연예기획사와 프로덕션이 스타 시스템의 주요한 역할을 한다.

스타 시스템을 구성하는 주체로는 스타와 스타의 존재기반인 문화상품을 생산하고 유통하는 방송, 영화, 음반, 신문, 광고, 인터넷 등 매스미디어와 제작사, 문화상품을 소비하는 팬과 일반 수용자, 그리고 신인을 발굴하고 스타를 관리하며 스타와 문화상품 생산조직과 중개 연결하는 연예기획사(탤런트 스카우터, 에이전트, 매니저, 홍보담당자) 등이 있다.

특히 이 중에서 스타가 직접 출연하고 있는 작품뿐만 아니라 스타의 정보와 이미지를 구성, 유통하는 매스미디어는 연예기획사와 더불어 스타 시스템의 핵심적 역할을 한다. 정혜경이 「한국 대중문화 영역의 스타 시스템 변화과정에 관한 연구」에서 적시했듯 매스미디어의 판도에 따라 스타 구축방식이 차이가 나고 대중매체의 쇠퇴와 성장, 그리고 새로운 매체의 등장은 스타 시스템의 구조를 변화시킬 만큼 중요하다. 우리의 경우 1950~1960년대는 영화, 1970년대 이후 텔레비전이 스타 시스템의 주도적인 역할을 해왔다. 1990년대 등장한 케이블 TV와 위성방송, IPTV 등 뉴미디어와 인터넷, 모바일 등 새로운 매체로 인해 스타 시스템에 큰 변화가 일고 있다.

## 2. 한국 스타 시스템의 변천과 현황: 스타 만드는 시스템의 어제와 오늘

### 1) 한국 스타 시스템의 변천

연예인과 스타를 육성하고 관리하는 스타 시스템은 변모를 거듭했다. 스타에 대한 산업적 인식이 부재하고 대중매체가 적었고 문화산업 시장 규모가 협소했던 대중문화 초창기에는 체계화되지 않는 시스템에서 우연 발생적으로 스타들이 탄생하고 사멸하는 경우가 많았다. 대중매체가 폭발적으로 늘어나고 문화산업이 급성장한 대중문화 발전기에는 체계적이고 정교한 스타 시스템 하에서 스타가 조직적으로 만들어지고 관리, 유통되고 있다. 이난영, 고복수, 백년설, 남인수, 최희준, 이미자, 신중현, 김추자, 남진, 나훈아, 송창식, 조용필, 이승철, 신승훈, 김건모, 서태지와 아이들, H.O.T, 조성모, god, 보아, 동방신기, 빅뱅, 소녀시대, 원더걸스, 엑소, 아이유, 트와이스에 이르기까지 수많은 스타 가수들이 대중의 사랑을 받고 인기를 얻었지만, 이들의 스타화 경로와 스타 부상 방식은 차이가 있다.

이월화, 나운규, 문예봉, 최은희, 김지미, 신성일, 엄앵란, 문희, 남정임, 윤정희, 장미희, 정윤희, 유지인, 안성기, 이미숙, 강수연, 최민수, 박중훈, 최민식, 한석규, 송강호, 하정우, 김혜수, 이미연, 전도연, 전지현, 송혜교, 손예진, 강동원, 원빈, 김수현, 송중기 등 100년의 스크린 역사 속에 밤하늘의 별처럼 우리의 가슴을 설레게 한 스타 배우들 역시 연예계 입문에서부터 스타화 과정, 그리고 스타 관리방식에 있어 큰 차이가 난다.

정혜선, 김혜자, 최불암, 이순재, 이정길, 한진희, 김자옥, 김영애, 고두심, 원미경, 최명길, 박상원, 김희애, 전인화, 채시라, 최수종, 최진실, 장동건, 차인표, 이병헌, 안재욱, 최지우, 배용준, 이영애, 황수정, 차태현, 고수, 이민호, 김우빈, 이종석, 박신혜, 한효주, 수지 등 시청자의 사랑을 한몸에 받고 있는 안방극장의 별들 역시 연예계 데뷔부터 스타로서 비상하기까지의 과정과 방법, 그리고 그들의 상품성을 고조시키는 방식은 천차만별이다.

악극 무대와 극장식 식당에서 온몸으로 관객을 웃기며 대중의 시선을 독차지했던 구봉서, 배삼룡, 서영춘, 이주일에서부터 텔레비전을 통해 스타로 발돋움한 전유성, 이홍렬, 심형래, 이성미, 이경규, 김미화, 이경실, 김국진, 남희석, 신동엽, 유재석, 김구라, 김준호, 박경림, 김준현에 이르기까지 이들 코미디언과 개그맨은 스타라는 공통점은 있지만, 이들의 연예인 입문과정과 관리 시스템은 각양각색이다.

스타 시스템은 연기자나 가수를 발굴해 대중의 인기를 얻기 위해 대중의 호소력을 조성하고 선전 홍보해 스타로 부상시킨 뒤 상업적 이윤을 창출하고 스타의 가치가 장기간 유지될 수 있도록 관리하는 시스템, 즉 스타의 생산, 거래, 활용, 관리하는 순환적 메커니즘이다.

스타 시스템은 대중의 문화수용 실태와 일반산업의 발달 정도, 영화, 방송, 신문, 인터넷 등 대중매체와 대중문화의 판도, 매니지먼트사의 발달 정도, 문화산업의 시장과 규모, 문화상품을 소비하는 계층과 폭에 따라 크게 변모했다.

대중문화는 대량생산과 대량소비를 가능하게 해주는 대중매체에 절대적으로 의존해왔고 스타 시스템 역시 대중매체의 쇠퇴와 확장, 그리고 새로운 매체의 등장에 따라 내용과 구조를 달리해왔다. 영화, 가요, 드라마 등 대중문화의 분야마다 스타 생산, 관리 방식은 차이가 있지만 한 시기의 주도적인 대중매체와 대중문화를 중심으로 스타의 생산, 관리방식이 주요한 흐름을 형성했다.

일제 강점기 음반이 발매되고 무성영화의 등장과 악극공연문화가 싹

텄던 대중문화 태동기를 거쳐 전쟁의 소용돌이에서 미국 문화의 유입으로 대중문화의 내용이 다양화되는 시기인 1950년대까지는 영화와 가요, 악극이 대중의 사랑을 받으며 주요한 대중문화 흐름을 형성하였다. 하지만 경제적 이유로 수용과 소비의 한계가 있었다. 또한, 라디오와 신문을 비롯한 대중매체가 등장했지만, 수신기의 미보급, 독자 부족으로 어떤 매체도 대중에게 강력한 영향을 미치지는 못했다. 물론 이 시기 음반사 오디션을 통해 신인을 발굴하고 스타를 배출하기는 했지만 대중문화와 대중매체의 미발달로 인해 체계적이고 장기적인 시스템을 구축해 스타를 양산하지는 못했다. 이에 따라 스타의 탄생과 사멸이 우연 발생적인 경우가 많았다. 정교한 스타 시스템 하에서 스타가 생산되고 관리된 것은 아니었다.

일제 강점기부터 1950년대까지 스타 탄생은 주로 스크린과 무대를 통해 이뤄졌다. 악극이나 연극무대에서 명성을 쌓은 연기자는 영화를 통해 대중에게 얼굴을 알리고 인기를 얻으며 스타의 자리로 올라섰다. 또한, 무대에서 가창력을 인정받고 대중의 반응이 좋으면 음반을 냈던 대중가수도 라디오나 음반보다는 악극이나 연극무대에서 노래를 불러 인기를 얻어 스타로 부상했다.

광복 이후 라디오의 영향력이 커지면서 현인을 비롯한 일부 가수들은 무대공연과 함께 라디오 전속가수로 활동하며 스타의 반열에 올랐다. 라디오 방송국인 중앙방송국은 1947년 6월 방송 경음악단과 전속 가수를 모집해 신작 가요를 만들고 보급했다. 이때 방송국 전속가수였던 현인은 '신라의 달밤', '서울 야곡'으로 인기를 얻었고, 박재홍은 '울고 넘는 박달재'를 히트시켜 인기 가수 대열에 올라섰다.

한국 영화 초창기 조선키네마사를 비롯한 일본인 소유의 영화사와 윤백남 감독이 설립한 백남 프로덕션, 배우 겸 감독이었던 나운규의 나운규 프로덕션도 속속 등장해 영화 제작에 열을 올렸다. 이때 영화사는 소속 배우와 제작진을 두는 형식상 소속제였다. 나운규 프로덕션의 경우 소속 배우는 윤봉춘을 비롯해 신일선, 주삼손, 이금룡, 전옥, 김연실 등이었다. 이들은 나운규 프로덕션에 소속돼 있었지만, 자유로이 다른 영화사의 작품에 출연하는 등 명목상으로만 소속제였다. 1930년대 20여 곳의 영화사가 있었는데 규모에 있어 약간의 차이는 있었지만, 자본의 영세성으로 인해 영화사 운영방식은 비슷했다.

최창호, 홍강성은 『라운규와 수난기 영화』에서 1920~1930년대에는 영화사나 감독들이 영화배우 특히 여배우 구하기가 매우 힘들었다고 지적했다. 이 당시 봉건관념이 심하던 때라 여성들 사이에서는 창피스럽고 타락의 길을 걸을 수 있다는 피해의식이 강해 누구나 무대나 영화에 나서려고 하지 않았다. 영화사들은 작품을 제작할 때마다 연극무대의 인연이나 주변의 소개로 배우를 그때그때 기용하는 상황이었다. 이 시기에 영화배우의 발굴은 주로 연극이나 악극에서 활동하던 무대 배우나 가수들을 대상으로 이뤄졌다. 또한, 인맥을 통하거나 술집, 길거리에서 제작진의 눈에 띄어 영화계에 진출하는 경우도 적지 않았다. '아리랑'의 여주인공 신일선과 '잘 있거라'의 여주인공 전옥처럼 오빠들이 각각 조선예술가극단 책임자와 이필우 감독에게 소개해 연예계와 인연을 맺었으며 영화배우 김승호는 김두한이 동양극장 연출자 박진에게 소개해 데뷔했다. 친척이나 친구 등 인맥을 통한 연예계 데뷔가 신인 충원의 주요한 방식이었다. 코미디언 구봉서는 길을 가다 악극단 '태평양' 김용환 사업부장의 눈에 들어 연예계 진출한 뒤 영화에 출연했다.

이에 비해 가요계에선 신인발굴이 더욱 더 체계적이었다. 물론 1930년대까지는 여자가 연예계에 발을 들여놓는 것을 가문의 금기처럼 여기고 있을 때라 레코드사에서는 음반을 녹음하기 위해 우선 기방 여인에게 눈을 돌릴 수밖에 없던 상황에서 가수 충원에 적지 않은 어려움을 겪었다.

이 당시 가장 눈에 띄는 것은 레코드사의 신인 가수 발굴 방식이었다. 콩쿠르 대회를 통해 신인 가수를 발굴한 뒤 전속제로 스타로 키우는 초보적이지만 체계적인 스타 시스템을 구축한 곳이 바로 레코드사다. 인맥 외에 레코드사가 신인 가수 발굴를 위해 콩쿠르 대회라는 시스템도 도입했다. 고복수는 콜롬비아사가 실시한 콩쿠르 대회에서 3위로 입상해 가요계에 데뷔했고, 태평양 레코드사에서 신곡 선전을 위해 개최한 신인가수 모집 콩쿠르 대회를 통해 백난아가 발굴됐다. '천하(天下)의 지사들은 천재일우(千載一遇)의 이 기회를 놓치지 말 지어라. 오라. 강호(江湖)의 제현(諸賢)들아.' 이것은 이 당시 태평양 레코드사가 신인 가수공모를 위해 내걸었던 선전문이다.

물론 가수 남인수처럼 레코드사를 직접 찾아가 오디션을 보고 가수로 데뷔하는 경우도 있었고, 1940년대부터 라디오의 영향력이 커지면서 라디오 방송을 통해 데뷔하는 가수들이 등장했다.

우리나라 최초 매니저는 이기세로 알려져 있다. 1926년에 윤심덕에게 일본에서 '사의 찬미'를 레코딩하게 한 장본인이다. 물론 당시로서는 매니저라는 용어는 물론이고 개념조차 없었을뿐더러 다만 거간꾼 정도의 의미로 인식됐다. 음반산업 쪽에서는 미약하나마 음반사 사장들이 가수를 발굴해 일본에서 음반을 취입하는 일을 돕는 등 초보적 개념의 매니지먼트를 수행했다. 일제 강점기에 이기세를 필두로 김영환, 김요환, 이유진, 이진순, 김향이 전설처럼 전해지는 매니저 1세대다.

매니저사에 빼놓을 수 없는 사람이 1933년 문을 연 오케 레코드사의 이철 사장이다. 국내 대중가요 매니저 제도의 효시로 볼 수 있다. 김영준은 『한국가요사 이야기』에서 이철 사장이 일제의 혹독한 문화정책의 와

중에서도 신인가수 콩쿠르를 통해 조선인 가수들을 규합하여 독자적인 인력 구성을 갖추었고 백년설, 김정구, 황금심 등을 발굴 양성하여 초창기 대중가요 보급에 기여하며 상업적으로 성공했다고 강조했다.

하지만 이 시기에는 스타에 대한 산업적 인식이 거의 없어 영화사나 음반사가 영화배우나 가수를 스타로 기획하고 관리하는 체계적인 조직이나 시스템은 존재하지 않았다. 이것은 영화 산업이나 음반 산업이 매우 영세한 상태였기 때문이다. 영화계의 경우 영화사가 형식상 전속제를 실시하는 곳은 있었으나 전속금을 지급하는 경우도 없고, 할리우드 스튜디오에서 실시하는 전속제가 아니라 강제력이 거의 없는 형식상의 전속제에 그쳤다.

가요계의 경우도 음반을 제작하는 음반회사에 가수들이 전속되는 형식을 취했으나 이것 역시 강제력있는 전속제가 아니었다. 음반사는 자신들의 시설을 통해 특정 가수의 음반을 제작해주고 소득을 얻으려는 의도에서 그리고 가수는 음반을 용이하게 만들려는 이유로 서로 공조체제를 형성하고 있었던 것에 불과했다.

1960년대는 텔레비전 방송국 개국과 영화의 전성기가 전개됐다. 또한, 주간지 등 대중매체의 창간이 폭발 양상을 보이고 개인 매니지먼트가 싹텄다. 이시기 영화사와 방송사, 레코드사가 신인을 발굴했고, 이들 중 스타로 부상하는 연예인이 속속 등장했다. 특히 영화는 대중의 폭발적인 사랑을 받으며 대중문화 흐름을 주도적으로 이끌었다. 영화사는 오디션으로 신인 발굴을 했고 영화를 통해 스타를 지속해서 배출했으며 스타를 기용해 상업적 성공을 꾀하려는 움직임이 본격화했다.

또한, 1961년 라디오 수신기 보급의 확대로 라디오 보급률이 51%에 달하였다. 라디오는 영향력 있는 매체로 자리 잡았고 라디오 드라마와 가요 프로그램을 중심으로 스타가 배출됐다. 1960년대는 라디오 방송과 영화를 중심으로 스타생산 방식이 정형화됐다.

1960년대는 매체마다 차이는 있었지만, 스타를 생산하고 관리하는 스타 시스템이 초보적이지만 체계적인 골격을 갖춰나간 시기였다.

이 당시 영화는 가장 대중적인 오락 매체로 부상했지만, 영화사들은 규모와 자본이 영세해 사장, 기획·제작부장 급사 정도로 구성됐다. 영화사들은 스타들을 전속해 체계적으로 관리할 능력과 자본이 없었다. 이 당시 전속된 배우를 두고 있었던 영화사는 신상옥 감독이 대표였던 '신필름' 등이 있었으나 강제력을 행사하는 전속제는 아니었고, 전속된 배우도 소수였다. 이 시기 영화사가 신인 배우를 발굴하는 방식은 기획한 새로운 영화의 주연 공모를 통한 것이었다. 오디션의 초보적인 형태였다. 남정임은 1966년 개봉한 김수용 감독의 '유정'의 주연 공모에서 1,300명의 경쟁자를 물리치고 50만 원의 상금까지 거머쥐며 주연으로 화려하게 데뷔했고, 윤정희 역시 1967년 강대진 감독의 '청춘극장' 신인 현상공모에 응모해 주연으로 발탁됐다. 신성일도 신필름 신인배우 공모에서 합격한 뒤 신상옥 감독에게 발탁돼 영화배우의 길을 걷게 됐다. 문희는 KBS 탤런트 공채에 응했는데 카메라 테스트를 받는 그녀를 본 이만희 감독의 조감독이 이 감독에게 소개해 1965년 '흑맥'이라는 영화에 기용됐다. 이처럼 1960년대 상당수의 영화배우는 신인 공모의 관문을 통과해 스타로 부상했다.

하지만 음반사는 영화사와 상황이 달랐다. 1968년 새로운 음반법에 의해 음반사로 등록한 지구 레코드사와 오아시스 레코드사는 가수들에 대한 전속제 뿐만 아니라 작곡가, 작사가들에 대해서도 전속제를 실시해 안정적인 활동을 보장함으로써 체계적이고 지속적인 스타 배출 창구역할을 했다. 물론 소속 가수들에 대해서는 강력한 통제력과 독점권이 발휘됐다. 이 두 개의 레코드사는 부설 학원을 통해 신인 가수를 교육, 양성하는 기능도 수행했다.

1960년대 중반부터 민간 방송국이 속속 개국하면서 가수 등용문이 라디오, 텔레비전 방송사로 확대 재편되기 시작했고 가수들은 시민회관, 극장 같은 곳에서 공연을 지속하며, 주로 야간업소 출연을 통해 적지 않은 수입을 올렸다. 이 시기 가장 대중적인 인기를 누렸던 이미자 역시 공연단체에서 노래를 부르다 KBS 라디오 프로그램에 출연해 방송계와 인연을 맺은 뒤 라디오에서 맹활약했다.

또한, 한국에 주둔 중인 미 8군 병사를 위안하는 미 8군 쇼 무대에 출연했던 최희준, 패티김, 현미, 신중현은 라디오와 텔레비전으로 활동무대를 넓히면서 1960년대의 가요계에 돌풍을 일으켰다. 김창남 성공회대 교수는『삶의 문화, 희망의 노래』에서 미 8군 쇼는 가수 등용을 위해 4개월에 한 번씩 쇼단을 평가하는 정기 오디션을 실시했는데 이 오디션이 주요한 스타 가수 등용문 역할을 했다고 강조했다.

1960년대 텔레비전 등장은 한국 대중문화와 스타 시스템에 큰 변화를 가져왔는데 그 중 가장 중요한 것은 연기자, 코미디언, 가수 등 연예인을 양성하는 메카 구실을 해 스타 산실의 초석을 다진 것이다. 텔레비전 방송사는 개국하자마자 공채를 통해 신인을 발굴했고 곧바로 이들을 대상으로 전속제를 실시해 스타로 육성하고 관리했다. 이 체제는 1991년 SBS의 출범으로 전속제가 폐지되고 2003년 SBS가 탤런트 공채를 중단할 때까지 지속돼 방송사가 가장 많은 연예인을 배출하는 창구 기능을 할 수 있었다. 1962년 KBS가 1기 탤런트 공모 광고를 냈는데 지원자가 2,600명이나 몰려 이 중에서 남녀 13명씩 26명을 선발했다. 이때 정혜선, 김혜자, 태현실, 최길호 등이 합격을 했다.

이후 TBC, MBC도 탤런트를 공모한 다음 일정 교육을 해 자사 프로그램에 출연시켜 스타 연기자를 배출하고 관리하는 스타 시스템을 구축했다. 특히 TBC와 KBS가 경쟁하면서 1964년 연예인들에 대해 전속제를 실시했는데 이것은 스타 시스템의 판도에 큰 영향을 주었다. 당시 TBC는 가수 박재란, 이한필, 남일해, 이미자, 이금희, 현미, 유주용, 최숙자, 조애희와 탤런트 김도훈, 이순재, 김성옥, 김순철, 오현경, 이낙훈, 나옥주, 최난경, 조희자 등 다양한 분야의 연예인을 전속제로 묶어 출연시켰다. 전속제는 타 방송사 출연금지 등 강력한 구속력을 갖지만 확실한 출연과 인기 그리고 재정 보장을 해줘 스타들이 안정적으로 연기와 노래를 할 수 있게 한 시스템이었다.

하는 일이야 거간꾼과 크게 다르지 않지만 '매니저'라는 용어를 쓰기 시작한 것이 1960년대 들어서부터다. 연예 활동의 중심이 악극에서 영화나 방송으로 옮겨가면서 그것을 매개해야 하는 인력이 대거 필요하던 시기였다.

소규모 악극이 점차 사라지고 대신 대규모 극장 쇼의 형태가 자리 잡으면서 연예계에 일대 변화가 일어났다. 조직을 통한 스타 관리가 부재한 가운데 개인이 스타를 발굴 관리하는 형태의 매니지먼트가 도입됐다. 가요계를 중심으로 도입되기 시작한 개인 매니저가 바로 그것이다. 1960년대 들어 악극단이 쇼단체로 대형화하고 민간 방송국이 속속 개국하면서 방송 출연을 교섭할 사람들이 필요하게 되어 가요계에 먼저 매니저 제도가 생겨났다.

방송과 무대 활동 활성화로 전문적으로 연예인들을 발굴하고 수급하는 일이 필요했을 뿐만 아니라 가수들의 신변관리 필요성이 높아졌다. 이종진, 오응수, 이순우, 김병식, 이한복, 정용규는 1960년대부터 이름을 날렸던 매니저들이다. 이때 연예인 매니저 하면 보디가드로 통하던 시절이었다. 최무룡 패키지 쇼 등 소위 극장 쇼 문화가 지배하던 1960~1970년대만 해도 매니저는 연예인을 데리고 이 무대 저 무대 세우는 역할을 맡아 했다. 여기서 생기는 수입이 그들의 주 수입원이었다.

그러다 보니 주먹이 매니저의 첫째 조건인 듯 인식되었다. 낯선 지방 공연에서 텃세를 부리거나 출연료를 떼먹으려고 하는 극장주를 협박해 돈을 받아내는 일 역시 그들의 몫이었기 때문이다. 오세인은 「대중문화 매니지먼트 산업에 관한 연구」에서 이 시기 대중 가수들의 경제적 지위나 활동공간은 소위 '주먹', '어깨'의 환경에 부합해야 하는 그야말로 대중 가수의 암흑의 시대가 계속됐다고 분석했다. 이러한 이유로 이때부터 매니저에 대한 부정적인 인식이 자리 잡았고 전문적인 지식을 보유한 사람들의 매니지먼트 업계로의 진출을 막았다.

이 당시 전문적인 매니저와 계약을 맺고 있었던 연기자들은 거의 없었다. 전체적인 영화 제작 편수가 늘어나고 있었지만, 영화 출연을 보장받고 장기간 활동하던 배우들의 수는 적었다. 연기자의 경우 광고 등이 발전하지 못한 상태여서 활동무대가 방송과 영화에 국한돼 따로 매니저를 둘 필요가 없었다. 또한, 영화배우는 영화사 제작부장들이 영화 제작 일을 하면서 개인적인 친분을 가지고 자질구레한 일들을 도와준 것도 매니저의 필요성을 감소시켰다. 영화사 제작부장은 배우들의 스케줄 관리나 운전, 그리고 배우의 주변 정리를 해줬다. 탤런트의 경우는 전속제 실시로 인해 방송사가 연기자의 작품 캐스팅에서부터 스케줄 및 수입 관리까지 해주었기 때문에 매니저가 거의 필요하지 않았다.

1970년대 텔레비전 방송이 수상기의 대대적인 보급으로 가장 강력한 대중의 오락 매체로 자리 잡고 1980년대 컬러 방송이 본격화하며 텔레비전 주도의 스타 시스템 시대를 열었다. 텔레비전 방송사는 초창기부터 신인 공모를 해 연예인을 체계적으로 충원하고 인기와 경력에 따른 등급제에 의한 출연료 지급, 구속력 강한 전속제를 도입해 스타 시스템의 지형도를 그리며 스타 생산과 관리의 핵심으로 떠올랐다. 텔레비전은 연기자와 가수 등 연예인을 생산하고 유통, 관리해 스타 시스템의 주체로 자리 잡은 것이다. 1970년~1980년대는 텔레비전을 거치지 않으면 스타가 되기 어려운 상황을 고착시켰다. 물론 이러한 경향은 현재까지도 지속되고 있다.

이 시기 텔레비전은 스타의 생산, 공급 라인이자 유통 라인이고 스타의 수요를 창출할 뿐만 아니라 스타의 수요를 확대 재생산할 수 있는 강력한 매체였다.

'스타의 길은 모두 텔레비전으로 통한다'는 말은 이 시기에 나온 것이다. 텔레비전은 스타의 선발에서 교육, 관리까지 하는 강력한 대중매체였고 탤런트뿐만 아니라 가수나 영화배우 역시 텔레비전을 통해 무명에서 신인으로, 신인에서 인기 연예인으로, 인기 연예인에서 스타로 비상했다. 스타덤에 오르는 왕도가 바로 텔레비전에 있었다.

텔레비전 방송사는 정기적인 탤런트 공채를 통해 연기자를 선발한 뒤 일정 기간 교육하고 드라마나 오락프로그램에 데뷔시켜 조연, 주연으로 키워 연기자의 저변을 확대했다.

윤흥식 전 KBS 드라마국장은 "1970~1980년대 영화사나 연예기획사가 영세해 신인을 정기적으로 발굴할 수 없었고 연기자에 대해 교육할 여력은 더더욱 없었다. 연예인을 양산 관리해 방송사별로 연기자를 독점해 역기능은 조금 있었지만, 대중문화의 주역들이 대부분 텔레비전에서 양성됐다는 긍정적인 기능은 부인할 수 없다"고 주장한다.

텔레비전은 연기자뿐만 아니라 한발 더 나아가 '해변가요제'(TBC), '대학가요제'(MBC) 등 각종 가요제를 개최해 신인 가수를 발굴했다. 배철수, 구창모, 심수봉, 노사연, 이선희는 방송사 가요제를 통해 가수로 데뷔한 뒤 스타로 부상했다. 또한, 개그맨 콘테스트를 통해 코미디 프로그램의 스타 코미디언과 개그맨을 배출하고 충원했다. 이 당시 가수들도 텔레비전 출연 빈도에 따라 인기와 음반 판매가 달라져 방송 출연 없이는 스타로 부상하기 어려운 상황이 심화하기 시작했다. 대중문화의 분야에 상관없이 방송사가 강력한 연예인 인력의 풀을 형성한 셈이다.

텔레비전은 1980년대 들어 KBS '연예가 중계' 등 연예정보 프로그램을 통해 스타들의 사생활과 활동상황을 상세히 방송해 TV 연예 저널리즘이라는 이름으로 스타들의 이미지 조성이나 인기관리를 해주기도 했다. 이러한 프로그램은 2000년대에 들어서도 여전히 계속되고 있으며 시청자의 관심을 끌고 있다.

1970년대의 영화는 텔레비전의 영향력 강화로 인해 이전 시기에서 보여준 스타의 배출 창구 기능과 연기자를 스타로 부각하는 매체로서 힘이 크게 약화됐다. 물론 배우 공모를 통해 박지영, 윤연경, 윤미라, 안인숙 등 신인들을 발굴했으나 대형 스타 부족을 겪었고 이는 흥행 부진으로 이어졌다. 이 시기에 김창숙, 이효춘, 장미희, 정윤희, 유지인 등 스타 탤런트들이 영화 스타 부재의 공백을 메우며 스크린으로 진출했다.

영화로 데뷔한 배우조차 이 시기에는 수입이 안정적이고 대중성이 강한 텔레비전 출연이 잦았다. 1970년대 중반 영화배우 협회에서 회원 배우 중 텔레비전에 출연한 우연정, 김창숙, 김자옥, 김미영, 윤미라, 박원숙, 정소녀, 염복순, 최인숙의 회원자격 박탈을 결정했으나 3일 만에 번복한 사건은 영화와 텔레비전의 당시 위상을 그대로 나타낸 것이다.

1980년대에는 텔레비전에서 연기자로 데뷔해 인기를 얻은 뒤 영화로 진출하는 경우가 일반적인 스타화 경로였다. 이 같은 스타화 경로는 1990년대 이후에도 계속됐다. 제3대 트로이카 원미경, 이미숙, 이보희 중 원미경과 이미숙은 TBC 공채, 이보희는 MBC 공채 연기자 출신이다. 이 시기에 영화 쪽에서 대중성을 인정받아 스타로 부상한 경우는 안성기, 이덕화, 강수연 등이다. 물론 강수연은 텔레비전을 통해 데뷔한 아역 탤런트 출신이고 이덕화 역시 텔레비전과 영화 양쪽에서 활동해 인기를 얻었다.

가요계는 음반기술의 비약적인 발전으로 인해 새로운 환경을 맞았다. 1970년대부터 1980년대 중반까지 한국 음반산업은 지구, 오아시스, 성음, 유니버설, 아세아, 서울 음반 등 6~7개 메이저 회사와 부침이 심한 여타 군소 업체들이 공존하는 구조를 형성해왔다. 메이저 회사들은 레코딩 시설과 프레스 시설을 갖추고 작곡가, 가수들과 전속 계약을 맺어 음반제작과 배급의 전 과정을 통제했다. 이때의 전속계약은 포괄적이고 간소하며 심지어 문서의 형태를 취하지 않은 구두계약도 많았다. "'이루어질 수 없는 사랑' 음반을 제작할 때 음반사로부터 정확한 금액을 받은 적 없고 용돈 개념의 돈을 받았다. 음반을 제작하는 데 계약서를 작성한 적도 없다"는 양희은의 당시 음반 제작에 관련된 증언이다.

이 당시 전속 계약의 핵심은 가수가 아니라 작곡가였고 가수는 스타라 하더라도 음반사에 고용된 직원에 가까웠다. 따라서 작곡가가 신인 가수를 발굴해 스타로 키우고 작곡가 사무실은 스타의 산실로 자리를 잡으며 스타 시스템의 형태를 갖추기 시작했다. 박춘석, 신중현, 이봉조, 길옥윤을 비롯한 유명 작곡가는 사무실을 차려놓고 찾아오는 수많은 지망생 중 유능한 신인을 발굴해 가창 지도와 연습, 무대 출연을 통한 경력 쌓기, 정규음반 녹음 수순을 밟게 해 스타로 부상시켰다.

1970년대 TV가 활성화돼 가수들의 활동공간은 이전보다 더욱 넓어졌다. 남진, 나훈아, 이미자 등 트로트 가수는 극장 쇼와 극장식 식당 공연, 라디오 및 텔레비전의 출연을 통해 대중에게 다가갔고 하춘화, 송대관, 혜은이, 이은하도 다양한 무대와 방송 출연으로 폭넓은 활동을 했다.

또한, 1960년대 후반부터 1970년대까지 대학생 중심의 청바지 문화와 더불어 포크송이 눈길을 끌기 시작한 가운데 통기타 가수들은 경음악 감상실이나 음식점 중심으로 공연 활동을 펼치며 대중의 관심을 끌기 시작했다. 라디오 방송 스타 DJ 이종환, 박원웅 등은 경음악실에서 활동한 청년 가수를 발굴, 방송에 출연시켜 스타로 발돋움할 수 있는 계기를 마련해주는 스타 메이커 역할을 톡톡히 했다. 송창식, 윤형주, 양희은, 김세환, 조영남 등 소위 통기타 가수들이 방송 DJ의 지원을 받아 대중에게 가수로서의 존재를 알렸다.

1980년대의 조용필, 전영록을 비롯한 스타 가수들은 주로 텔레비전을 통해 대중과 만나는 작업을 진행했으며 신인이나 무명 가수가 스타로 부상하기 위해서는 텔레비전 출연이 필수적이었다.

광고 시장의 활성화로 CF가 하나의 대중문화 영역으로 확실하게 자리잡으면서 1980년대에 들어서는 CF를 통해 스타가 등장하는 현상이 최초로 나타나기 시작했다. 1981년 롯데제과의 광고 모델 조용원, 1983년 태평양 화학의 광고 모델 황신혜, 롯데제과의 광고 모델 채시라, 코카콜라 광고모델 심혜진은 모두 광고 모델로 데뷔해 스타가 된 대표적인 경우다.

이후 최진실, 전지현, 임은경 등 많은 스타가 광고를 통해 배출됐다. 광고는 스타의 대중성을 유지하는 데 필수적인 미디어 노출 빈도를 높여주는 데다 스타에게는 큰 수입원 구실을 해 스타성 관리에 광고가 중요한 기능을 하게 됐다.

가수들의 개인 매니저가 본격적으로 활성화한 것은 1970년대이다. 또한, 이 시기에 일부 스타급 영화배우에게도 개인 매니저가 도입되기 시작했다. 이한복(패티김, 김세레나, 남진), 최봉호(하춘화, 이주일), 길영호(남진), 유재학(조용필), 사맹석, 이명순, 김종민(최헌, 윤수일, 조경수) 등은 방송가나 밤무대에서 이름이 알려진 매니저들이 등장한 시기도

1970년대이다.

이 시기 연예계는 규모와 활동 영역이 급속도로 발전 확대됐다. 또한, 광고의 활성화로 인해 스타의 수입 창구가 넓어져 스타를 활용한 스타마케팅의 초보적인 형태를 보였다. 특히 가수들은 밤무대(야간업소)가 성황을 이루고 방송 연예프로그램이 대폭 늘어나 활발한 방송과 광고 출연이 진행되면서 혼자 알아서 이것저것 다 하기에 역부족인 소위 스타가수들이 양산됐다.

하춘화의 매니저를 했던 이한복은 그 후 패티김, 김세레나, 남진, 최진희의 매니지먼트를 하면서 당대 최고의 매니저로 부상했다. 매니저의 위치는 스타의 위치와 인기도에 비례하는 것은 예나 지금이나 변하지 않았다. 신혜선의 『스타를 만드는 사람들』에 소개된 "하춘화의 경우 17군데 무대를 출연한 적 있다. 그러자니 어쩔 수 없이 펑크를 내는 경우도 있었다. 출연 펑크를 낸 후 문제 처리도 매니저의 몫이었다"는 이한복의 언급은 이때까지만 해도 개인 매니저가 단순히 스타의 출연교섭과 연예인 스케줄 관리에 머물러 있다는 것을 입증한다.

영화사 제작부장들이 스케줄 관리나 개인적인 일을 처리해주던 영화계에서도 일부 스타급 배우에게 개인 매니저가 도입되기 시작했다. 이들은 대부분 영화 제작부장 출신들로 체계적인 영화분석이나 홍보는 엄두조차 내지 못했지만, 스타의 신변 관리에서 더 나아가 영화 섭외와 계약을 추진하는 초보적인 에이전트 기능을 했다. "영화계 활동을 시작한 지 얼마 되지 않아서 어떤 사람이 매니저를 맡아주겠다고 했다. 그 뒤로 그와 꽤 오랫동안 같이 일을 했다. 그는 계속 영화를 섭외해 왔고 나는 그 영화에 출연했다"는 김애경의 말은 이때 영화배우 매니저들은 1960년대 영화사 제작부장이 행하던 스타의 대리운전을 비롯한 단순한 신변관리 업무에서 영역을 넓혀 영화출연 섭외까지 했다는 것을 보여준다.

1980년대의 매니지먼트 사업은 질적으로 일대 전환을 맞는다. 컬러 TV 시대가 열리면서 연예계의 질적 발전이 이뤄진 시기다. 매니저들의 영역 또한 확대됐다. 음반 제작이나 콘서트를 직접 기획하면서 새로운 시도를 하기도 했다. 또한, 1980년대 중반에 접어들면서 한 연예인의 신변 관리를 하던 단순한 매니저의 역할에서 더욱 확대된 1~6명의 연예인을 전속시키는 개인형 회사형태의 매니지먼트 회사도 속속 등장했다. 1980년대 후반 들어서는 어머니나 언니를 비롯한 친지를 후견인으로 삼고 특별히 매니저를 두지 않았던 탤런트들도 개인 매니저를 활용하기 시작했다.

1980년대 매니저들은 방송, 광고, 영화, 이벤트로 연예인의 활동 범위가 넓어지면서 훨씬 다양한 능력이 요구됐다. 각기 다양한 분야에 종사하던 이들이 연예인과의 인연을 계기로 하나둘 매니지먼트 업계로 뛰어들었고 많은 젊은이가 매니지먼트업계에 진출한 시기이기도 하다.

그러나 방송사와의 불평등한 관계가 조정되지 않는 상황에서 대부분의 매니저는 여전히 '가방모찌', '심부름꾼' 이미지를 탈피하지 못한 것도 사실이다. 이 시기에 한백희(김완선), 서희덕, 양승국, 송영식, 장의식, 김경남, 변대윤(양수경, 최성수)이 매니저로서 왕성한 활동을 했다. 이들은 1990년대 들어서도 다양한 형태로 매니지먼트 사업을 지속했다. 이 중 변대윤은 음반사 예당음향 대표로 스타를 배출했고, 김경남은 EMI 가요 파트 대표를 맡아 다국적 기업과 연계하는 효율적인 영업시스템을 구축했으며, 양승국은 한밭기획을 거쳐 미지음기획 대표로 신인을 발굴했다.

이 시기에 연예계에서 스타와 영향력을 확보한 개인 매니저들은 자신이 운영하는 사무실을 두면서 개인형 회사를 설립해 스타 매니지먼트를 행했다. 한동안 매니지먼트업의 주류를 형성한 개인형 매니지먼트 회사는 보통 'OO기획', 혹은 'XX프로덕션'이라는 이름을 가지고 있었다. 삼호프로덕션, 제이엠, 탑프로덕션, 필기획, 희명프로덕션이 대표적이다. 이 회사들은 주로 사장과 소속 연예인을 맡는 로드 매니저 1, 2명, 메이크업 겸 코디네이터 1명 그리고 전화를 받는 여직원 1명으로 구성된 영세한 규모였다.

개인형 매니지먼트회사는 흔히 실장이나 왕 매니저로 불리는 사장이 방송과 야간업소 지방공연 섭외에서부터 방송 스케줄 관리, 방송출연 교섭, 광고계약, 방송 관계자 로비에 이르는 전 부문을 관할하고 로드 매니저는 소속 연예인의 활동 현장에 동행하면서 신변에 관계된 자질구레한 일들을 처리하는 초보적인 기능의 분화가 이뤄졌다. 초보적이나마 이처럼 매니저 사이에 업무, 기능의 분업화가 이뤄진 것은 1970~1980년대 텔레비전 활성화, 광고시장의 확대로 팽창된 대중문화 시장에서의 적극적인 활동을 통해 이윤을 창출하려는 의지와 시도들이 구체화했기 때문이다.

방송의 영역과 영향력이 확대되면서 이 당시의 매니저는 주로 방송출연 교섭을 하는 기능에 초점이 맞춰졌다. 매니지먼트 내용은 제작될 프로그램 정보파악과 CF 섭외 정도에 그치고 구체적인 계획도 없는 상태에서 감각과 친분만으로 임기응변식의 관리 행태를 보였다. 매니저들은 주로 방송사 PD, 영화감독과 인맥을 구성했으며 광고주, 기자와도 관계를 형성했고 이것이 매니저의 능력으로 평가받았다. 가수, 배우, 코미디언의 활동 영역에 따라 매니지먼트가 세분됐다.

1980년대 중반 들어 가요계 매니저나 음반사 역시 사전 계획을 통해 음반을 제작하거나 가수를 육성하는 현상이 나타나기 시작했다. 1978년 조용필 매니저를 시작해 윤시내, 윤항기, 조용필을 거느린 스타 매니저로 부상한 유재학의 대영AV와 김영의 동아 기획은 시장조사에 따른 가수의 선정과 음반 제작을 하는 이른바 기획의 개념을 도입했다. 이들 음반사는 명확한 공략층의 설정과 분석 속에서 가수를 육성하고 음반을 제작하기 시작했다는 점에서 기획을 수반한 매니지먼트의 단초로 볼 수 있다.

정혜경은 「한국 대중문화 영역의 스타 시스템 변화과정에 관한 연구」를 통해 1980년대 중반 들어 사전 계획을 통한 음반을 제작하는 음반사가 등장하기 시작했다고 분석했다. 언더그라운드 가수들을 중심으로 음반 제작에 성공한 동아 기획이 음반 기획의 개념을 도입해 음반을 제작한 것이 바로 그것이다. 동아 기획은 처음으로 20대를 주요 소비 대상으로 설정한 가수와 음반을 만들어냈고 이러한 기획이 언더그라운드 가수라는 새로운 가수 군을 형성시켰다.

이러한 흐름은 1990년대 들어 SM엔터테인먼트 같은 연예기획사에 의해 발전 계승되며 대중가요계와 음반산업계의 매니지먼트 방향을 주도하는 흐름으로 자리 잡았다.

1980년대만 해도 일부 연기자 매니저가 형식적으로 있었지만, 매니저 하면 가수 매니저가 대부분이었다. 이런 가운데 연기자 매니지먼트를 성공적으로 이끈 매니저가 바로 방정식이다. 탤런트 매니저로 유명한 배병수가 자리 잡기 이전부터 활발한 활동을 벌인 그는 이덕화, 이영하, 이혜영을 이끌며 탤런트 매니지먼트의 장을 열었다. 영화 제작부장으로 일했던 그는 1976년 TBC 드라마 '하얀 장미'에 출연하던 이덕화를 캐스팅해 스타덤에 올려놓았는가 하면 1979년 정윤희를 발탁해 일약 톱스타의 대명사로 만들었다. 방정식은 스타의 이미지를 제조해 관리하는 초보적인 스타 시스템의 과학화를 시도했다. 이후부터 연기자에 대한 적극적인 매니지먼트가 행해지기 시작했다.

1980년대 말부터 1990년대 초반까지 배병수는 매니지먼트가 중요하게 인식되고 매니저가 스타를 적극적으로 생산해내는 힘을 가질 수 있다는 것을 보여준 인물이다. 배병수는 단역배우였던 최진실을 스카우트해서 광고 모델로 출연시켜 스타급으로 올려놓았고 자신이 매니지먼트를 하는 스타들을 이용해 다른 연예인을 출연시키는 '끼워 팔기' 방식을 도입했다. 그는 최민수와 최진실 주연의 '미스터 맘마'에 무명인 엄정화를 출연시킨 것을 비롯해 자신의 회사 소속 유명 스타를 출연시키는 조건으로 관리하는 무명 연예인을 출연시켰다. 그는 영화 제작자와 방송사에 소극적으로 매달리는 것이 아니라 거래 방식을 도입한 것이다. 배병수로 인해 스타 이미지를 구축하고 관리하고 기존 스타를 이용하여 새로운 스타를 재생산해내는 부족하지만 체계적인 시스템이 도입됐다.

"오늘날 내 성공의 반은 지금은 세상에 없는 배병수 씨의 몫이라 해도 과언이 아니다. 배병수 씨는 나 대신 악역을 맡아 주었던 사람이다. 각종 광고회사를 상대로 배우의 개런티를 올리거나 좀 더 편하게 일할 수 있도록 환경을 만들어준 사람이다."『그래, 오늘 하루를 진실 되게 살자』에서 한 최진실의 고백은 이 당시 매니저의 역할과 기능을 보여준다.

1990년대는 SBS 개국, 케이블TV 등장, 인터넷 확산으로 다매체 다채널 시대가 열리고 방송, 영화, 광고, 음반 등 대중문화의 산업적 규모가 비약적으로 확대된 시기다. 또한, 한류의 등장으로 대중문화 시장이 엄청나게 확장됐다. 무엇보다 SBS 개국으로 인해 방송사 전속제가 폐지되고 탤런트 공채를 통한 신인 발굴 작업이 중단되면서 연예인의 발굴과 관리 기능이 속속 등장하는 연예기획사로 넘어갔다. 연예기획사가 스타 시스템의 중심에 위치하게 된 것이다.

1990년대 방송사의 연기자 전속제에 의한 관리체제가 해체됨으로써 연기자만을 전문적으로 매니지먼트 하는 회사가 속속 생겨났다. 방송사 전속제 폐지는 스타가 자신의 노동력과 상품성을 스타 시장에 직접 판매할 수 있게 되고 방송사는 필요한 경우 작품 계약을 하는 체제로의 전환을 의미한다. 자유롭고 독립적인 스타 시장의 구축으로 방송사와 스타가 작품 당 계약을 해야 하므로 거래의 빈도수가 많아졌고 그만큼 거래의 불확실성도 높아졌다. 이런 이유로 방송사와 스타 계약상의 거래비용을 줄이고 합리적이고 체계적인 계약 성사를 위해 둘 사이의 중개거래를 하는 연예기획사가 필요했다. 이것이 연예기획사의 비약적인 발전을 한 계기가 됐다. 텔레비전은 연예기획사에서 발굴한 신인이나 관리하는 스타를 기용해 드라마, 예능 프로그램을 제작하는 관행도 이 시기에 자리 잡기 시작했다. 1990년대부터 부분적으로 광고료의 시청률 연동제가 도입됨으로써 방송 3사의 시청률 경쟁이 더욱 치열해졌으며 스타를 얼마나 섭외해 출연시키느냐에 따라 프로그램의 시청률이 좌우되는 경향이 높아졌다. 이로 인해 스타의 몸값은 천정부지로 올랐고 PD의 능력이 스타의 섭외 · 출연 능력과 비례하는 풍토가 조성됐다.

물론 연기자나 가수들은 드라마나 각종 방송 프로그램을 통해 스타로 발돋움해 여전히 텔레비전이 스타를 양산하는 주도적인 매체로서 기능을 하고 있다. 또한, 토크쇼, 예능 프로그램, 연예정보 프로그램을 통해 스타의 정보를 유통하고 이미지화하는 역할도 텔레비전이 수행했다.

1995년 방송을 시작한 케이블 TV는 연기자나 가수의 주요한 활동무대로 떠올랐으며 이를 통해 배출된 연기자나 가수가 지상파 TV로 진출하여 스타로 부상해 스타 발굴 육성 매체의 기능을 하고 있다.

영화는 영화 기획사 중심의 흐름으로 바뀌면서 스타 시스템에 적지 않은 변화를 초래했다. 영화 기획사가 관객들의 취향에 맞춰 철저히 상업성을 추구하면서 신인들을 양성하는 것보다 대중적 인기를 얻은 스타 위주의 출연을 고집해 영화사의 신인 발굴은 크게 약화됐다. 물론 오디션을 통해 신인들을 발탁했는데 이것은 아주 미미한 상황이었다. 이 시기에는 영화 기획사와 매니지먼트 업무를 병행하는 종합 엔터테인먼트 회사가 등장하면서 자사 소속의 스타 연예인을 기용한 영화 제작이 이뤄지는 추세도 나타나기 시작했다.

가요계에선 연예기획사의 두드러진 득세로 기획형 가수 중심의 스타 시스템이 형성됐다. 방송사나 무대 등에서 가수의 발굴이 이뤄지긴 했지만 1990년대부터는 SM엔터테인먼트를 비롯한 연예기획사에 의해 신인이 발굴되고 스타 가수로 키워졌다.

광고 역시 스타 시스템에 있어 중요한 기능을 했다. 광고는 스타들의 가장 큰 수입원 역할을 할 뿐만 아니라 이미지 관리와 대중성 확보에 중요한 기능을 하고 광고를 통해 대중성을 얻어 스타로 부상하는 경우도 적지 않았다.

1990년대부터 비약적인 발전을 보인 인터넷을 비롯한 뉴미디어 역시 신인 발굴에서부터 정보유통, 팬 관리에 이르기까지 스타 시스템에 지대한 영향을 미치고 있다.

대중문화 시장의 확대와 더불어 방송, 영화, 가요 환경의 변화로 인해 1990년대 이후 매니지먼트 사업은 큰 변혁기에 접어들었다. 매니지먼트 업계는 가히 춘추전국시대를 맞은 것이다. 이 시기에 여전히 부모나 형제가 스타의 스케줄를 관리하는 것에서부터 개인 매니저, 개인형 회사 형태의 매니지먼트사, 그리고 새롭게 이 시기에 선보인 기업형 매니지먼트사, 그리고 스타의 관리부터 콘텐츠의 제작까지 하는 종합 엔터테인먼트사에 이르기까지 다양한 형태의 매니지먼트사가 병존하며 광범위한 매니지먼트 활동이 전개됐다.

1990년대 들어 특이한 사항이 있다면 대기업 혹은 광고 대행사들이 막강한 조직력과 자금력을 바탕으로 매니지먼트 업계에 뛰어들었다는 점이다. 이는 케이블TV, SBS 개국 등 증가한 대중매체들이 스타들의 활동 시장을 넓혀주는 역할을 했고 이러한 상황에서 스타들을 통한 이윤 창출의 가능성이 이전보다 훨씬 많아졌기 때문이다.

1990년대 들어 방송사의 전속제 폐지와 연기자 발굴 포기로 연예기획사의 역할이 더욱더 커짐으로써 연기자를 전문적으로 육성하고 관리해 스타로 키워 관리하는 매니지먼트 회사가 속속 등장했다. EBM, 백 기획, 스타즈, 대박 기획, 토털 엔터테인먼트, 스타 제이, 월스타 등이 대표적이다.

또한, 가요계에선 음반 제작보다 기획사의 기획이 중요성을 더함에 따라 프로듀서 중심의 개인형 기획사부터 음반제작, 홍보, 스타 관리까지 하는 기업형 연예기획사까지 다양한 형태의 기획사가 등장했다. 유승준, 구피를 키운 신철의 DMC코리아, 김건모의 음반을 기획한 건음기획 등이 개인형 기획 회사에 속하고, SM엔터테인먼트, 라인 음향, GM 기획, 대성 기획, 예당엔터테인먼트, 대영AV, JYP엔터테인먼트 등이 기업형 기획사로 꼽힌다.

최초의 기업형 매니지먼트 회사는 1994년 설립된 스타서치다. 삼성계열사인 디지털 미디어가 대주주였던 스타서치는 기획부, 마케팅부, 매니지먼트부로 세분된 조직을 구성하고 전문화한 매니지먼트를 추구하며 직원 20명으로 출발했다. 이어 한보그룹 계열의 한맥 유니온, 제일제당의 제이콤이 뒤를 이었다. 대기업이 추진한 기업형 매니지먼트 회사의 설립으로 체계화된 조직이 스타의 생산과 관리에 개입하기 시작했고 계획적인 매니지먼트 사업이 전개될 수 있었다.

기업형 매니지먼트사는 그동안 소극적이고 인맥 중심의 매니지먼트가 스타를 효율적으로 관리하는 것을 불가능하게 만들고 뇌물 등 비공식 거래를 성행하게 한다는 판단 하에 이를 지양하는 새로운 매니지먼트의 필요성이 제기되면서 등장한 것이다. 장단기 계획에 따라 매니지먼트가 진행됐고 합리화, 과학화, 전문화, 체계화를 표방했다.

〈SM엔터테인먼트 조직도〉

대표이사

**미디어 기획부**
- 국내 PR팀
- 중국 PR팀
- 공연팀
- 언론홍보팀

**뉴미디어 사업부**
- 기획팀
- 콘텐츠팀
- 디자인팀
- 개발팀
- E-commerce팀

**경영지원부**
- 재무회계팀
- 영업총무팀
- 정산팀

**기획조정실**
- 전략기획팀
- 경영기획팀
- 경영관리팀
- 법무팀

**프로듀싱실**
- A&R팀
- 퍼블리싱팀
- 스튜디오
- 비주얼디렉팅팀
- 영상팀
- 포토팀
- 모니터링팀
- 아티스트기획팀

**매니지먼트사업부**
- 매니지먼트 1팀
- 매니지먼트 2팀
- 매니지먼트 3팀
- 매니지먼트 4팀
- 매니지먼트 5팀
- 매니지먼트 6팀

**Marketings&Coms실**
- 비서팀
- 마케팅팀
- International Agency팀
- 드라마제작팀
- 패션사업팀

**인사/감사팀**

출처: SM엔터테인먼트

　스타서치의 경우, 과학적 매니지먼트를 위해 APM(Artist Perception Monitoring), PDS(Perfect Database System) 등을 도입한 첨단 기법을 사용하고 특정연예인의 이미지화에 조사 기법을 활용하며 과학화, 전문화를 꾀했다. 또한, 한 명의 매니저가 한 명의 연예인을 책임지는 것과는 달리 스타서치는 영화 텔레비전, 광고, 모델 부분으로 나누고 각기 다른 전문 책임자가 존재해 각 분야를 맡는 전문화 시스템을 구축했다. 이 밖에 오디션을 통한 신인 발굴, 매니저와 연예인의 동등한 계약관계를 통한 수평적인 관계 모색, 방송사를 중심으로 한 매체에 대해 인맥 중심이 아닌 공식적 섭외 관행 수립, CF 등 다양한 홍보활동 전개 등 합리적인 매니지먼트를 꾀했고 스타를 이용한 캐릭터 사업으로 스타 마케팅 다변화를 시도했다. 이것은 그동안 개인 매니저와 개인형 매니지먼트 회사의 폐단으로 지적됐던 문제점들에 대한 대안으로 제시됐던 것들이다.

〈JYP엔터테인먼트 조직도〉

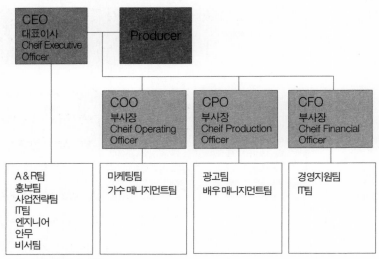

출처: JYP엔터테인먼트

그러나 스타서치는 정보력과 기동력, 임기응변을 필요로 하는 매니지먼트의 조직적 특성의 적응에 실패, 연예계 현실과 동떨어진 형식적인 전문성과 과학성만을 강조한 점, 인맥 중심의 매니지먼트의 고착화로 인한 새로운 관행 도입 실패로 1년 만에 문을 닫았다.

1990년대부터는 스타에 대한 인식변화와 함께 매니지먼트에 종사하는 인력들의 구성과 인력양성 방식 역시 변화했다. 1980년대 중반 이후 젊은 고학력의 인력들이 대거 연예기획사에 진출했다. 1990년대부터 2000년대 초반 매니지먼트 업계에는 인맥을 동원하고 접대를 제공해 자사 소속 연예인의 홍보와 출연 섭외를 하는 비공식 거래 위주의 매니지먼트에서부터 시장조사에 이은 철저한 판매 대상 분석에 따른 드라마, 영화, 음반 기획 그리고 체계적이고 분석적인 홍보와 마케팅을 하는 선진형 매니지먼트까지 다양한 매니지먼트가 공존했다.

〈YG엔터테인먼트 조직도〉

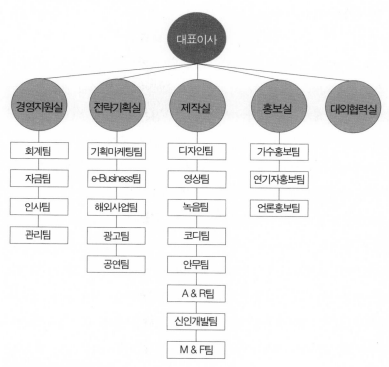

출처: YG엔터테인먼트

스타서치의 기업형 매니지먼트 실패 이후 1990년대 중후반부터 2000년대 초반 음반 기획사나 개인형 매니지먼트회사 형태의 연예기획사가 규모와 자본 그리고 기능을 확대해 탄생한 SM엔터테인먼트, 싸이더스,

에이스타스, 튜브엔터테인먼트, 예영엔터테인먼트, GM기획 등이 기획, 매니지먼트, 제작까지 아우르는 종합 엔터테인먼트 회사로 성장하면서 스타 시스템의 주체로 확고한 자리를 잡았을 뿐만 아니라 문화산업을 주도하기 시작했다.

하지만 수요 예측이 워낙 불투명한 대중문화 시장의 생리 때문에 연예인들은 하루가 다르게 소속 매니지먼트사를 이동하고 영세한 규모의 연예기획사는 하루에도 새로 생기는 곳과 사라지는 곳이 수없이 많았다.

또한, 기업형 연예기획사라 하더라도 워낙 투기성향이 강한 대중문화 시장이 불확실하고 자본형성이 불안정한 데다 인기에 따라 소속 연예인과의 계약 관계가 가변적이어서 업체의 부침은 심했다. 2002년 검찰의 방송 연예계 비리 수사로 인해 대표가 구속되고 한때 60여 명의 스타군단을 거느렸지만, 연예인들이 하나둘씩 떠나 중소 업체로 전락하다 사라진 종합 엔터테인먼트사인 에이스타스가 대표적인 경우다.

2000년대 들어 종합 엔터테인먼트사를 중심으로 자본을 안정적으로 확보해 투자를 늘려 이윤 창출을 확대하려는 움직임이 본격화했다. 즉 엔터테인먼트사들의 코스닥 상장 붐이었다. 2000년 4월 SM엔터테인먼트를 시작으로 싸이더스의 모기업인 로커스, 대영AV, 서울 음반, 예당엔터테인먼트 등 대형 연예인기획사들은 코스닥 시장에 상장해 안정적인 자본을 확보해 활동 영역을 확대했다. 또한, SM엔터테인먼트, YG엔터테인먼트, JYP엔터테인먼트 등 대형 연예인기획사들은 방송사와 더불어 1990년대 중후반부터 불기 시작한 한류의 첨병 역할을 하며 해외시장을 개척하는 기능도 활발하게 했다.

## 2) 한국 스타 시스템의 현황

2000년대 들어 문화산업과 대중문화 시장은 비약적인 발전을 하고 한류로 인해 한국 대중문화 위상은 크게 상승했다. 연예인에 대한 부정적인 인식이 사라지고 스타와 연예인의 사회적 위상이 올라가면서 연예인 지망생도 급증했다. 국내외 수요가 급증한 스타는 막대한 이윤을 창출하며 영향력이 커졌다. 중국, 미국을 비롯한 외국 자본의 엔터테인먼트 업계 유입이 눈에 띄게 늘어났다.

2000년대부터 스마트폰의 등장과 대중화, IPTV와 JTBC 등 종합편성 채널 방송, 위성-케이블 TV 채널 증가, 1인 인터넷 방송 급증 등으로 미디어 환경이 급변했고 디지털 음악 시장으로의 전환, 웹툰, 웹드라마 등 웹과 모바일 콘텐츠 이용 증가로 대중문화 콘텐츠 판도가 크게 변모했다.

방송사와 영화사는 연예인을 발굴하고 스타로 키우는 기능이 크게 약화한 대신 연예기획사가 연예인 지망생 발굴부터 교육, 데뷔, 연예인으로의 육성과 관리, 스타로의 부상, 유통까지 다양한 역할을 도맡아 스타 시스템의 가장 강력한 주체로 자리 잡았다. 오랫동안 '연예인의 운전사 혹은 심부름꾼'으로 여겨졌던 매니저와 연예기획사 종사자는 방송사를 능가하는 영향력을 행사하며 대중문화 트렌드를 이끌 뿐 아니라 스타를 육성 관리하는 스타 시스템의 진정한 주역으로 자리매김했다.

연예기획사를 비롯한 대중문화예술산업 기획업 등록업체가 2015년 현재 1,636개에 달한다. 등록하지 않고 영업을 하는 연예기획사도 상당할 것으로 추산된다. 한국콘텐츠진흥원이 2015년 연예기획사를 비롯한 기획업 업체 1,393개에 대해 실태조사를 벌인 결과, 직원 수로 본 규모는 2~5인 미만이 538개 38.6%로 가장 많고, 다음은 5~10인 미만 360개(25.8%), 1인 299개(21.5%), 10인 이상 196개(14.1%) 순으로 영세한 중소형 업체가 다수였다. 주요 사업 분야는 매니지먼트 분야가 829개로

59.5%를 차지했으며 제작 분야 309개(22.2%) 기타 분야 255개( 18.3%) 순이었다. 매니지먼트 분야는 연기자 매니지먼트가 385개(27.7%)로 가장 많았고 다음은 가수 360개(25.8%), 모델 37개(2.6%) 기타 33개 (2.4%), 코미디언 14개(1.0%) 순이었다.

2014년 기준 대중문화예술산업의 전체 매출 규모는 기획업의 경우 1조 5,041억 원으로 조사됐다. 기획업 업체당 평균 매출 규모는 10억 8,000만 원에 달했다. 대중문화예술산업 기획업체 중 소속 연예인이 있는 업체는 1,095개로 78.6%였고 소속 연예인이 없는 업체도 298개 (21.4%)에 달했다. 2014년 기준, 대중문화예술산업 기획업 업체 소속 연예인 전체 인력 규모는 7,327명이고 분야별로 살펴보면, 가수 분야(보컬, 댄스 등)가 3,292명, 연기자 분야 3,053명, 모델분야 663명으로 조사됐다. 업체당 소속연예인 수는 평균 6.7명이었다.

연예기획사는 장근석, 전지현, 이민호처럼 1인 스타 중심형 기획사부터 연기자를 전문으로 하는 연기자 전문 연예기획사, 가수 전문 연예기획사, 예능인 전문 연예기획사, 가수, 연기자 관리뿐만 아니라 제작까지 하는 대형 연예기획사까지 다양한 형태가 존재한다.

2000년대 들어서는 다양한 연예기획사들이 인수 합병을 통해 몸집을 불리는 한편 보다 많은 이윤을 창출하기 위해 영화, 드라마, 예능 프로그램, 음반 등 다양한 콘텐츠 제작뿐만 아니라 패션, 여행, 화장품 등 사업 다각화를 꾀하고 있다. 여기에 해외 진출과 함께 중국 등 외국 자본의 투자를 통해 회사 규모를 키우고 있다. 한국의 스타 시스템을 이끌어가며 가장 강력한 핵심 주체 역할을 하는 곳은 SM엔터테인먼트, YG엔터테인먼트, JYP엔터테인먼트, 로엔엔터테인먼트, IHQ, 판타지오, FNC엔터테인먼트, 키이스트, 이매진아시아, 초록뱀미디어, 화이브라더스(구 심엔터테인먼트) 등 대형 연예기획사들이다.

엑소, 동방신기, 소녀시대, 샤이니, 에프엑스, 보아, 이연희, 고아라를 거느린 SM엔터테인먼트는 2016년 7월 기준 시가총액 9,000억 원에 달하는 거대 연예기획사로 성장해 한국 엔터테인먼트 업계를 선도하고 있다. SM엔터테인먼트는 2015년 기준 매출액 3,254억 원, 영업이익 364억 원, 순이익 183억 원을 기록하면서 명실상부 국내 엔터테인먼트 산업의 핵심으로 자리 잡고 있다. SM엔터테인먼트는 연예기획, 매니지먼트, 공연의 엔터테이먼트사업 부분에서 이익구조를 수직계열화하고 있다. 여행사를 인수해 설립한 SM C&C를 통해 여행, 레이블, 프로덕션, 매니지먼트 사업을 전개하고 있으며 자회사 드림메이커 엔터테인먼트를 통해 콘서트 기획, 제작을 진행해 매출액 변동성을 안정화시키고 있다. SM엔터테인먼트는 무엇보다 1996년 데뷔시킨 H.O.T의 성공으로 연습생 발굴에서 트레이닝, 데뷔, 관리에 이르기까지 체계적이고 전문적인 아이돌 육성 시스템을 구축해 한국 스타 시스템의 전형을 만들었다.

SM엔터테인먼트와 어깨를 나란히 하는 YG엔터테인먼트는 음악 및 오디오물 출판, 아티스트 육성 및 매니지먼트를 목적으로 1998년 설립돼 18년 만에 자회사 5개, 13개의 계열사를 거느린 대형 연예기획사로 자리 잡았다. 2015년 기준 그룹 자산만 약 4,000억 원에 이르고 YG엔터테인먼트 시가총액만 6,000억 원에 달한다. 빅뱅, 2NE1, 악동뮤지션, 차승원, 김희애, 최지우, 강동원을 비롯한 가수와 연기자 스타들이 소속된 YG엔터테인먼트는 국내 및 일본, 중국 시장을 무대로 음반 기획, 제작, 유통하는 음반 산업과 매니지먼트 사업을 전개하고 있다. YG엔터테인먼트는 자회사를 통해 화장품, 패션 사업도 하고 있다.

가수로, 작곡가로 그리고 프로듀서로 성공 가도를 달리는 박진영의 JYP엔터테인먼트는 god, 비의 음반을 잇달아 성공시키고 원더걸스와 2PM을 스타 아이돌그룹으로 키워내 SM, YG와 함께 3대 기획사로 자리 잡았다. 원더걸스의 미국 시장 진출 실패에도 불구하고 미쓰에이, 트와이스를 성공시키며 명가 연예기획사로 입지를 굳혔다. JYP엔터테인먼트는 음반사업, 매니지먼트, 제작사업 등 엔터테인먼트 사업 부분에서 수직계열화하는 한편 미국 JYP Entertainment Inc.를 비롯해 중국 북경걸위품문화교류유한회사, 일본 JYP Entertainment Japan Inc.를 통해 해외진출과 콘텐츠 수출에 힘을 쏟고 있다.

한류스타 배용준, 김수현, 김현중이 소속된 키이스트는 1996년 설립돼 7년만인 2003년 상장 이후 실적 성장을 거듭하며 2015년 매출 1,000억 원을 넘어서며 대형 연예기획사로 자리 잡았다. 키이스트는 설립 초기 연예인, 아티스트 중심의 매니지먼트 사업을 주로 했고 영상콘텐츠 제작, 음반 제작 유통, 각종 엔터테인먼트 파생 상품의 머천다이징과 라이센싱 분야로 사업영역을 확장해 종합 연예기획사로 변모했다. 시가총액도 3,000억 원에 육박하고 있다.

FNC, IHQ, 이매진아시아, 로엔엔터테인먼트, 초록뱀미디어, 판타지오, 화이브라더스 같은 대형 연예기획사는 연예인 발굴에서부터 스타 관리에 이르기까지 매니지먼트 사업은 물론 음반, 드라마, 예능 프로그램 등 콘텐츠제작, 음원 사업 뿐만 아니라 여행, 화장품, 패션에 이르기까지 사업영역을 확장하며 한국 스타 시스템의 근간을 이루고 있다.

스타 시스템의 가장 강력한 주체인 대형 연예기획사를 비롯한 한국 연예기획사는 에이전시와 매니지먼트 기능이 분리된 미국과 달리 에이전시와 매니지먼트 두 가지 역할을 모두 수행하고 있다.

또한, 연예기획사는 오디션, 인맥, 길거리 캐스팅 등 다양한 방식으로 연예인 예비자원을 발탁해 이들을 대상으로 연기, 보컬, 댄스, 외국어, 체력관리 교육을 실시한 뒤 데뷔시켜 스타로 만들어 관리하는 스타 육성 시스템을 구축해 성과를 내고 있다.

연예기획사는 연예인과 스타와의 전속계약을 맺고 계약 기간 독점적 관계를 유지하며 영화와 드라마 출연, 음반출시와 공연, 광고, 해외진출로 소속 연예인을 활용해 이윤창출을 하고 있다. 전속계약은 매니지먼트(관리)와 에이전시(고용대리업무)에 대한 대가로 연예인의 수익분배에 대해 연예인과 연예기획사가 맺는 독점적 관계를 말한다. 전속계약은 연예기획사가 연예인의 전속 기간, 전속관계에 대해 지급하는 전속금, 기획사 업무에 대한 대가로 연예인이 지불하는 수익배분비율로 구성된다. 소속 연예인의 인기나 활용도, 전속기간에 따라 전속금 액수와 수익배분 비율이 달라진다.

방송사를 능가하는 영향력을 발휘하며 스타 시스템의 주역으로 자리 잡은 연예기획사는 문제점도 적지 않다. 일부 대형 연예기획사를 제외하고 대다수 기획사는 규모가 영세해 전문적이고 체계적인 연예인 관리를 제대로 하지 못하고 있다.

또한, 공정거래위원회의 표준계약서 제도 도입에도 여전히 '노예 계약'이라는 용어가 상징하듯 불평등한 계약 관행이 성행하고 있다. 특히 스타의 경우에는 수억 원에 달하는 전속금과 함께 수익 배분도 스타와 기획사가 9:1, 10:0으로 스타가 절대적으로 많은 수익을 가져가지만 신인의 경우는 전속금은 없는 경우도 많고 수익배분 비율은 신인과 기획사가 1:9, 2:8에서 5:5까지 신인에게 절대적으로 불리해 끊임없이 분쟁이 생기고 있다. 여기에 수익분배에 대한 투명한 시스템이 구축되지 않아 소속 연예인과 기획사 간 법정 소송도 빈발하고 있다.

연예기획사가 스타 출연조건으로 지나친 몸값 요구와 소속 신인의 끼워팔기 캐스팅까지 요구하는 스타 권력화의 폐해를 조장하는 것도 큰 문제다. 연예기획사가 소속 연예인과 스타의 생명력과 경쟁력을 키워주는 방향으로 관리하는 것이 아닌 계약 기간 최대한의 이윤창출에만 혈안이 돼 스타의 생명력을 단축하는 것도 병폐다. 일부 연예기획사는 스타나 연예인을 인간이 아닌 이윤을 창출하는 상품 취급을 하는 경우가 적지 않다. 이 때문에 정신질환 같은 어려움을 겪는 연예인이 속출하고 있다.

연예기획사 매니저를 비롯한 일부 종사자의 비전문성 역시 연예인의 위기관리 부족 등 스타 시스템에 적지 않은 문제를 야기하고 있다. 여기에 소속 연습생과 연예인을 대상으로 한 성폭행과 금전 갈취, 섹스비디오를 동원한 공갈과 협박, 사생활 침해 등 일부 연예기획사 대표나 매니저 범죄행위도 시급히 해결돼야 할 문제다.


## 3. 일본의 스타 시스템: 스타가 월급을 받는다고?

일본에선 신인을 발굴해 스타를 만들고 이들의 운명을 좌지우지하는 것은 스타 제조공장이라고 불리는 연예사무소 혹은 연예 프로덕션이다. 일본의 스타 시스템은 프로덕션 중심으로 구축됐다. 프로덕션 하면 우리의 경우, 프로그램을 방송사에 공급하는 업체를 말하는 것으로 인식한다. 하지만 일본 프로덕션은 프로그램 제작 프로덕션, 제작 기술만을 전문으로 하는 프로덕션, 배우, 가수를 양성하고 관리하는 연예 프로덕션으로 세분되어 있다. 또한, 이 다양한 기능을 통합해 운영하는 프로덕션이 있는데 1990년대 이후부터 다양한 기능을 한 곳에서 수행하는 종합 프로덕션이 주류를 이룬다.

일본의 초보적인 스타 시스템은 1900년대 초반 모습을 드러냈다. 요시모토 키치베와 요시모토 세이 부부는 1912년 요시모토흥업(吉本興業)의 기반이 된 '제2의 문예관'을 일본 오사카에 설립해 야담, 노래 공연을 했고 만담가를 전속시켜 관리하며 스타를 배출했다. 1948년 요시모토흥업은 주식회사화했다.

2차 세계대전이 끝난 뒤부터는 일본에 주둔한 미군을 중심으로 연예사업이 확장하기 시작했고, 1945년 설립된 일본연예사(日本演藝社)는 미군을 상대로 한 연예산업을 펼쳤다. 이후 도호쿠 예능, 쇼추쿠 예능 등 연예 프로덕션이 속속 등장했다.

김영덕은 『방송과 연예매니지먼트 산업』에서 연예 프로덕션 중심의 일본 스타 시스템 구축에 중요한 역할을 한 것이 바로 1950년대 중반에 설립된 와타나베 프로덕션이라고 주장한다. 와타나베 프로덕션은 당시 획기적이라고 할 수 있는 소속 뮤지션의 월급제 확립, 탄력적인 계약방식 등 새로운 매니지먼트 방식을 도입해 일본 연예 프로덕션 업계의 하나의 표준으로 작용했다. 특히 와타나베 프로덕션의 월급제 도입은 일본 연예인들이 나이 들어도 안정적으로 활동할 수 있는 기반이 됐다. TV 매체의 등장과 발전으로 일본 연예 프로덕션은 비약적으로 발전했다.

연예 프로덕션은 배우, 가수, 탤런트, 연극배우, 코미디언으로 세분화해 분야별 프로덕션으로 출발했으나 1990년대 이후 이러한 영역 구분이 무의미해질 정도로 가수, 배우, 탤런트를 아우르는 종합 프로덕션이 전형으로 자리 잡고 있다.

연예 프로덕션이 일본 스타 시스템의 중심부에 있는 것은 다양한 이유가 있다. 일본에서는 프로덕션을 거치지 않고서는 연예인이 되는 것뿐만 아니라 스타로 부상하기란 사실상 불가능하다. 일본에서는 톱스타와 신인의 99%가 각종 프로덕션에 소속돼 있다. 연예 프로덕션은 연예인의 발굴과 육성, 그리고 프로모션을 하고 있다. 650여 명의 탤런트와 코미디언이 소속돼 있는 요시모토 흥업, 기무라 타쿠야 등 다수의 스타를 보유한 쟈니스, 탤런트, 영화배우 130명의 탤런트를 거느리고 있는 호리

프로, 연기자를 주로 관리하는 어뮤즈, 케이닷슈, 버닝 프로덕션, 스타더
스트 프로모션, 가수를 전문으로 하는 소니 뮤직 엔터테인먼트, avex 등
수많은 프로덕션이 신인 발굴에서 연예인 매니지먼트, 콘서트기획, 프로
그램 제작까지 일본 스타 시스템의 주체 역할을 할 뿐만 아니라 대중문
화의 핵심적인 역할을 수행하고 있다.

〈일본 호리프로 매니지먼트 사업〉

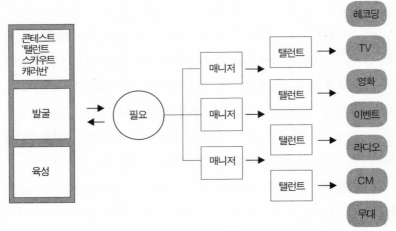

출처: 호리프로의 기업정보

　일본 연예 프로덕션이 가장 역점을 두는 업무는 연예인을 발굴하고 육
성해 스타로 키우는 일과 스타를 관리하는 일이다. 일본에선 방송사가
탤런트나 가수를 선발하지 않으므로 프로덕션이 연예계 인적 자원을 직
접 생산하고 관리하는 것을 전적으로 담당한다. 스타 재목을 발굴하고
홍보 관리하는 업무는 매우 체계적이고 정교하게 진행된다.
　연예 프로덕션은 각종 오디션과 오키나와 액터스 스쿨 같은 전문학교
를 통해 탤런트 스카우터들이 끼 있는 신인들을 발굴한다.

신인의 충원 방법 중 가장 보편적이면서도 활용도가 높은 것이 오디션이다. 라이징 프로덕션, 쟈니스 프로덕션, 호리 프로처럼 유명 프로덕션이 실시하는 연예인 오디션에는 지원자만 8만~10만 명에 이를 정도로 높은 관심을 끌고 있다. 유명 프로덕션에 소속되는 것만으로 스타가 되는 지름길에 들어선 것으로 인식하기 때문이다.

프로덕션과 음반사는 다양한 절차와 과학적인 시스템 속에서 발굴된 신인들을 대상으로 체계적인 교육을 한다. 일본 스타 시스템을 굳건하게 떠받치고 있는 하부구조 중 하나가 오키나와 액터스 스쿨 같은 연기자나 가수를 배출하는 사설교육기관이다. 교육기관은 호리 프로덕션이 운영하는 호리프로 인프루브먼트(HORI PRO IMPROVEMENT), 요시모토흥업이 운영하는 요시모토종합예술학원(NSC)을 비롯한 프로덕션 부설 기관과 수많은 연예인 지망생을 교육해 스타로 부상시킨 데아토르 아카데미 같은 독립 사설교육기관으로 구분된다. 이곳에선 프로덕션에서 발굴한 신인들이나 연예인 지망생을 대상으로 장기간에 걸쳐 체계적이고 과학적인 교육과 훈련을 실시하고 있다. 이들 기관의 출신이 일본 대중문화계를 수놓으며 발전시키고 있다.

쟈니스 프로덕션의 경우, 오디션에서 선발된 신인들을 교육한 다음 쟈니스 주니어라는 탤런트 예비군으로 편입한다. 이들은 선배 가수나 탤런트 뒤에서 춤을 추는 백댄서를 비롯해 드라마와 버라이어티쇼의 엑스트라로 출연하면서 기량을 기르고 연예인 예비군단을 형성한다. 이들은 드라마, 영화에 정식으로 데뷔하거나 음반을 발표했을 때 이미 각종 미디어를 통해 대중에게 노출돼 있어 인기를 얻는 데 유리하다.

프로덕션은 이렇게 양성한 연예인과 스타를 필요로 하는 텔레비전, 영화, 음반업계에 연예인을 공급하는 주요한 채널로 대중문화계에 막강한 힘을 행사하고 있다. 이들 프로덕션은 신인 양성, 연예인 관리뿐만 아니라 스타화를 위한 다양한 마케팅 전략과 방식을 기획하고 실행해 많은 스타를 배출하고 있다. 한 가수로 데뷔시켜 스타로 부상시킨 뒤 드라마나 영화에 출연시키고 드라마나 영화로 뜬 스타는 가수로 음반을 내게 해 스타의 인기와 생명을 연장하는 원 소스-멀티 유스(One Source-Multi Use)전략을 구사한다. 신인들의 데뷔 채널도 다양화하고 있는데 그동안 아이돌 스타의 경우 대부분 가수 데뷔 후 드라마나 영화 진출이 공식화됐으나 광고 모델이나 드라마에서 먼저 데뷔한 후 가수로 영역을 넓혀가는 추세도 늘고 있다.

일본의 프로덕션은 이처럼 신인 발굴에서 교육 훈련, 연예계 데뷔, 스타의 관리, 방송 프로그램 및 음반제작에 이르기까지 광범위한 일을 하고 있는데 프로덕션의 업무는 철저히 세분화, 전문화돼 있다. 연예 프로덕션의 매니저는 연예인을 발굴하고 스타로 육성하기 위한 다양한 방법을 모색하고 담당 연예인의 일정을 관리하고 프로그램 출연 등 연예활동이 순조롭게 진행되도록 도와주는 일을 한다. 매니저는 부킹 매니저와 연예인과 동행하며 현장을 관리하는 매니저로 구분된다. 일본에는 연예인의 활동을 도와주는 쓰기비토가 있는데 연예프로덕션에 소속된 매니저와 달리 쓰기비토는 고용한 연예인이 급료를 준다. 쓰기비토는 주로 스타의 제자가 돼 연예인으로 데뷔할 기회를 얻고자 하는 연예인 지망생이 주로 지원한다.

호리 프로의 경우 직원 182명에 130여 명의 탤런트들이 소속돼 있는데 이들 탤런트의 관리는 프로덕션 1, 2부가 관리하고 있으며 선전부가 각 매체 홍보를 담당하고 있다. 프로덕션 1, 2부 책임자는 상무급이며 그 밑에 부장 그리고 그룹 리더가 5명 정도가 있다. 1부는 배우, 2부는 가수 및 버라이어티 프로그램에 출연하는 연예인을 중심으로 구성돼 있으며 그룹별 탤런트 수는 적을 경우 5~6명 선이며 많으면 100명 가까이 된다. 이들 탤런트를 30명 정도의 매니저가 관리하고 있는데 한 사람의 매니저가 복수의 탤런트를 담당하며 세일즈 프로모션에서부터 매체 대응, 연예인 스케줄 관리, 팬클럽 운영까지 모든 과정을 관리한다.

프로덕션에 대부분 소속돼 관리되고 있는 연기자와 달리 가수는 연예종합 프로덕션에 소속된 경우와 음반사에 소속된 경우로 나뉜다. 일본 음반회사는 소니뮤직엔터테인먼트저팬(SMEJ), 도시바EMI, 워너뮤직저팬, 빅터 엔터테인먼트 등 대형 음반사와 포라이프, 포리스타, 토이즈팩토리 등 독립계 음반회사, 레벨회사, 인디계열 음반사로 구분된다. 인디계열 음반사나 레벨사가 영향력을 넓혀가고 있지만 일본 음반계를 이끌고 있는 것은 대형 음반사와 독립계 음반사이다. 대형 음반사는 관리 제작 프로모션 영업에 이르는 관련 부서를 두고 신인발굴에서 음반기획 및 제작, 가수관리 및 홍보까지 전반적인 업무를 수행하고 있다. 독립계 음반회사는 가수나 프로듀서 중심으로 움직이며 음반제작 및 홍보를 전담하고 대형 음반사와 판매대행 계약을 맺고 음반 판매를 대행시킨다.

1990년대 이후 일본 음반 산업과 가수의 스타 시스템에서 두드러진 현상은 프로듀서의 역할 증대다. 음반사나 프로덕션에서 신인가수나 기성가수를 어느 프로듀서에게 맡기느냐에 따라 음반과 가수의 성공 여부가 결정된다고 인식될 정도다. 어느 음반사, 프로덕션의 음반이냐 보다 누구누구의 프로듀서 작품이냐가 인기에 지대한 영향을 미친다. 프로듀서가 스타 메이커로 부상했다. 그 선봉에 고무로 데스야가 있다. 마크 실링은 *The Encyclopedia of Japanese Pop Culture*에서 음반에 고무로 데스야 이름만 있어도 성공한다는 말이 나올 정도로 스타이자 스타 메이커로서 존재감을 인정했다. 고무로 데스야는 1993년 디스코 나이트클럽의 무명가수 유키를 발탁해 결성한 그룹 TRF의 앨범 '댄스 투 포지티브'로 300만 장 판매량을 기록했다. 시노하라 료코, 아무로 나미에, 맥스, DOS

등이 고무로 데스야의 손을 거쳐 최정상의 스타로 부상했다. 고무로 데스야와 함께 고바야시 다케시, 나가토 다이코 등이 일본 음반업계에 프로듀서 겸 제작자 시대를 열게 한 스타 메이커들이다.

일본 스타 시스템의 특성 중 하나는 프로덕션과 연예인의 계약 관계와 수입배분 구조이다. 연예 프로덕션은 기본적으로 소속 연예인에 대해 월급제를 운영하고 있다. 물론 스타의 매출액이나 수입액에서 직접 경비를 뺀 수익을 일정 비율로 배분하는 메리트(업적급) 시스템을 시행하고 있지만, 월급제가 근간을 이루고 있다. 한국 스타와 비교해보면 일본 스타의 수입이 상상을 초월할 정도로 적다. 미국과 한국에서 스타는 스타 자신이 벌어들인 수입에 따라 배분받기 때문에 인기가 많으면 엄청난 수입을 올릴 수 있지만 일본에서는 그렇지 않다. 편당 2억 엔의 CF출연료를 받는 톱스타들도 월급은 30만~40만 엔 수준에 머무는 경우가 드물지 않다. 일본 연예인의 월급이 상세하게 밝혀진 것은 1991년 가세 다이슈 사건이다. 가세 다이슈는 적은 월급을 문제 삼아 소속 프로덕션을 상대로 소송을 제기했다. 그가 출연한 영화 '이나무라젠'은 흥행 1위를 기록했고 TV에서도 그가 출연하는 드라마들은 모두 높은 시청률을 기록했다. 이외에도 CF 수입이 편당 2억 엔 정도였다. 소송을 냈던 해만 해도 다섯 개 이상 CF를 했으니 그 액수만도 10억 엔에 달했다. 하지만 가세 다이슈의 월급은 17만5,000엔이었다. 이는 일본 세무서의 증빙서류가 첨가돼 미디어에 공개된 정확한 액수다. 금전적인 이유로 소속사를 바꾼 스타는 막강한 프로덕션의 견제에 밀려 곧 B급 연예인으로 전락하는 경우가 많다. 물론 인기도에 따른 차등지급 방식이 아닌 이 같은 경직적인 월급제에 대한 제도개선의 목소리가 스타와 연예계에서 제기돼 스타급 탤런트에 대한 불만을 해소하기 위해 특별 보너스 및 승급제를 도입해 예우해주는 곳도 생기고 있다.

일본 대부분 연예인과 스타가 프로덕션에 소속돼 있는데 이유는 프로덕션이 소속 연예인의 관리를 철저히 하기 때문이다. 스타가 먼저 소속사를 나가는 경우가 아니면 프로덕션에서 방출하는 일은 좀처럼 없다. 이 때문에 인기가 없는 연예인일지라도 끊임없이 관리하고 보호한다.

이러한 프로덕션 시스템은 스타의 관리를 안정적으로 하고 스타의 생명을 연장해주는 역할을 하며 대중문화의 질적 완성도를 높이는 기능을 한다. 인기가 없다 하더라도 꾸준히 월급을 받기 때문에 노래나 연기를 지속해서 할 수 있어 생명력이 길다. 보통 일본 스타가 10대에서 시작하면 50~60대까지 활동을 활발히 할 수 있다. 일본의 영화나 텔레비전에서 60~70대 코미디언이나 연기자, 가수들이 연기나 노래를 하는 모습을 쉽게 볼 수 있는 것도 프로덕션의 월급제와 관리 덕분이다. 이러한 다양한 연령층의 연예인이 활동하는 것은 대중문화의 인적자원을 풍부히 해 작품의 완성도를 높여주는 역할을 한다.

대형 연예 프로덕션의 영향력이 막대해 이에 따른 부작용도 적지 않다. 방송 프로그램에 인기가 높은 스타와 연예인의 출연을 무기로 소속 프로덕션 신인들을 대거 출연시키거나 특정 연예인을 출연시키지 못하도록 하는 등 권력화의 폐해가 잇따르고 있다. 이규형은『닛폰, 닛폰 분가』에서 쟈니스 프로덕션과 같은 대형 프로덕션은 일본의 어떤 방송사, 신문, 잡지사도 건드리지 못하는 성역이라고 주장한다. 이들이 보유한 스타들의 영향력 때문이다. 만약 쟈니스 멤버들이 방송에서 모두 철수하고 어떤 잡지에 안 나가면 그 방송국은 시청률에서 치명적 타격을 입을 것이고 잡지는 당장 눈에 띄게 부수가 줄어들 것은 당연한 일이다. 그러니 일본의 연예 관련 신문, 방송, 잡지치고 쟈니스 같은 연예 프로덕션의 눈치를 보지 않고 제대로 된 기사를 쓸 수 있는 곳은 거의 없다.

일본 연예프로덕션은 점차 스타를 생산 관리하는 일인 매니지먼트 사업에서부터 프로그램 제작, 음반 제작, 게임과 캐릭터 개발, 광고 제작, 출판 컨텐츠 유통사업, 학원과 극장 운영, 스튜디오물 제작 등 사업을 다각화해 연예산업의 명실상부한 메카로서 종합적인 기능을 하고 있다.

요시모토흥업 자료에 따르면 사업 분야는 TV, 라디오, CM 등 영상 소프트 기획 제작 및 판매, 광고 사업, 부동산, 쇼 비즈니스, 극장, 연기학원, 음식점 프랜차이즈 사업에 이르기까지 30여 개에 이르는 자회사를 거느리고 있다.

프로덕션 중심의 스타 시스템이 구축된 일본에서 최근 안티노스 매니지먼트사처럼 프로덕션과 전속 계약을 맺지 않은 연예인을 대상으로 계약과 업무대행을 해주는 미국의 에이전시 개념의 업체가 등장해 스타 시스템에 변화를 초래할 움직임이 일고 있으나 아직 영향력은 미미한 편이다.


## 4. 미국의 스타 시스템: 에이전시가 할리우드의 진짜 권력

스타 시스템이 현대적 의미에서 체계적으로 구축된 문화산업은 배우와 작가에 대해 전속제를 실시해 주연 배우나 유명 작가를 선전의 매개물로 이용한 18, 19세기의 연극산업과 출판 산업이다. 연극계와 출판계에서는 스타의 생산보다는 스타 배우와 작가를 연극이나 출판에 이용했을 뿐이다. 일반적으로 스타 시스템의 전형을 20세기 초의 미국의 할리우드 영화산업에서 찾는 것은 스타의 생산에서부터 관리에 이르기까지 체계적이고 과학적인 스튜디오 시스템을 도입했기 때문이다.

미국의 영화사는 할리우드 초창기부터 앞다투어 신인을 스타로 부각하기 위해 조직을 개편하거나 스타를 대거 스카우트해 전속제로 묶어 자사 영화에만 출연시켰다. 1916년 페이머스 플레이어스와 파라마운트, 제시 래스키 프로덕션이 연합해 만든 페이머스 플레이어스—래스키사에는 전속 배우로 당대 최고 스타였던 메리 픽포드, 더글라스 페어뱅크스, 글로리아 스완슨, 윌리엄 허트, 패티 아버클 뿐만 아니라 세실 B. 데밀, 데이비드 그리피스 같은 쟁쟁한 감독과 맥 세네트, 토마스 인스 같은 탁월한 제작자도 소속돼 있었다.

〈미국 연예인-에이전트-매니저-제작사 관계〉

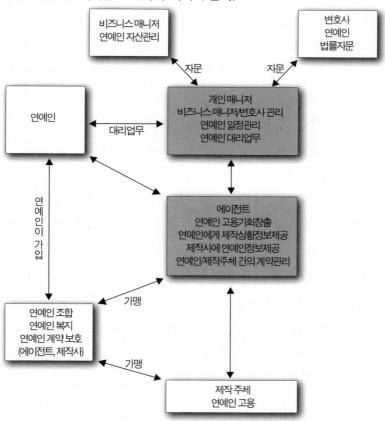

출처: 한국콘텐츠진흥원

1920년대 들어 페이머스 플레이어스-래스키사는 스타를 이용해 작품을 차별화했을 뿐만 아니라 스타의 인기 등급별 급여제를 공식화해 지급했다. 이러한 방식은 다른 영화사에서도 즉각 도입해 시행했다. 인기에 따라 배우들이 급여를 받는 시스템이 정착된 것이다. 미국 영화사는 값싼 제작물이나 단편 영화를 통해 연기자의 잠재성을 실험함으로써 나름대로 간판스타를 발굴하고자 했다. 더글라스 고머리는 『할리우드 스튜디오 시스템』에서 미국 영화사들이 스타를 배타적 장기계약으로 묶어놓음으로써 경쟁자의 더 높은 보수에 끌려가지 않도록 했다고 분석했다. 할리우드 영화사들은 영화의 흥행을 결정하는 스타의 존재를 인식하자마자 스타를 독점하려는 제작사의 열망이 담긴 전속제 방식으로 스타를 수직적 통합하는 한편 스타를 관리하고 선전하는 부서를 체계화했다.

할리우드 영화사는 스타를 흥행 성공의 보증수표와 자금 대출의 담보물로 철저히 활용했다. 1920년대부터 할리우드 영화산업은 미국의 오락산업을 대표하며 발전을 거듭했다. 그 결과 1929년에 이르러 미국 영화산업의 구조는 분명해졌는데 파라마운트, 로우스, 폭스, 워너 브로스, RKO 등 다섯 개의 메이저 영화사와 이보다 작은 세 개의 영화사인 유니버설, 컬럼비아, 유나이티드 아티스츠 등 8대 제작사의 독과점 체제인 스튜디오 시스템이 형성됐다.

스튜디오 시스템은 제작, 배급, 상영의 전 부분을 수직적으로 통합한 체계를 말한다. 제작 부분에서는 영화 상품을 생산할 모든 기간시설과 기자재뿐만 아니라 배우, 감독, 작가, 스태프 등 대부분 노동력을 제작사 내부로 조직화했고 배급 부분에서는 국내와 더불어 국제적인 유통망을 치밀하게 연결짓는 한편 끼워팔기의 대표적인 방법인 일괄판매(block booking), 그리고 제작이 종료되기 전 판권을 판매하는 입도선매(blind booking)의 방식으로 효율성을 극대화했다. 또한, 상영 부분에서는 다수의 극장을 체인화해 거래의 불확실성을 줄이며 수익을 극대화했다. 1930~1940년대는 MGM을 비롯 5대 제작사가 미국 극영화의 90%를 제작했고 국제 영화시장을 지배했다. 이 같은 제작사의 독과점 스튜디오 체제는 1950년대까지 굳건하게 유지되며 미국 영화사의 전무후무한 전성기를 구가했다.

스튜디오 시스템의 구축에 따라 스타 시스템도 더욱 정교하게 자리 잡았다. 국내외 유명 배우들을 스카우트해 전속제 계약을 맺었다. 스타의 이미지를 고양할 작품, 캐릭터 선정 등 제작에 있어 스타 상품화를 위한 고도의 전략을 체계적으로 전개했다.

또한, 영화사 자체 내에서 신인을 스타로 육성하는 일도 지속해서 행했다. 특히 메이저 영화사는 스타를 만들기 위해 주도면밀한 계획과 선전을 통해 신인을 스타로 배출했는데 스타를 생산하고 관리하는 선전광고부를 주요 부서로 정착시키며 스타 시스템의 주요한 축으로 활용했다.

토마스 해리스는 『스타덤: 욕망의 산업1』에서 할리우드 스튜디오의 선전광고부는 홍보, 광고, 개발의 3중의 홍보기구로 구성됐고 이 부서들은 스타의 이미지 조성에서부터 정보 제공에 이르기까지 스타 제조의 선봉에 섰다고 분석했다. 이들은 신인을 스타로 부상시키기 위해 연기자의 외모에서부터 사생활에 이르기까지 연기자의 모든 것을 철저히 관리했다.

정교한 스타 시스템 가동으로 스타로 부상한 수많은 배우가 미국 영화사를 화려하게 수놓았다. 파라마운트는 메리 픽포드, 마를레네 디트리히, 모리스 슈발리에, 매 웨스트, 프레드 맥머레이, 매리엄 홉킨스, 게리 쿠퍼, 빙 크로스비, 봅 호프를 스타로 키웠고, MGM에선 노마 시어러, 조안 크로포드, 마리 드레슬러, 클라크 게이블, 스펜서 트레이시, 미키 루니, 그리어 가슨, 에스더 윌리엄스가 스타로 부상했다. 폭스사는 테다 바라, 셜리 템플, 윌 로저스, 자네트 게이너, 로리타 영, 로널드 콜먼, 소냐

헤니, 앨리스 페이, 제인 위더스, 타이론 파워를 스타 배우로 발굴 육성했으며, 워너 브로스는 험프리 보가트, 아이다 루피노를 스타로 뜨게 했다. RKO(Radio-Keith-Orpheum)는 존 베리무어, 레슬리 하워드, 캐서린 헵번, 조지 샌더스를 스타로 발돋움시켰다.

1930~1940년대 최고의 황금기를 누리며 난공불락으로 여겨지던 메이저 스튜디오들은 영화계 안팎의 영향으로 1949년을 기점으로 퇴락의 길을 걷기 시작하면서 스타 시스템도 변모할 움직임을 보였다. 경제공황과 세계 제2차 대전으로 인한 소득 감소에 이은 영화 수입 감소, 1945년 올리비아 드 하빌랜드(Olivia de Havilland) 사건, 1949년 파라마운트 반트러스트 사건, 텔레비전 등장과 영향력 확대 등은 스튜디오 시대와 스튜디오 중심의 스타 시스템이 종말을 고하고 새로운 스타 시스템이 도입되는 계기로 작용했다.

메이저 스튜디오 체제의 구체적인 붕괴 조짐은 1945년 올리비아 드 하빌랜드 사건에서 시작됐다. 당시 워너 브로스에 전속돼 있던 드 하빌랜드는 스튜디오 사장인 잭 워너의 양해하에 데이빗 셀즈닉이 제작하는 MGM의 '바람과 함께 사라지다'에 출연한 뒤 다시 스튜디오로 돌아왔으나 잭 워너는 몇 년 동안 그녀에게 별 볼 일 없는 역만 맡겼다. 이에 반발한 드 하빌랜드는 정면으로 도전하였는데 잭 워너는 이에 격분해 그녀에게 출연 정지를 지시하는 한편 타 스튜디오로의 이적도 금지했다. 이 사건은 결국 법정소송까지 간 끝에 드 하빌랜드가 승소를 했다. 이 사건의 파문은 무엇보다도 당시까지 절대적인 권위를 지니고 있었던 영화사 사장들의 횡포가 된서리를 맞았다는 데 있다. 스튜디오와 계약관계에 있던 스타들은 배역 결정권이 전적으로 영화사 사장에게만 있었기 때문에 흔히 '가장 값비싼 노예'로 불리어졌다. 드 하빌랜드 사건은 현대판 노예제도와도 같은 스튜디오 전속제 중심의 스타 시스템을 변화시키는 중요한 기폭제가 됐다.

1948년 TV 방송국 진출을 꾀한 파라마운트가 TV 산업을 확장하려 하자 미연방커뮤니케이션위원회는 한 회사가 소유할 수 있는 TV 방송국을 5개로 제한하는 법령을 통과시켰다. 이에 파라마운트가 법원에 제소한 사건은 스튜디오 체제의 붕괴를 자초한 직접적인 원인이 됐다. 1949년 미국 최고법원이 메이저 스튜디오의 TV 산업 진출뿐만 아니라 흥행 체인 내 영화관의 특정 영화사 영화만 상영해야 하는 불공정 배급 관행 금지, 제작 배급사의 흥행체인 분리를 명령한 것이다. 이 판결로 인해 메이저 스튜디오들은 주요 제작사와 극장업의 분리, 제작사와 극장주 사이의 담합운영 금지, 배급 부문의 일괄판매와 선물거래 금지, 그리고 제작사의 관람료 결정 금지를 할 수밖에 없어 수익의 안정적 확보 채널을 거의 상실함으로써 대대적인 조직 개편과 체질 개선을 단행하게 됐다.

결국, 스튜디오 시스템은 1949년 파라마운트 판례 이후 전체 직원의 25%를 해고하고 스타에게 지급된 전속 계약금 제도를 폐지해 수직적 통합을 완화하다가 1960년대 후반 완전히 해체했다. 이에 따라 할리우드는 오늘날처럼 유통 중심의 산업으로 전환하게 되었고 전속제가 폐지됨에 따라 스튜디오만이 스타를 배출하던 시스템은 탈바꿈할 수밖에 없었다. 탤런트 에이전시 중심의 스타 시스템의 전형이 이때부터 형성됐다.

할리우드 스튜디오 시스템이 해체된 후 스타는 전속제에서 해방돼 자신의 노동력과 상품성을 스타 시장에 직접 판매할 수 있게 됐고 제작사는 필요한 경우 작품 당 계약을 하는 체제로 전환했다. 스타의 제조는 영화사가 아닌 배우 자신의 손에 맡겨져 새로운 스타 시스템의 형태가 도입됐다.

김호석은 『스타 시스템』에서 스튜디오 시스템의 전속제가 무너지고 자유롭고 독립적인 스타 시장의 구축으로 제작사와 스타 간에는 작품

당 계약을 매번 해야하므로 거래의 빈도수가 매우 많아졌고 그만큼 거래의 불확실성도 높아졌으며 이런 이유로 제작사와 스타 계약상의 거래비용을 줄이고 합리적이고 체계적인 계약 성사를 위해 탤런트 에이전시(talent agency)가 발전하게 됐다고 설명했다.

정혜경은 「한국 대중문화 영역의 스타 시스템 변화과정에 관한 연구」에서 1950~1960년대 혼돈기를 거쳐 1970년대 완전히 새롭게 정착한 미국의 스타 시스템은 크게 제작자와 스타 사이에 계약 업무를 담당하는 에이전시와 연기자를 관리해주는 매니저가 미국 스타 시스템을 구성하는 중심적인 축으로 떠올랐다고 강조한다.

미국 스타 시스템의 주체는 연예인, 에이전시와 매니저, 제작사, 연예인노조이다. 우선 연예인과 스타는 매니지먼트 전문가를 고용해 팀을 꾸리는데 일반적으로 에이전트(에이전시), 개인 매니저, 비즈니스 매니저, 변호사로 구성한다.

에이전시는 연기자에게 일자리(배역)를 알선하고, 제작자와의 계약 업무를 담당하며 제작자로부터 받은 출연료를 지급 받아 출연료 중 10%의 수수료를 공제하고 연기자에게 지급한다. 이들은 연기자에게 관련된 모든 부문에서 연기자를 대리한다. 각각의 에이전시들은 공식적인 계약 체결 절차에 따라 배우들과 계약을 하고 배우들의 이미지 조사와 영화 및 TV 모니터링, 홍보를 행한다.

미국 에이전시는 제작사와 스타 간 거래를 대리하고 책임지며 거래 비용을 절감시키고 스타를 포함한 제작인력의 정보를 총체적으로 관리함과 동시에 문화산업이 필요한 주요한 정보를 원활하게 유통해 제작자와 스타 모두가 만족할 만한 계약을 성사시키는 것에 주력한다. 또한, 스타의 캐스팅을 신중하게 선택하고 이미지를 체계적으로 관리하며 스타의 생명주기를 연장하는 기능을 담당한다.

매니저는 연기자의 경력에 대한 모든 분야를 감독하고 안내해주는 사람이다. 에이전시, 변호사, 홍보담당자를 포함한 스타 대리인들이 스타의 최대 이익을 위해 활동하고 있는지 확인하고 연기자의 명성을 극대화하는 일을 한다. 매니저는 연기 지도, 인기 관리를 위한 개인적인 조언과 캐릭터 선택, 노조와의 협의 절차 대행을 주요 업무로 한다. 이 대가로 매니저는 대체로 스타 전체 수입의 10~20% 정도를 수수료로 받는데 법적으로 일정한 수익 배분 비율은 정해지지 않았으며 스타의 관리 방법에 따라 약간의 편차가 있다.

비즈니스 매니저는 연예인 특히 스타급 연예인의 재정을 관리하고 수익을 증대시키는 역할을 한다. 이 밖에 변호사는 연예인의 법적 문제를 담당한다.

한국과 일본의 경우, 대체로 에이전시 기능과 매니저 기능을 함께 행하는 연예기획사나 프로덕션이 대부분이지만 미국은 에이전시와 매니저의 역할과 기능을 엄격히 구분해 놓고 있다. 매니저는 모든 스타의 비즈니스에 조언할 수 있으나 직접 출연 계약을 협상하거나 체결하는 것을 법으로 금지하고 있으며 계약은 자격이 있는 에이전트만 하게 돼 있다. 또한, 제작사가 매니지먼트 업무를 겸하지 못하도록 법으로 규정하고 있으므로 제작과 분리된 전문화하고 체계화한 에이전시가 뿌리를 내리게 됐다.

연예인 노동조합(Artist Union)은 연예인의 전반적인 기본적 권리와 복지 증진을 위해 연예인을 대변하는 역할을 하는데 연예인의 노동환경 관리 및 최소한의 생존권 보장이라는 측면에서 매우 중요한 역할을 수행한다.

미국 스타 시스템에서 가장 중요한 역할을 하는 곳은 연기자의 경력에서부터 작품 분석, 산업동향, 배우 이미지에 대한 조성과 관리, 배역 선택, 제작자와 소속 배우 간의 계약 후의 발생하는 문제 해결 역할을 하는 에이전시다. 현재 미국에는 수많은 에이전시가 있으며 유명 스타가 소속된 대형 에이전시 사장은 제작자보다 우월한 권력을 가지며 미국 대중문화에 막강한 영향력을 행사하는 스타 시스템의 실세다.

대표적인 곳이 CAA(Creative Artists Agency), ICM(International Creative Management), WMA(William Morris Agency, 2009년 인데버(Endeavor)와 합병해 WME로 바뀜), UTA(United Talent Agency), TAA(Triad Artists Agency) 등이다.

이들 에이전시는 영화 제작에 주도권을 쥐고 업계 재편을 야기할 정도의 영향력을 보유하고 있다. 에이전시 소속 고객은 스타 배우, 가수뿐만 아니라 유명감독, 작가, 스포츠 스타, 정치가까지 다양하다.

이 중에서 가장 유명한 에이전시는 '할리우드의 전설'이자 '할리우드의 가장 강력한 권력자'로 불리는 마이클 오비츠가 이끌었던 CAA이다. 마이클 오비츠는 WMA 에이전트의 메일 룸(우편물 정리하는 부서)에서 견습으로 일하며 에이전시 업계에 발을 들여놓은 뒤 1975년 동료 네 사람과 함께 CAA를 설립했다. 유명 스타와 감독, 작가, 프로듀서를 확보한 오비츠는 제작진의 패키지화를 통해 권력을 강화해 CAA를 스타 시스템의 핵으로 부상시켰다. 유명 스타에 무명 배우를 끼워 넣는 차원과 비교가 안 되는 패키지는 에이전시가 작가의 시나리오를 토대로 감독을 선정하고 배역에 적합한 배우들의 캐스팅까지 완료한 기획 상품을 말한다. CAA의 오비츠는 1982년 '투시'를 시작으로 150편의 블록버스터 영화를 만드는 데 결정적인 역할을 했으며 이후 이러한 패키지 상법은 대형 에이전시의 대표적인 거래 방식으로 자리 잡았다. 이러한 패키지 상법은 제작자보다 에이전시가 우월한 협상 지위를 갖게 되며 영향력을 확대한 결정적인 계기가 되었다. 이는 또한 스타의 몸값을 천정부지로 올리게 하여 영화의 제작 단가를 기하급수적으로 상승시키는 부작용을 초래한 직접적인 원인이기도 하다. CAA를 젖혀 두고 영화나 텔레비전 프로그램을 제작하기란 대형 스튜디오라도 어렵다는 말이 나올 정도로 유명 에이전시의 영향력은 막강하다. 오비츠는 심지어 아카데미상의 수상자를 결정하던 제작사의 권력까지 에이전시로 이전시킬 정도로 막강한 할리우드의 권력자였다. 1990년 아카데미 남우주연상 후보와 감독상 후보 전원이 CAA의 소속일 정도로 놀라운 기록을 세우기도 했다. 오비츠는 CAA의 명성과 영향력을 바탕으로 1995년 10월 CAA를 떠나 월트 디즈니 사장으로 옮겨가 재직하다 1997년 1월 사장직에서 물러났다.

대부분 에이전시에 소속돼 관리를 받는 연기자와 달리 가수의 경우는 차이가 있다. 가수는 음반사에 전속돼 음반 기획과 관리의 전반적인 업무를 대리 받는 경우와 에이전시나 개인 매니저와 개별적으로 계약하여 음반사를 통해 음반을 내고 홍보하는 두 가지 경우가 있다. 스타급 가수들은 메이저 음반사에 전속 계약을 맺고 활동하는 전자의 경우가 절대다수를 차지한다. BMG, EMI, SONY뮤직, 유니버설, 워너뮤직 등 메이저 음반사들은 수많은 가수와 전속 계약을 맺고 미국뿐만 아니라 전 세계 시장을 공략할 수 있는 체계화된 시스템을 구축하고 있다.

이들 음반사는 대체로 제작, 홍보와 마케팅, 매니지먼트의 세 가지 영역으로 전문화돼 있다. 제작 부문은 가수의 발굴과 음반제작에 관한 전반적인 업무를 담당하며 음반 기획자와 음반 디렉터(프로듀서)가 중심을 이루고 있고, 홍보 부문은 음반과 가수에 대한 전반적인 홍보를 책임지고 있다. 프로듀서는 음반의 좋은 사운드를 위해 기술적인 지식과 작사, 작곡, 편곡, 디렉팅의 능력을 동시에 갖추고 있는 것이 보통이어서 곡의 창작, 곡의 선정 및 음반의 전체적인 음악적 성향까지 모두 책임지고 결정하며 관리한다.

임경민은 「연예매니지먼트 실태와 발전방안에 관한 연구」에서 미국 메이저 음반사에서 역점을 두는 것은 홍보 마케팅 분야로 판매계획을 수립하고 판매촉진을 위한 업무를 하는 머천다이저, 본사와 각 지사에서 음반이 텔레비전이나 라디오에 방송될 수 있도록 홍보하는 프로모터, 주로 뉴욕과 LA의 신문, 잡지 등 각종 매체에 기사화되도록 홍보하는 퍼블리시트, 음반 광고기획 및 홍보하는 광고 매니저, 전국 프로모션을 관리하는 프로모션 캠페인 관리자로 세분화해 있다고 설명한다.

스타와 가수, 음악분야에서는 가장 큰 역할을 하는 것이 개인 매니저다. 개인 매니저는 음반사와의 계약에서부터 제작자, 곡 선택과 녹음, 콘서트 일정과 예산까지 다양한 분야에 관여하며 중요한 역할을 한다. 매니저는 가수 수입의 10~20%를 수수료로 받는다.

메이저 음반사와 수많은 독립 음반사들 역시 재능 있거나 특정 장르의 가수들을 발굴해 음반을 제작하고 가수를 관리 홍보해 스타로 부상시킨다. 독립 음반사에서 성공을 거둬 스타 가수로 발돋움할 경우 대부분은 메이저 음반사로 이적한다.

미국의 스타화 경로는 오디션을 중심으로 전개된다. 미국의 경우는 연예인 지망생들의 교육은 지망생 본인이 담당한다. 학원이나 학교에서 훈련과 교육을 받은 배우 지망생이나 가수 지망생을 대상으로 텔레비전 방송사, 영화사, 음반사, 에이전시는 유능한 배우나 가수를 발굴하기 위해 오디션을 실시한다. 또한, 클럽이나 라이브 무대에서 활동하는 실력 있는 가수들을 직접 발탁하는 경우도 많다. 이렇게 발굴된 배우 지망생과 가수 지망생은 에이전시나 음반사에 소속돼 작품에 출연하고 관리 및 홍보 작업을 거쳐 스타로 부상하게 된다. 배우가 되고 싶어 단역을 하면서 연기 학원에 다니다 TAA(Triad Artists Agency)에서 실시하는 오디션에 참가해 선발된 뒤 텔레비전 드라마 '달라스(Dollas)'에 고정 배역을 맡으면서 본격적인 배우의 길로 접어들어 할리우드로 진출해 스타가 된 브래드 피트가 미국의 전형적인 스타화 경로를 보여준다.

미국의 현재 스타 시스템은 거대 에이전시와 메이저 음반사의 과도한 권력과 시장 독점으로 스타화의 길이 한정되는 문제가 있다. 또한, 과도한 경쟁으로 인해 캐스팅과 연예인 홍보를 위한 성상납 등 캐스팅 카우치나 음반과 가수 홍보를 위해 금전을 지급하는 페이올라(Payola) 관행도 문제다.


## 5. 중국 · 홍콩의 스타 시스템: 매니저 하려면 시험보고 허가 받아야

중국의 대중문화와 미디어도 발전을 거듭하며 도약하고 있다. 중국은 거침없는 성장세를 보이며 미국에 이어 세계 콘텐츠 시장 규모 2위인 일본을 압도했다. 한국콘텐츠진흥원이 2015년 발간한 『해외산업 통계-중국』에 따르면 2014년 중국 콘텐츠 시장은 불확실한 경제 상황에도 불구하고 시장규모가 광고 404억 달러, 방송 368억 달러, 영화 50억 달러, 음악 7억 달러 등 1,493억 7,300만 달러로 전년 대비 12.5% 성장한 수치를 나타냈다.

중국의 인터넷 인프라 환경 개선 및 스마트폰의 가파른 보급률에 따라 디지털 콘텐츠 소비가 급격히 증가했다. 특히 영화와 애니메이션 시장은 각각 14.5%, 14.7%의 높은 연평균 성장률을 기록했다. 영화는 정부 주도하에 지방 도시를 대상으로 극장설립에 투자하고 있어 중국 소비자들의 접근성이 호전됐고 애니메이션은 시청대상이 성인으로 확대됨에 따라 시장 성장이 가파른 것으로 분석된다. 또한, 중국 자녀정책 완화에 따른 파급효과로 캐릭터 수요가 급증해 연평균 13.6%의 성장세를 보인다.

중국 정부의 적극적인 문화산업 지원정책 및 사회적 이슈가 작용하면서 중국 콘텐츠 시장은 향후 두 자릿수 성장률을 기록할 것으로 예상된다.

이처럼 중국의 콘텐츠와 대중문화 시장이 발전을 거듭하면서 스타와 연예인에 대한 대중의 팬덤과 영향력이 고조되며 스타 시스템도 변모를 거듭하고 있다. 중국에서 예능 프로그램 제작사 BNR(Blue Flame & Rice House)을 운영하는 김영희 전 MBC 예능국장은 "중국의 대중문화 시장이 급성장하면서 스타와 연예인의 가치가 급상승하고 있다. 스타와 연예인이 창출하는 수입규모가 상상을 초월한다. 1조 원대 재산을 가진 연예인 스타가 적지 않다는 것은 중국에서의 스타 파워가 어느 정도인지를 입증해주는 것이다"고 말했다.

대중문화 시장과 스타, 연예인의 사회적, 경제적 역할이 비약적으로 커지고 있는 상황에 비해 중국 스타 시스템은 체계적이고 전문화하지 않은 상황이다. 루샹리는 「중국 연예 매니지먼트 문제점과 개선방안」을 통해 "중국 연예매니지먼트회사와 매니저는 업무 단일, 자산부족, 실력부족, 규모 약소 등 단점이 있고 세계의 잘 발전된 연예매니지먼트회사와는 전혀 비교할 수 없다"고 강조했다. 중국은 연예인을 발굴하고 스타로 부상시켜 관리, 유통하는 개인 매니저나 연예 매니지먼트 회사는 법률에 따라 시험을 본 뒤 자격을 취득하고 당국으로부터 허가를 받아야 한다.

2005년부터 중국 국무원이 발표한 '영업성 연출 권리조례'에 따라 매니저는 국가에서 시행하는 시험에 합격해 매니저 자격증을 취득하고 700위안 정도의 비용을 내고 당국에 등록해야 한다. 또한, 연예인 매니지먼트회사를 설립하려면 3명 이상의 전문 연예 매니저가 있어야 하고 일정 정도의 자금이 확보된 뒤 당국에 신청하고 허가증을 받아야 한다. 연예산업이 발전한 중국 베이징의 경우, 1,000여 명의 매니저와 100여

개 연예인 매니지먼트사가 활동하는 것으로 알려졌다.

중국 연예매니지먼트 회사와 개인 매니저의 역할에 대한 규정은 있지만 명확하지 않은 편이다. 중국 매니지먼트 시스템과 매니저는 우리나라와 비슷한 에이전트와 매니지먼트 역할 모두를 수행한다.

개인 매니저는 왕비(王菲)의 매니저 진가영(陳家瑛), 구리관(邱瓈寬)과 류덕화(劉德華)의 매니저 여병한(余秉翰), 하경(何炅)의 매니저 장위녕(張衛寧) 등 전문 매니저부터 조미(趙薇)의 올케 진용(陳蓉), 나영(那英)의 언니 나신(那辛), 장자이(章子怡)의 오빠 장자남(章子男)처럼 가족에 이르기까지 다양하며 이들이 하는 일은 연예인 관리, 작품 출연 섭외, 이미지와 인기관리 등이다. 수입은 개인 매니저의 역량과 연예인의 인기와 활동량에 따라 차이가 있는데 최고 개인 매니저는 스타나 연예인 수입의 10%를 받는다. 일반 매니저는 이보다 훨씬 적은 월급이나 수입에 그친다.

이빙빙을 비롯한 연기자 30여 명이 소속된 HY Brothers를 비롯한 연예인 매니지먼트사는 연예인 지망생 발굴부터, 교육, 데뷔, 소속 연예인의 작품 및 광고 출연과 수입창출, 관리 등의 다양한 역할을 한다. 매니지먼트사는 계약을 통해 계약 기간 소속 연예인에 대한 배타적 권리를 갖는다. 매니지먼트사와 연예인의 계약기한은 보통 5~10년이며 대체로 평균 8년 계약을 하는 경우가 가장 많다. 수입은 연예인의 인기도와 활동에 따라 스타의 경우는 매니지먼트사와 연예인 수입 배분 비율을 2대 8, 3대 7로 나누고 신인의 경우는 월급을 지급하거나 아니면 회사와 신인이 수입을 8대2, 9대1로 배분한다.

개인 매니저, 연예인 매니지먼트 회사와 함께 영화, 방송, 음반분야 대형 제작사도 스타 시스템의 한 축을 담당하고 있다. 중국의 대형 제작사는 회사 내부에 '연예부(演藝部)' 또는 '경기부'를 설치하고 전속 연예인 매니지먼트를 한다.

대중문화와 미디어가 발전하지 않았을 때에는 중국의 매니저나 연예 매니지먼트사는 연예인과 연예인 지망생의 발굴과 트레이닝 역할이 미미했다. 중앙연극대학, 베이징영화학교 등에서 연예인 지망생들에 대한 체계적인 교육을 해 연예인을 육성하는 스타 배출 메카 역할을 했기 때문이다.

하지만 대중문화와 미디어 시장이 급성장하고 연예인을 통한 막대한 이윤창출이 가능한 데다 한류의 영향으로 아이돌과 연예인을 발탁 육성하는 한국 시스템을 비롯한 외국 스타 시스템을 적극적으로 도입하면서 매니저나 매니지먼트사들은 연예인 발굴과 육성에 적극적으로 나서고 있다. 매니지먼트사는 방송사 오디션 프로그램과 인맥을 통한 연예인 예비자원 발굴을 활발히 전개하고 있다. 물론 연예인과 스타를 활용한 다양한 사업 전개를 통한 수익창출에도 전력을 기울이고 있다.

대중문화의 급성장과 함께 크게 늘고 있는 중국의 매니저와 연예매니먼트사는 전문성 부족, 소속 연예인과의 부당한 수입배분, 지나친 위약금 문제 등 노예 계약의 성행, 영세한 규모 업체의 난립, 매니지먼트 제도와 법률 미비로 매니저, 매니지먼트사와 연예인 간의 분쟁이 빈발하고 있다.

홍콩은 중국과 달리 매니지먼트 회사를 설립할 때 당국의 허가를 필요로 하지 않는 신고제 성격이 강하고 에이전시와 매니지먼트 기능을 모두 수행하는 경우가 많다. 홍콩의 매니지먼트사는 소속 연예인과 계약할 때 한국처럼 계약금 형태의 선지급금은 없으며 수익 분배 및 계약 기간은 계약에 따라 다양하고 정형화한 것은 없다.

홍콩은 금융·호텔 사업을 하는 Emperor그룹의 자회사 Emperor Entertainment 와 Gold Label Entertainment Limitid처럼 20~30명의 스타급 연예인을

소속시켜 관리하는 기업형 매니지먼트사는 많지 않고 소규모 매니지먼트사가 대부분이다.

박성혜는 「기업형 연예 매니지먼트 회사의 매니지먼트 시스템의 분석과 개선 방안에 관한 연구」에서 홍콩은 조직화된 기업 중심의 성격보다 스타 중심의 매니지먼트 시스템이 더 활발해 소속사가 없는 스타들도 많으며 개인적으로 매니저를 고용해서 상호계약을 통해 서비스를 받는다고 분석했다.

메이저 매니지먼트 회사가 형성되어 있지 않은 상태에서 스타가 유명해지면 독립해 본인 소유의 회사를 설립해 운영한다. 성룡을 비롯한 대부분의 홍콩 톱스타들은 자기 소유의 회사를 갖고 있다.

5장
스타화 메커니즘, 핵심 주체들

## 1. 텔레비전과 스타 시스템: 텔레비전을 거쳐야 스타가 된다

'스타의 길은 텔레비전으로 통한다'는 말이 정설처럼 확고하게 자리 잡았다. 스타 시스템의 핵심적인 주체 중 하나가 바로 텔레비전 방송이다.

1961년 KBS 개국으로 열린 TV 시대는 1995년 출범한 케이블TV와 지역민방, 2002년 시작한 위성방송 TV, 2011년 JTBC를 비롯한 4개 종합편성채널 출범으로 비약적인 발전을 했다. 텔레비전은 한국 문화산업의 주체이고 트렌드를 선도하는 대중문화이자 미디어다. 또한, 한국 대중문화 콘텐츠와 한국의 스타 경쟁력을 배가시켜 막대한 이윤을 창출하는 한류의 선도자 역할도 하고 있다. 무엇보다 텔레비전은 스타를 양산하고 관리하는 스타 시스템의 가장 중요한 역할을 하는 주체다.

텔레비전은 스타 시스템의 주체로 핵심적 역할을 하는 이유는 무엇일까. 텔레비전의 미디어 특성과 대중문화로서의 콘텐츠, 그리고 연예인 공채를 비롯한 연예인 배출제도 구축 등 여러 가지 이유가 있다.

1900~1950년대 메리 픽포드, 더글라스 페어뱅크스, 글로리아 스완슨 같은 수많은 스타가 할리우드 영화사들에 의해 배출된 것처럼 한국은 그 역할을 텔레비전 방송사가 수행했다.

KBS, TBC, MBC 등 텔레비전 방송사는 개국하자마자 공채를 통해 연기자, 가수, 코미디언 신인들을 선발하고 이들을 대상으로 교육을 시킨 다음 프로그램에 출연시켜 연예인으로 데뷔는 물론 스타로 부상시켰다.

1962년 KBS의 1기 탤런트 공모 시작에서 2003년 SBS의 탤런트 공채제도 폐지까지 TV 방송사는 수많은 연기자, 가수, 예능인을 배출했다. 또한, TBC가 1964년 타 방송사 출연 금지 등 배타적 권리를 행사할 수 있는 연예인에 대한 전속제를 실시했는데 이것은 스타 시스템 판도에 큰 영향을 주었다. 텔레비전 방송사 연예인 전속제는 1991년 SBS의 출범으로 폐지될 때까지 지속했다.

텔레비전이 스타를 양산하고 관리하는 스타 시스템의 핵심이 되는 또 하나의 이유는 텔레비전의 프로그램 자체가 스타 시스템처럼 작동되기 때문이다. 김호석은 「텔레비전 그리고 스타와 스타 시스템」에서 텔레비전의 등장으로 스타가 발생하는 영역이 넓어지는 한편 방송사의 편성체계가 스타를 활용, 생산, 관리하는 프로그램들의 집합처럼 기능하며 텔레비전이 마치 스타 시스템 전체와 같다고 분석했다. 'K팝 스타'나 '슈퍼스타K' 같은 오디션 프로그램에서 연예인 예비자원을 발굴해 드라마나 음악 프로그램, 예능 프로그램을 통해 연기자, 가수, 예능인으로 데뷔시키고 인기를 얻게 한 다음, 연예정보 프로그램에서 연예인 정보를 유통하고, 토크쇼 프로그램에서 이미지를 관리해주며 스타로 키우는 텔레비전은 하나의 스타 시스템처럼 작동하고 있다.

텔레비전은 미디어 속성으로 인해 강력한 연예인 데뷔와 유통 그리고 스타로의 부상 창구 역할을 할 뿐만 아니라 중국, 일본 등 해외에서 한국 연예인의 인기와 스타성을 상승시켜 한류스타로 등극시키는 채널 역할도 하고 있다.

텔레비전은 비용과 시간의 측면에서 영화, 음반 등 다른 문화 산업과 비교하면 소비의 제약조건이 거의 없다. 텔레비전은 특정 소비자를 배제하지 않고 대다수 소비자를 시청자로 흡수할 수 있어 다른 대중매체와 비교할 수 없을 정도로 수요의 안정성을 확보하고 동시에 엄청난 대중성을 얻을 수 있는 특성이 있기 때문이다. 정애리가 「TV 드라마의 스타 시스템 활용에 관한 연구」에서 적시하듯 음반과 영화산업은 텔레비전과 비교하면 시간과 비용의 제약조건이 강하게 작용하므로 수요가 일정 정도로 제한 될 수밖에 없고 그 정도에 걸맞은 상품의 흥행 성공에 따라 스타를 양산하게 된다.

스타의 가치는 미디어의 노출 빈도와 출연 미디어의 영향력에서 결정된다. 즉 스타가 얼마나 많은 사람에게 노출되고 이러한 노출이 얼마나 자주 이뤄지느냐에 따라 결정되는데 텔레비전만큼 일시에 수많은 사람에게 노출되는 매체는 없다.

신인이나 스타 할 것 없이 모든 연예인은 자신들이 출연할 수 있는 문화상품이 없다면 존재할 수 없다. 연예인의 존재 기반인 문화상품이 생산되고 인기를 얻어야 스타로 부상할 수 있다. 다른 매체와 비교가 안 될 만큼 대중문화 콘텐츠가 가장 많이 제작되는 곳이 바로 텔레비전이다. 한 달에 KBS, MBC, SBS 지상파 방송 3사에서만 제작 방송되는 단막극, 일일극, 주말드라마, 미니 시리즈를 포함하여 다양한 형태의 드라마가 시청자와 만난다. 여기에 종편, tvN 등 케이블 채널에서도 수많은 드라마를 방송해 신인이 연기자로 데뷔하고, 인기 탤런트들은 스타로 부상하게 된다. 가수나 아이돌그룹들 역시 텔레비전 음악 프로그램을 통해 데뷔하고 예능 프로그램 출연으로 인지도를 얻어 스타덤에 오른다.

1990년대 초중반부터 텔레비전 방송사가 속속 전속제와 공채제도를 폐지함에 따라 연예기획사들은 연기자 지망생과 가수 연습생을 오디션 등 다양한 방식으로 발굴해 트레이닝 시킨 뒤 연예인 데뷔채널로 드라마, 예능 프로그램, 음악 프로그램 등 텔레비전 방송을 활용한다. 텔레비전만큼 노출 범위와 영향력이 높은 미디어가 없기 때문이다. 스타 역시 이러한 다양한 프로그램의 출연을 통해 인기를 유지하고 상품성을 배가시키며 경쟁력을 상승시킨다.

영화 상품의 흥행 성공에 따라 새로운 스타가 발생하더라도 소수 배우를 제외하고는 영화로 뜬 스타는 텔레비전 방송이 스타로서의 자리를 유지하는 데 가장 큰 역할을 하므로 즉각 텔레비전으로 활동영역을 확장한다. 영화배우로 연예계에 데뷔한 김태희, 김고은, 박소담, 한예리는 곧바로 텔레비전으로 이동해 활동 영역을 넓혔다.

텔레비전은 또한 1990년대 후반부터는 문화상품 수출의 전진 기지 역할을 함으로써 우리 스타의 국제화를 이끌고 있다. 해외시장을 개척해 국내 스타를 국제 스타로 부상시키는 매체가 음반과 영화인 미국과 달리 우리의 경우는 텔레비전이 그 역할을 한다. 1990년대 후반 '사랑이 뭐 길래', '의가형제' 등 TV 드라마가 중국, 대만, 홍콩, 베트남 등에 방송되면서 우리 스타의 인지도와 인기가 상승해 동남아에서 안재욱, 장동건, 차인표, 송혜교가 한류스타로 부상했다. 이후 '겨울연가' 등 트렌디 드라마가 일본에 본격 수출되면서 한국 스타의 상품성이 고조돼 배용준, 최지우, 박용하, 류시원, 이병헌, 송승헌, 권상우, 이병헌, 장동건이 일본에서 큰 인기를 얻는 한류스타로 부상했다. 한류스타들은 해외 드라마 진출 및 광고 출연이 많아지고 현지 팬클럽이 결성돼 우리 문화상품의 수요를 배가시키고 있다. 이러한 텔레비전 매체의 속성 때문에 스타의 생산과 인기 유지, 활용으로 스타를 둘러싼 대부분 행위들이 텔레비전 중심으로 진행된다. 하지만 스타 시스템의 주체이자 대중문화계에 막강한 영향력을 발휘하는 텔레비전 방송사는 적지 않은 문제도 드러내고 있다.

연예인을 유통하고 스타를 배출하는 통로가 KBS, MBC, SBS 등 텔레비전에 집중된 데다 텔레비전 매체를 통해 대중성을 확보하고 상품성을 높이려는 연예인이 너무 많다. 여기에 2000년대 들어 연예인이 되려는 지망생들이 폭증하면서 수많은 사람이 방송 출연에 목을 매고 있다. 방송연예 시장은 공급이 수요를 초과하는 수요자 중심 시장이다. 수요자라 할 PD들이 큰 힘을 쓰는 시장에서 공급자인 연예인들의 경쟁은 치열할 수밖에 없으며 이 경쟁이 심화할수록 연예인들의 홍보와 마케팅은 더욱더 텔레비전 방송에 집중된다. 스타의 경우에도 정도의 차이는 있지만, 텔레비전의 의존도가 높다.

이렇게 무명, 신인, 스타 할 것 없이 수많은 연예인이 방송 출연을 위해 필사적인 노력을 하고 있지만, 드라마, 음악 프로그램 등 각종 프로그램에 출연시키는 객관적 기준과 공정한 시스템이 구축되지 않아 PD나 간부진의 주먹구구식 출연 결정이 이뤄지고 있다.

스타를 가장 많이 배출하는 드라마의 경우, 작품 기획과정에서 캐스팅하게 되는데 PD와 책임연출자(CP), 그리고 작가의 의견을 종합해 배역에 맞는 캐스팅을 한다. 캐스팅이 몇 사람의 손에서 임의대로 결정돼버리는 것이다. 가끔 신인들을 대상으로 오디션을 하지만 좁은 공간에서 대사 몇 마디, 표정 연기를 간단히 보는 형식적인 경우가 대부분이다.

쇼, 예능 프로그램이나 음악 프로그램도 마찬가지다. 출연 기준이나 절차가 투명하지 않고 연출자의 자의에 의해 출연자가 결정되는 경우가 많다. 음반 판매에 막대한 영향을 주는 PD의 방송 출연 결정에 무명 가수나 스타 가수 모두 사활을 거는 것이다. 이 같은 시스템으로 인해 캐스팅을 둘러싼 금품과 성상납 같은 뒷거래는 끊임없이 문제가 되고 있다. PD가 구속된 1990년, 1995년, 2002년 방송연예계 비리사건이 대표적인 사례다.

비공식 거래가 활성화되면서 인맥과 자본, 스타들을 소유한 특정 대형 연예기획사의 소속 가수나 연기자만이 방송 출연기회를 독점해 특정 소속사 연예인의 스타화만을 낳고 있다. 이로 인해 영세한 업자들은 전문

PR 브로커까지 고용해 거액의 로비를 벌이는 부작용이 확대재생산 된다.

영국 등 외국의 경우는 공정하고 투명한 캐스팅 오디션 실시와 결과 공개 등 방송출연에 대한 체계적이고 공정한 시스템을 구축해 방송출연을 둘러싸고 행해질 수 있는 비공식적 거래를 미리 차단하고 있다.

방송사 간 시청률 경쟁이 치열해지면서 방송사의 스타 위주 프로그램 제작 관행이 고착화하고 있는 것도 문제점으로 지적된다. 강준만 교수는 『대중문화의 겉과 속』에서 텔레비전의 '스타의, 스타에 의한, 스타를 위한 시스템'은 더욱 심화하고 있다고 비판한다. 기획과 제작에 많은 시간을 투자할 수 없는 현재의 방송 여건에서 드라마나 예능 프로그램 PD들은 출연만으로 어느 정도 시청률을 담보할 수 있고 해외에 판매가 용이한 인기 스타만을 기용해 시청률을 올리려는 안이한 제작 관행이 심화하고 있다. 이로 인해 연예계의 빈익빈 부익부의 양극화뿐만 아니라 스타의 몸값이 천정부지로 치솟아 일반 연예인과 스태프의 근무여건이 열악해지고 작품의 완성도가 크게 떨어지는 문제를 초래하고 있다. 또한, 스타 위주의 프로그램 제작 관행은 다양한 신인과 연예인을 발탁할 기회를 봉쇄하고 특정 스타의 겹치기 출연 환경을 조성해 결국 연예계의 인적자원을 고갈시키는 결과도 야기한다.

다수의 스타를 보유한 기획사와 방송사가 특별한 관계를 유지해 특정 연예기획사의 연예인만 스타로 부상시키거나 인기를 유지하는 파행적 구조도 고착화한다. 자사 소속의 유명 스타를 출연 조건으로 무명이나 신인을 끼워팔기식으로 방송에 출연시키는 관행까지 급증하고 있다. 여기에 대형 연예기획사들이 드라마나 예능 프로그램 제작까지 나서면서 대형 연예기획사 소속 연예인의 프로그램 출연 독식 현상이 더욱 심화하고 있다.

## 2. 영화와 스타 시스템: 영화는 어떻게 별을 만드나

1900~1950년대 할리우드 영화사들이 배우들과 전속 계약을 맺고 철저한 이미지 관리와 다양한 홍보전략, 자사 영화 출연을 통해 스타로 만들어 영화 흥행과 투자 유치, 대출 담보용으로 활용하며 스타 시스템의 핵심 역할을 했다. 반면 우리 영화사는 대중문화 초창기부터 스타 시스템에 있어서 주도적인 역할을 한 경우가 드물다.

영화사는 일제 강점기부터 1950년대까지 나운규 감독의 나운규 프로덕션 등 영화사가 소속 배우와 제작진을 두는 소속제를 택했지만 다른 영화사 작품에도 출연하는 말뿐인 소속제였다. 이 시기 영화배우 발굴은 인맥과 연극, 악극에서 활동하는 배우를 대상으로 하는 것이 주류였다.

1960년대에는 관객과 제작 편수가 급증해 한국영화 전성기를 구가했지만, 이 시기에도 영화사의 규모는 매우 영세했다. 따라서 스타들을 전속시켜 체계적인 관리할 능력과 자본이 없었다. 이 당시 전속 배우를 두고 있었던 영화사는 신상옥 감독이 대표였던 '신필름' 등이 있었으나 전속금 지급 같은 강제력을 행사하는 전속제는 아니었고 신필름 소속의 배우도 소수였다. 하지만 이 시기 오디션이나 신인 선발대회를 개최해 연기자를 발굴, 윤정희, 신성일을 비롯한 적지 않은 스크린 스타를 배출했다.

한국 영화의 침체기였던 1970~1980년대는 대기업이 영화에 투자하기도 했지만, 영화사들은 대체로 영세해 체계적인 스타 시스템을 운영하지 못했다. 이 시기 텔레비전 인기 스타를 수많은 영화에 기용해 흥행을 꾀하려는 제작 관행이 더 심해졌다. 스타들은 영화보다는 더 많은 수입과 인기가 보장되는 텔레비전을 선호해 영화사들은 오디션을 통해 신인들을 기용해 인기 배우로 만들기도 했다. 1980년대에는 텔레비전에서 연기자로 데뷔해 인기를 얻은 뒤 영화로 진출하는 경우가 일반적인 스타화 경로였다. 이 같은 스타화 경로는 지금도 계속되고 있다.

1990년대 들어 영화 환경이 급변했는데 이는 자본과 인력의 변화에서 초래된 것이다. 전문지식을 갖춘 인력이 영화계에 대거 진출하고 대기업 자본에 이어 금융자본이 투입되면서 안정적인 영화 제작환경이 조성됐다. 영화 기획·제작사는 시장 분석과 마케팅 기법을 활용해 관객층의 수요를 예측하고 이에 따라 어떤 영화를 만들 것인가를 결정한 뒤 배우와 시나리오를 구성해 영화를 만들었다. 그동안의 주먹구구식 영화제작 관행을 탈피해 영화 발전을 한 단계 끌어올렸다. 영화 기획사 중심으로 영화계가 재편되면서 스타 시스템에 적지 않은 변화가 초래됐다. 영화 기획사는 관객들의 취향에 맞춰 철저히 상업성을 추구하는 경향이 짙어지면서 신인들을 양성하는 것보다 스타 위주의 출연 관행이 더욱 고착화했다. 영화사의 신인 발굴은 텔레비전의 신인 발굴에 비해 비교할 수 없을 정도로 약화됐다.

이 시기 투자회사를 통한 영화제작 자금의 확보로 안정적이고 체계적인 영화 제작을 할 수 있게 됐지만 이러한 영화 환경의 변화는 대규모 자본이 투입된 블록버스터형 영화 제작 붐을 일으켰고 스타 위주 기용의 제작 메커니즘만을 더욱 심화시켰다. 특히 영화 기획사가 영화를 기획할 때 영화투자조합이나 투자사의 자금을 투자받기 위해 가장 필요한 것이 바로 스타였다. 투자사들이 스타 배우 출연을 자금투자 조건으로 요구했기 때문이다. 영화를 제대로 이해하지 못하는 일부 투자자들은 시나리오나 작품의 완성도를 따지기보다는 어떤 배우가 출연하느냐에 따라 자금 투자를 결정했다. 이 때문에 영화사는 신인 발굴보다는 텔레비전 등에서 인기가 검증된 스타 배우들을 영화에 출연시키는 것에 열을 올렸다.

그런데도 영화는 신인 배우를 출연시켜 스타로 키우는 강력한 대중문화 콘텐츠로서 스타 시스템의 중요한 역할을 하고 있다.

에드가 모랭, 리처드 다이어 등 스타에 대한 연구자들은 영화에서 클로즈업이 배우에게 내재한 심리와 미묘한 감정과 행위를 잘 표출할 수 있으므로 배우의 개성이 이상화 또는 신격화될 수 있고 배우의 개성이 배역의 역할을 초월해 스타가 된다고 강조한다.

영화와 텔레비전 매체의 특성과 수용 환경에 따른 차이를 들어 스타 양산의 차별성을 강조한 학자들도 있다. 대표적인 학자가 커비너 머서, 잭 씨 앨리스, 데이비드 러스티드인데 이들은 영화 매체가 스타를 양산하는 스타 시스템을 구현한다면 텔레비전 매체는 퍼스낼러티(인기 연예인) 시스템을 작동한다고 주장한다.

영화 화면의 크기와 높은 해상도와 함께 영화의 수용 환경은 수용자가 영화에 잘 몰입할 수 있도록 캄캄한 공간 내에서 화면만 응시하고 다른 관객과의 관계도 익명적이어서 화면에 대한 집중이 쉽게 이뤄진다. 반면, 텔레비전 시청은 수용자가 비익명적인데다 유동성이 허용되는 밝은 환경에서 일상생활을 하며 이뤄진다. 또한, 텔레비전은 해상도가 낮고 스크린에 비해 작은 TV 화면을 통해 시청이 이뤄지기 때문에 영화와 비교하면 집중도가 떨어지는 편이다. 커비너 머서 등 일부 학자는 이러한 차이로 인해 영화 관객은 스타의 관리가 신비감을 조성하는 방향으로 흐르고 배우가 쉽게 욕망의 대상으로 자리 잡고 신화화할 수 있다고 분석한다. 하지만 텔레비전은 출연자에 대한 빈번하고 일상적인 접촉을 통해 친근한 이미지를 가진 인물 즉 동일시와 투사 정도가 낮은 스타가 아닌 인기 연예인(Personality)을 생산하는 퍼스낼러티 시스템이 작동한다고 주장한다.

영화와 텔레비전은 매체 특성상 스타 탄생 방식과 스타 관리 방법에 있어 차이가 나는데 이로 인해 영화 스타와 텔레비전 스타 사이에는 상당한 차이점이 발생한다. 마샬 맥루한은 『미디어의 이해』에서 영화는 핫미디어인 반면 텔레비전은 쿨미디어라고 규정한다. 영화가 모자이크 형태의 이미지를 가진 텔레비전에 비해 정밀성이 높은 반면 수용자의 참여성은 텔레비전이 높다. 따라서 이미지가 뜨거운 스타는 영화에선 성공할 수 있어도 텔레비전에선 성공하기 어렵다. 미국에서 적어도 1960년대에 대부분의 텔레비전 스타들은 남자, 즉 쿨한 성이었던 반면 대부분의 영화 스타들은 여자 즉 핫한 성이었던 것도 결코 우연이 아니라고 맥루한은 주장한다. 맥루한은 영화에선 성공할 수 있어도 텔레비전에 어울리지 않는 스타로 리타 헤이워즈, 마를린 먼로와 함께 엘리자베스 테일러를 꼽았다.

영화사는 여전히 오디션, 인맥, 연예기획사의 추천을 통해 신인을 발굴하거나 뮤지컬, 연극, TV, 모델, 가수 분야에서 활동하는 연예인을 기용해 스타로 키우는 스타 배출 창구 역할을 해 스타 시스템의 중요한 한 축을 담당하고 있다.

신인 김고은은 영화사 선배를 만나러 갔다가 오디션을 본 뒤 출연한 정지우 감독의 '은교'를 통해 스타로 화려하게 비상했고, 신인 김태리는 박찬욱 감독의 '아가씨'의 오디션을 통해 1,500대 1의 경쟁률을 뚫고 주연을 차지해 스타덤에 오르는 것을 비롯해 영화사 오디션을 통해 연기자 지망생은 배우로 데뷔할 기회를 얻거나 스타가 된다.

또한, 이창동 감독은 연극무대에 선 송강호를 발탁해 영화 '초록 물고기'에 출연시켜 대중에게 존재감을 알리며 스타로 부상할 기회를 제공했다. 설경구, 문소리, 김윤석, 조진웅, 오달수, 황정민, 곽도원 등 연극무대에서 탄탄한 연기력을 쌓은 배우들은 감독과 영화계 종사자들에 의해 발굴돼 영화 스타가 됐다. 이병헌, 전도연, 송혜교, 손예진, 김하늘, 강동원, 현빈, 원빈은 TV 드라마로 대중적 인지도를 얻은 다음 영화 출연으로 최고의 스타덤에 올랐다. 엄정화, 이정현, 수지, 임시완은 가수로 높은 인기를 얻고 스타의 자리에 올랐고 영화 출연으로 스타성을 더욱 배가시켜 경쟁력 있는 스타가 됐다.

스타 시스템의 한 축으로 스타를 배출하는 영화 역시 스타 독식과 스타 권력화, 스타 위주 제작관행 심화 등의 문제가 상존한다.


## 3. 음반 · 음원 · 무대와 스타 시스템: 음반, 음원, 공연을 통한 스타 탄생

대중음악계에서 스타를 만들기 위한 활동은 방송이나 영화 등 다른 연예 분야보다 더 치열해 전쟁을 방불케 한다. 전쟁에서 이기느냐 지느냐에 따라 국민과 국가의 존폐가 결정되듯 가수가 음반과 음원, 공연 전쟁에서 이기면 스타가 되고 가수의 소속 연예기획사는 큰 이윤을 남기지만 그렇지 못하면 가수는 대중의 시선 밖으로 사라지고 회사는 망하는 경우가 많다.

음악 산업 환경도 1990년대 들어 급변했는데 제작사 등록요건이 완화되고 음반 중심에서 디지털 온라인 음원 시장 중심으로 재편됐다. 한류로 인해 가수들의 활동영역과 이윤창출 창구가 크게 확대됐다. 녹음 시설과 복제 시설을 갖추고 음반을 제작해 배급하는 음반, 음원 제작사와 음반을 기획 제작하고 신인을 발굴해 가수로 키우는 음반 기획사 구분이 사라졌다. 음반기획사가 음반, 음원을 제작 배급까지 하고 음반제작사가 가수와 음반, 음원 기획까지 하는 회사들이 급증했다. 또한, 음악 시장이 다운로드, 스트리밍의 디지털 온라인 음원시장 중심으로 전환되면서 멜론, 지니, 엠넷, 벅스 뮤직 같은 음원 서비스를 제공하는 업체들이 막대한 이윤을 창출하며 음악 시장을 좌우하고 있다.

〈2015년 제작사 음원 점유율〉

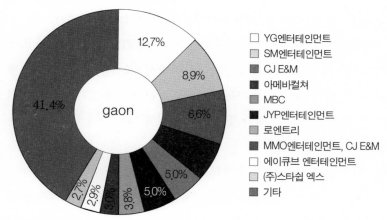

출처: 가온차트

공연시장 역시 팬덤이 강한 아이돌 콘서트에서부터 마니아층을 확보한 인디밴드 공연에 이르기까지 다양하며 공연 역시 수익을 창출하는 채널뿐만 아니라 스타를 배출하는 창구 역할을 톡톡히 하고 있다.

한국콘텐츠진흥원 자료에 따르면 2014년 기준 음악산업 매출액은 4조 6,069억 원이고 온라인 음악 유통업 매출액은 1조 1,790억 원, 음악제작업 매출액은 8,921억 원, 음악 공연업 매출액은 7,535억 원, 음반 도소매업 매출액은 1,572억 원에 달했다.

1990년대 들어 대중 음악계와 음반 산업계는 연예기획사의 돌풍이 일어 음반업의 흐름이 완전히 바뀌었다. 1992년 제일기획을 시작으로 대기업이 가요시장에 본격적으로 가세하고 음악전문 케이블 TV와 위성방송 등 방송의 무대가 확대되고 음반시장 규모가 급팽창해 가수 관리 시스템의 전문화, 과학화가 요구됐다. 1970년대에는 대형 가수를 전속한 레코드사가 대중음악계를 지배했다면 1980년대에는 가수들을 매니지 먼트 하는 매니저들이 음반사(도레미, 예당)를 설립해 큰 힘을 행사했고 1990년대 이후에는 상업적인 감각이 있는 프로듀서와 매니지먼트, 자본 이 결합한 새로운 형태의 연예기획사들이 음반 시장을 주도했다.

1990년대에 들어서는 연예기획사가 음반 제작까지 하고, 제작사 또한 스타 프로듀서를 고용해 음반 기획과 제작까지 하는 업체들이 주류를 형 성했다. 이 당시 음악 관련 기획 제작사는 800여 개에 달했지만, 전문적 인 기업형 기획 제작사는 이 중 10% 미만이며 대부분 영세성과 비전문 적 경영을 면치 못했다.

SM엔터테인먼트를 비롯한 기획사들은 시장조사에 이은 수요층 분석 과 오디션과 길거리 캐스팅을 통한 기획형 가수의 발굴, 체계화된 교육, 프로듀서 중심의 음반 제작, 방송을 위주로 하는 홍보와 마케팅 전략 구 사라는 전형적인 스타화 공식을 만들어냈다. 이수만의 SM엔터테인먼트 는 기획사의 전형으로 1995년 대중문화 상품 소비를 주도한 10대를 겨 냥해 춤, 노래, 외모를 갖춘 10대 그룹을 기획하면서 발굴한 다섯 명의 고교생을 대상으로 춤은 호텔 무용수 출신의 박재준, 노래는 가수이자 작곡가인 유영진, 의상은 서태지와 아이들, Ref의 코디네이터인 고경민 을 기용해 교육과 관리를 한 뒤 집중적인 방송 출연과 홍보를 통해 단기 간에 스타로 부상시켰다. 바로 H.O.T의 기획과 스타화 과정이다. 이러 한 SM의 스타화 기획과 전략은 1990년대 이후 대부분 연예기획사의 전 형으로 자리 잡았다.

대중음악계에서 연예기획사의 두드러진 득세로 기획형 가수 중심의 스타 시스템이 형성됐다. 방송사에서 가수의 발굴이 이뤄지긴 하지만 대 부분 연예기획사에 의해 신인이 발굴되고 스타로 키워졌다. 1990년대 대중음악계에선 음반 제작보다 기획사의 기획이 중요성을 더함에 따라 프로듀서 중심의 개인형 기획사부터 음반제작, 홍보, 스타 관리까지 하는 기업형 회사까지 다양한 형태의 연예기획사가 등장했다.

2000년대 들어 음반 판매는 계속 감소하면서 음반시장이 매우 축소되고 있는 데 비해 인터넷 음원 사이트 시장과 모바일 음악 서비스 시장은 급성장하면서 대중음악 시장이 디지털 온라인 음악 시장 중심으로 재편됐다. 음반판매는 2000년 4,104억 원에서 2001년 3,733억 원, 2002년 2,800억 원으로 급감했지만 인터넷 음악 파일 디지털 사이트 매출액은 2000년 455억 원에서 2001년 974억 원으로 비약적인 성장을 거듭했다. 휴대폰 벨소리를 비롯한 디지털 음악 서비스 시장은 2001년 295억 원에서 2002년에는 1,090억 원으로 엄청난 성장세를 보였다. 이러한 환경 변화로 인해 연예기획사들도 점차 음반판매에서 중심에서 벗어나 디지털 음원 시장을 겨냥한 것으로 전환했다.

2000년대 들어 음반의 시대가 끝나고 음원 중심의 대중음악 시장이 형성되면서 스타 시스템에도 적지 않은 변화를 초래했다. SM엔터테인먼트, YG엔터테인먼트, JYP엔터테인먼트 등 연예기획사가 연습생 발탁 뒤 트레이닝을 거쳐 대중음악계에 데뷔시키면서 음반과 음원을 출시하고 다양한 마케팅전략을 구사해 음반, 음원 판매량을 높여 스타로 만드는 스타화 경로를 보이는 스타 시스템은 여전하다. 하지만 디지털 음원 시대가 본격화하면서 스타화 경로나 스타성을 배가하는 패턴에 큰 변화가 초래됐다. 디지털 음원의 득세가 스타 시스템에 적지 않은 변화를 몰고 왔다.

디지털 음원은 음반 제작과 비교하면 제작비가 저렴한 데다 제작도 용이해 소속 기획사가 없는 가수 지망생이나 인디밴드, 일반 가수들이 음원을 출시하며 가수로 데뷔하거나 대중성과 스타성을 높이고 있다. 인디밴드 장기하와 얼굴들처럼 디지털 싱글을 발표한 뒤 뜨거운 반응으로 스타 대열에 합류한 것을 비롯해 다양한 사람들이 음원 발표를 통해 가수로 입문하고 스타로 부상했다.

스타 가수(그룹)들도 디지털 싱글, 미니 앨범이나 음원을 발표하고 음원 출시 후 1~2개월 짧은 기간 집약적으로 활동한 다음 영화, 예능, 드라마, 해외 활동을 한 뒤 손쉽게 디지털 싱글이나 미니 앨범으로 컴백하는 활동 패턴으로 인기를 배가시키고 있다.

시장 규모가 커지고 있는 콘서트나 페스티벌 공연을 통해 데뷔하거나 스타로 등극하는 가수들도 적지 않다. 국카스텐을 비롯한 공연으로 인지도를 얻은 가수나 인디밴드들이 다양한 무대 활동을 펼치며 대중의 사랑을 받는 스타로 속속 부상하고 있다. 조용필, 김창완 밴드, 윤도현 밴드, 이승환, 김동률, 이승철, 김장훈, 싸이, 이적 등 스타 가수들 역시 꾸준히 무대 공연을 통해 관객과 만나며 스타로서의 위상을 유지하고 있다.

음반과 음원, 공연 중심의 대중음악계의 스타 시스템 문제점 중 하나가 영세한 규모의 연예기획사 난립으로 인한 단명 가수의 급증이다. 제작 초기 고정비용이 많이 들고 제작된 음반, 음원 시장 성공의 불확실성이 높다. 가수 데뷔와 음반 제작에는 음악의 작사 작곡비, 편곡비, 녹음비와 같은 순수 제작비와 음반과 음원에 대한 홍보비, 방송 의상비 등 막대한 비용이 들어간다.

5인조 아이돌그룹이 데뷔할 때까지 약 10억 원대의 비용이 소요된다. 솔로 가수 역시 이에 못지않다. 이런 막대한 비용이 소요됐지만, 음반과 음원 판매가 저조하고 인기를 끌지 못하면 데뷔 무대가 은퇴 무대가 되는 경우가 허다하다.

스타 가수(아이돌그룹)를 보유하고 있는 대형 연예기획사는 막대한 인력과 자본으로 물량 공세를 펼치거나 자사 소속의 스타 가수들을 무기로 내세워 신인 가수와 음반, 음원의 홍보를 독점하는 것도 큰 문제다.

또한, 디지털 싱글 등 음원 중심의 대중음악 시장은 스타 독식 현상을 더욱 심화시키는 폐단을 낳았다. 스타 아이돌그룹은 활동이 끝나면 멤버 중 일부로 결성된 유니트 활동 그리고 솔로 활동을 하며, 스타 아이돌그룹 독식 현상이 더욱 심화했다. 태연이 소녀시대로 그룹 활동을 하고 유니트, 솔로, 콜라보 활동까지 하는 것이 단적인 사례다. 또한, 빅뱅처럼 한꺼번에 신곡을 발표하지 않고 월 단위로 음원을 쪼개 발표해 이윤과 음원 판매를 극대화할 수 있는 음원 쪼개기 마케팅 전략 등장도 디지털 음원중심 시장이 가져온 스타 독식 현상 중 하나다.

## 4. 광고와 스타 시스템: 광고, 스타 수입원이자 스타 제조매체

심혜진은 언니가 아르바이트하는 광고모델 촬영장에 우연히 갔다가 광고업계 관계자의 눈에 들어 광고로 연예계에 데뷔했다. 그리고 코카콜라 CF에서 서구적 외모와 주체적 여성 이미지를 보여주며 수많은 대중 특히 여성들의 환호를 받으며 순식간에 인기 CF 스타가 됐다. 심혜진은 광고 이미지를 극대화한 캐릭터로 '결혼 이야기'를 비롯한 영화와 드라마에 속속 출연하며 연기자로서 스타의 자리에 올랐다.

톱스타 최진실은 "남자는 여자 하기 나름이에요"라고 외친 삼성전자 광고가 없었다면 스타 자리에 오를 수 없었을 것이다. 최진실을 읽어나가는 방법은 일단 그 출발점은 광고에서 시작해야 한다. 그녀의 매력과 성공의 근원은 광고에서 비롯됐기 때문이다. 최진실은 광고에서 형성된 밝고 귀여운 여성의 이미지를 '질투', '마누라 죽이기' 등 드라마와 영화의 캐릭터에 연결해 스타덤에 올랐다. 광고 전문학자 마정미가 『최진실 신드롬』에서 한 분석이다.

가쁜 숨소리와 함께 얼굴 위로 땀방울을 흘리는 여자의 모습이 담긴 컬러 프린터 광고와 워크맨을 통해 음악이 나오자 갑자기 주변을 의식하지 않고 미친 듯 춤을 추는 여성의 워크맨 광고가 인터넷에 유통되고 이를 다운받은 네티즌들이 하루에도 수만 명에 이르러 그 광고 모델은 일약 스타가 됐다. CF와 인터넷의 통합마케팅(IMG, Integrated Marketing Communication)의 결과로 신인 연기자 전지현이 화려한 스타로 비상했다.

2016년 2~4월 방송된 '태양의 후예' 남자 주연 송중기가 드라마 방송 직후 동원F&B, 제주항공, LG생활건강, 하이트진로, 포렌코즈, 신성통상 광고 모델로 활동하며 편당 10억 원이 넘는 모델료를 받고 중국 스마트폰 업체 vivo 광고 모델로 나서면서 40억 원대 모델료를 받아, 국내외 광고 모델료로 수백억 원의 수입을 올렸다.

광고는 이처럼 신인의 연예계 데뷔 창구이자 대중성을 확보하며 스타로 부상하는 채널로, 연예인의 스타 여부를 결정하는 대중이 선호하는 이미지를 조성해주는 기제로, 막대한 수입을 창출하는 창구로서의 역할을 하면서 스타 시스템의 중요한 주체로 기능하고 있다. 광고는 연예인과 스타를 생산, 유통하는 강력한 대중문화 상품이다. 또한, 강준만이 『대중문화의 겉과 속』에서 적시했듯 광고가 대중문화를 지배한다고 할 정도로 광고는 대중문화의 환경을 조성하고 지평을 바꾸는 데 절대적 영향력을 행사하기에 스타와 연예인의 활동에 있어 매우 중요한 역할을 한다.

<광고모델 선호도>

| | 1위 | 2위 | 3위 |
|---|---|---|---|
| 2015년 | 전지현(9%) | 수지(7%) | 차승원(6%) |
| 2014년 | 전지현(16%) | 수지(7%) | 김수현(7%) |
| 2013년 | 김연아(7%) | 이승기(6%) | 김태희(6%) |
| 2012년 | 싸이(12%) | 이승기(12%) | 김연아(8%) |
| 2011년 | 이승기(13%) | 김연아(7%) | 현빈(6%) |
| 2010년 | 김연아(16%) | 이승기(8%) | 장동건(4%) |
| 2009년 | 김연아(15%) | 김태희(7%) | 장동건(4%) |
| 2008년 | 김태희(12%) | 장동건(10%) | 이영애(7%) |
| 2007년 | 이영애(10%) | 김태희(7%) | 장동건(5%) |

출처: 한국 방송광고 진흥공사

광고는 우선 연기자 지망생이나 가수 지망생들이 연기자나 가수로 본격적인 데뷔를 앞두고 연예계에 입문하는 관문으로 활용된다. 연예기획사들이 한정된 드라마나 영화에 소속 신인이나 연예인 지망생을 데뷔시키기가 어려우므로 광고출연을 통해 인지도를 높여 드라마, 영화, 가요계에 진출시키는 전진기지로 활용하려는 움직임이 많아지면서 광고는 이제 주요한 연예계 데뷔 창구가 됐다.

1999년 소망화장품 '꽃을 든 남자' CF로 얼굴을 알린 손예진은 CF모델 경력을 발판으로 2001년 첫 드라마 '맛있는 청혼'의 주연을 맡으며 성공적인 배우로서 출발한 것을 비롯해 수많은 연예인이 광고를 통해 연예계에 첫발을 딛고 대중에게 존재감을 드러냈다. 황신혜, 이영애, 채시라, 심혜진, 최진실, 김현주, 김태희, 김민희, 임은경 등 수많은 스타가 광고로 연예계 데뷔를 했다.

연예인 지망생이 폭증하면서 수많은 광고는 연예인 데뷔 채널로, 그리고 배우와 가수 데뷔를 위한 전초기지이자 대중으로부터 존재감을 획득하는 수단으로 활용되고 있다.

　스타가 되느냐 못되냐는 대중이 선호하는 이미지를 창출하느냐 못하느냐에 달려 있다. 광고는 대중이 선호하는 이미지를 조성하거나 강화하는 매우 중요한 미디어로서 결정적인 역할을 한다. 광고가 연예인의 이미지를 창출하거나 조성하기도 하고 드라마, 영화, 예능 프로그램, 사적 영역에서 구축한 스타의 이미지를 활용하며 확대재생산 하기도 한다. 이영애는 화장품 광고 등을 통해 '산소 같은 여자'로 대변되는 청순한 이미지를 구축해 이 이미지를 드라마 등 작품을 통해 확대, 강화해 큰 인기를 누렸다. 최진실의 밝고 발랄한 이미지, 이승기의 성실하고 바른 이미지, 이정재, 정우성의 터프한 남성성의 이미지, 이효리의 건강한 성적 매력 이미지 등 수많은 연예인과 스타들이 순수, 행복, 사랑, 건강, 성공, 도전, 강한 남성성, 성적 매력 등 긍정적인 이미지를 광고를 통해 조성하고 강화해 대중의 사랑을 받고 있다. 연기자들 역시 광고의 이러한 기능을 인정하는데 배우 정우성은 "CF로 배우가 새로운 이미지를 보여줄 수 있다"고 강조한다.

　광고는 대중의 인지도와 인기를 높이는 매체로 활용된다. 무명이나 신인 배우, 가수들이 광고를 통해 수많은 불특정 다수의 수용자에게 노출된다. 연예인의 인기도를 좌우하는 미디어의 노출 빈도와 범위에서 광고를 따라갈 미디어는 없다. TV, 인터넷, 신문, 잡지 등 수많은 미디어를 통해 광고가 빈번하게 노출되고 도달 범위도 확대돼 보다 많은 사람이 광고 모델에 주목해 대중성과 인기를 획득한다.

　연예인 데뷔 시절 전지현, 고수, 이영애에 대한 대중의 폭발적 인기는 영화나 드라마 출연에 의한 것이 아니라 광고를 통해서였다. 대다수 연예인은 광고 출연으로 대중으로부터 인기가 높아진다고 인식한다. 신대남의 「한국 연예인의 홍보전략에 관한 연구」에 따르면 탤런트, 가수, 개그맨 등 연예인 70명을 대상으로 설문 조사한 결과 설문 대상자의 83%가 광고출연으로 인기가 올랐다고 응답했다.

광고는 스타나 연예인의 단점이나 문제점을 무력화하거나 보완하는 기제 역할도 한다. 연기자 스타에게 연기력과 캐릭터 소화력 부족은 치명적인 문제다. 가수들에게 있어 가창력 문제는 큰 단점이다. 연기력이 부족하다고 비판받은 연기자나 가창력에 문제가 있는 가수가 광고를 통해 발산하는 긍정적인 이미지나 매력으로 인기를 유지하는 경우가 많다.

광고는 스타 마케팅의 가장 큰 시장으로 스타들에게 있어 가장 큰 수입원 역할을 한다. 장동건, 정우성, 이정재, 유재석, 강동원, 이민호, 송중기, 이승기, 장근석, 김수현, 김우빈, 이종석, 고현정, 김혜수, 이영애, 전지현, 송혜교, 김태희, 손예진, 신민아, 수지, 박신혜 등 스타들은 광고 한 편당 5억~10억 원 안팎의 엄청난 모델료를 받는다. 그뿐만 아니라 이민호, 송중기, 김수현 등 한류스타는 중국 등 외국기업 광고 편당 20억 ~50억 원에 이르는 천문학적인 수입을 올리고 있다. 또한, 드라마의 간접광고로 인한 수입도 적지 않다.

하지만 스타와 스타 시스템에 있어 광고의 부작용도 적지 않다. "적지 않은 스타들이 광고 때문에 다양한 작품이나 캐릭터를 하려고 하지 않는다. 광고 이미지에 부합하는 작품이나 캐릭터만을 추구하기 때문에 연기력은 발전하지 않고 캐릭터나 작품 소화력은 현저하게 떨어진다. 광고가 스타들을 망쳐놓는 경우가 많다." 장수봉 전 MBC 드라마 PD의 지적이다.

장수봉 PD 지적처럼 광고로 인해 작품과 캐릭터의 변주 폭이 거의 없어 연기자로서 진화를 못 해 대중에게 비판받는 스타가 적지 않다. 상당수 스타가 광고 출연을 의식해 출연하는 작품이나 캐릭터에 제한을 두고 있다. 이 때문에 단일한 광고 이미지를 재탕, 삼탕하는 작품과 캐릭터에 안주해 연기 스타일이나 캐릭터 변주 폭을 좁혀 연기자로서 한계를 드러 낸다. 이영애, 전지현은 한동안 CF 이미지에 갇혀 작품이나 캐릭터, 연 기력의 스펙트럼을 확장하지 못해 비판을 받기도 했다.

수입만을 생각해 대부업체를 비롯한 부정적인 기업, 상품, 서비스를 광고하거나 민족 정서를 무시하는 외국기업 광고, 선정적인 광고로 스타 나 연예인의 이미지가 추락하는 것도 문제다. 고소영은 2015년 9월 한 대부업을 했던 일본계 금융업체 광고 출연 계약을 해 대중과 언론의 집 중적인 비판을 받은 뒤 출연을 취소했고 전지현과 김수현은 2014년 6월 백두산의 중국 명칭인 '창바이(長白) 산'을 원산지로 표기한 중국 생수 광고에 출연해 대중의 비난이 쏟아졌다. 2015년 가수 박진영과 걸그룹 트와이스가 모델로 나선 교복 광고가 선정성과 성 상품화 논란에 휩싸여 비판을 받았다.

이 밖에 스타의 과도한 PPL로 인해 드라마나 영화의 완성도가 떨어지 는 것도 폐해 중 하나다. 스타들이 자신의 수입을 위해 과도한 PPL을 드 라마에 삽입함으로써 작품 전개에 방해를 초래해 수용자의 몰입을 어렵 게 하는 등 작품의 완성도에 적지 않은 문제를 야기하고 있다. 작품성이 추락해 흥행에 실패하면 이는 스타의 인기 하락으로 이어진다.


## 5. 연예매체와 스타 시스템: 신인 띄우기에서 스타의 추락까지

일간지, 스포츠지, 경제지, 여성지, 영화·방송 관련 잡지, 시사주간 지, 월간지 등 인쇄매체와 2000년대 들어 디지털 미디어 환경이 조성되 면서 제작도 용이하고 진입장벽이 낮아 우후죽순처럼 생겨난 수많은 인터넷 연예매체가 대중문화, 스타에 대한 동정과 사건, 근황, 연기력, 사생활 등을 인터뷰나 스트레이트 기사, 비평, 칼럼 형식으로 다루고 있다.

수많은 언론매체가 인터넷 포털을 통해 하루에 수백 개에서 수천 개의 연예관련 기사를 쏟아내고 있다. 이택광 교수는 과열경쟁으로 포화상태인 연예뉴스 상황에 대해 '미디어 오늘'과의 인터뷰에서 "매체가 많아진 결과 하나 이슈가 터지면 하이에나처럼 몰려가서 다 뜯어먹는 식의 환경이 만들어졌다. 정글의 왕국이 됐다"고 지적했다.

이는 스타의 상품성과 영향력이 예전에 비해 훨씬 강해졌고 스타와 연예계에 대한 수용자의 관심이 매우 높기 때문이다. 일반 매체나 연예매체는 이윤 창출을 위해, 그리고 열독율을 높이기 위해 스타와 연예계에 대한 뉴스를 집중적으로 내보내고 있다.

언론 매체의 연예저널리즘과 연예매체의 연예뉴스는 스타 시스템을 구축하는 중요한 역할을 한다. 연예매체나 일반매체의 연예뉴스는 대중에게 스타의 이미지 형성에 지대한 영향을 미치고 있기 때문이다. 리처드 다이어가 『스타─이미지와 기호』에서 강조한 것처럼 스타의 이미지는 선전, 홍보, 영화(드라마) 그리고 주석, 비평으로 묶을 수 있는 미디어 텍스트들에 의해 구축된다.

오세인은 「대중문화 매니지먼트 산업에 관한 연구」에서 방송이 짧은 시간 안에 스타의 외형적 요소에 대해서만 강한 인상을 주지만, 신문과 잡지의 문자를 통한 정보 전달은 스타의 내면적 요소까지 상세히 알려준다고 분석했다. 인쇄매체의 스타에 대한 신상뉴스, 가십, 인터뷰 정보의 파편들이 모여 구성해내는 이미지는 스타성의 창조에 큰 기능을 한다.

연예인 지망생이 연예계에 데뷔해 스타가 되는 과정 곳곳에 언론매체와 연예매체의 연예 저널리즘이 깊숙이 관여한다. 또한, 스타는 배역 인물로 구현되며 또 그 배역은 실제 생활에서의 스타로 구현되는데 이 과정에 연예 저널리즘의 역할이 절대적이다.

대중은 스타의 드라마, 영화, 예능, 무대라는 공적 활동뿐만 아니라 스타의 사적 영역에서 행해지는 일거수일투족에 관심을 갖는다. 언론매체와 연예매체는 연예뉴스를 통해 대중의 스타에 대한 관심을 충족시킬 필요한 정보를 제공한다. 이로 인해 스타의 인기와 상품성은 더욱더 고조된다.

내용에 따라 달라지지만 대체적으로 언론매체와 연예매체의 노출 빈도와 영향력은 스타성을 높이는 데 많은 역할을 한다. 많은 스타들이 연예매체에 등장해 대중성과 상품성을 높이고 있다.

드코르도바가 『스타덤: 욕망의 산업』에서 지적했듯이 스타 시스템은 영화의 재미나 줄거리로부터 스타의 개성에 초점을 맞춘 기사 방식으로 전환되며 출현했다고 했다. 1990년대 이후 눈에 띄게 나타나는 것 중의 하나가 연예매체를 비롯한 대중매체의 스타에 대한 정보와 기사가 엄청나게 많아졌다는 점이다. 즉 언론매체의 정보의 무게 중심이 작품의 스토리나 내용전개, 미학적 구조에서 스타 개인에게로 옮겨갔다. 물론 독자나 네티즌이 작품 소개보다는 스타 연예인에 대한 소개나 인터뷰에 열띤 반응을 보이기 때문이다.

특히 일간지, 스포츠지, 여성지, 전문지, 연예 인터넷 매체의 성격에 따라 정도의 차이는 있지만 스타에 대한 분석적 내지 종합적인 지식과 정보를 구성하려는 지면, 기사 확대가 아닌 대중의 관심이 많은 가십, 소문, 스캔들에 대한 기사와 지면을 대폭 확대했다.

스포츠지, 여성지, 청소년 대상의 잡지들이 앞 다투어 스타의 단골 미용실에서부터 자주 가는 술집 등 스타의 소소한 부분까지 많은 면을 할애하고 스타들의 열애설이나 결혼, 이혼을 대대적으로 보도한다. 청소년 대상의 잡지의 경우는 차이는 있지만 연예인 관련 기사가 전체 기사 중

70~90%에 달할 정도다. 일간지에서도 점차 이러한 경향을 띠고 있다. 독자들은 스타의 연기력과 이미지 구성 관계에 관한 분석적인 기사보다는 스타 개인적인 이야기에 높은 관심을 보인다.

남재일, 박재영의 『국내연예저널리즘의 현황과 품질제고 방안연구』에 따르면 2013년 7월 5일 하루 동안 네이버에 올라온 스타뉴스를 비롯한 온라인 매체 16개와 동아일보 등 오프라인 기반의 14개 매체가 제공한 158개 기사 중 연예인 활동에 대한 것이 58개로 36.7%를 차지해 가장 많았고 다음이 연예인의 활동영역 57개(36.1%), 연예인 인물 42개(26.6%), 기타 1개(0.65%)로 나타났다. 연예인 가십과 스캔들이 연예기사의 상당수를 차지하고 있다. 이런 이유로 전문가들은 언론매체의 스타나 연예인 가십들은 스타 시스템을 키우는 플랑크톤이라고까지 의미부여를 하기도 한다. 에드가 모랭이 『스타』에서 분석했듯 언론매체의 스타와 연예인에 대한 정보와 가십은 단순히 실생활을 신화로, 신화를 실생활로 바꾸는 기능만을 하는 것이 아니라 대중의 스타에 대한 채워질수 없는 호기심에 모든 것을 폭로하고 모든 것을 제공하기도 한다. '가십을 지배하는 자가 스타 시스템을 지배한다'는 말이 나올 지경이다.

연예매체와 언론매체의 연예뉴스는 무명과 신인에게 인지도와 대중성을 상승시켜주고 스타에게는 스타성을 배가시켜주며 명성을 인증해주는 역할을 한다. 또한, 영화, 드라마, 음원 등 스타의 문화상품을 보다 많이 알려 흥행 가능성을 높여준다.

연예매체를 비롯한 대중매체의 스타에 대한 문제나 치명적인 스캔들 보도는 최정상의 스타도 바닥으로 추락시키는 무서운 기능도 한다. 2016년 6월 박유천의 성매매업소 출입의혹 보도, 황수정의 마약투약 보도처럼 수많은 스타들이 언론매체의 보도로 한순간에 바닥으로 추락했다.

이처럼 스타 시스템과 스타 메이킹, 그리고 스타와 연예인에 중요한 역할을 하는 연예매체와 언론매체의 연예뉴스의 역사는 오래됐다.

일제 강점기부터 1950년대까지는 신문의 학예면이나 문예면에서 대중문화를 소개하는 기사를 게재했다. 이 시기 매일신보, 동아일보, 조선일보의 학예면이나 문예면을 통해 영화평이나 연극평 등 대중문화 기사가 실렸고 광고를 통해 영화를 선전하거나 홍보했다. 스타 시스템의 한 축을 형성한 언론매체는 스타에 대한 기사도 실어 스타에 대한 이미지를 구축하고 스타에 대한 정보를 독자들에게 전달함으로써 스타의 인기를 높이는 역할도 했다.

"영화배우 이애리수는 어여쁜 자태, 명랑한 목소리, 섬세한 연기력을 갖춰 인기를 한 몸에 받은 화형(花形, 스타라는 뜻의 일본어)이 됐다. 이애리수는 가난한 집안에서 태어났다. 날이 갈수록 이애리수는 여배우로서 기량이 완벽에 가까웠다"는 일제 강점기 경성일보(1933년 1월 17일부터 20일까지 4회 연재) 기사처럼 배우에 대한 인생역정과 연기 특성을 쓰는 기사에서부터 '현해탄 격랑(玄海灘 激浪)에 청년남녀(靑年男女)의 정사(情死)―극작가와 음악가가 한 떨기 꽃이 되야 세상시비 버려두고 끝없는 물나라로'를 제목으로 윤심덕, 김우진의 동반자살을 사회면에 처리한 동아일보(1926년 8월 5일자 사회면) 기사까지 연예인에 대한 기사는 폭이 넓었다.

하지만 이 시기에도 연예 저널리즘의 폐해는 적지 않았다. 1931년 12월 31일 송년회를 갖던 영화인들이 당시 영화 저널리즘을 주도하던 찬영회(讚映會)에 대한 성토가 벌어지고 급기야 찬영회 회원들이 있는 신문사를 급습해 소동을 벌인 사건은 신문과 연예인의 관계를 적나라하게 보여준 것이었다. 찬영회는 일간신문 영화 담당 기자들의 모임으로 신문에 영화평이나 가십기사를 썼던 기자들로 이서구, 이익상, 정인익, 최독견, 심훈, 김을한 등 당시 필명을 날리고 있던 기자들이 대다수였다. 배우 서

월영, 이금룡, 복혜숙, 감독 윤봉춘, 서광재, 이원용이 동아일보, 조선일보 등에 난입해 항의했다. 이 사건은 영화인들이 영화인의 사생활이나 스캔들 기사에 분노한 것이 발단이었다.

1960년대 주목할 만한 현상 중의 하나가 연예저널리즘을 이끌 주간지와 스포츠지가 속속 창간된 것이다. 1964년 '주간한국'을 시작으로 '주간중앙', '주간조선', '선데이 서울', '주간경향', '주간여성'이 창간됐다. 또한, 1969년 일간스포츠가 첫선을 보였다. 이들 잡지와 스포츠지의 내용 상당 부분이 탤런트, 가수, 배우들에 대한 소개와 인터뷰, 가십거리 기사들이 주종을 이뤘다. 연예 저널리즘이 본격적으로 시작된 것이다. 주간지를 통해 스타의 이미지가 조형되고 연예인에 대한 정보가 주간지를 통해 대량으로 유통됐다. 주간지들의 발행 규모가 점점 커지고 주간지에 오르내리는 연예인들의 빈도수가 인기도와 맞물리는 현상이 나타나자 연예인들은 자연스럽게 주간지 홍보에 대한 비중을 높이는 경향이 강하게 드러났다.

이때 주간지들은 스타나 연예인의 이혼이나 스캔들에 관한 사생활이나 소문 등을 집중적으로 다뤘고 여배우들의 선정적인 사진을 게재하기도 했다. 대중에게 부정적인 인식을 심어주는 스캔들 기사가 난 스타들은 인기에 직접적인 영향을 받았다. 주간지 주도의 연예 저널리즘이 형성됐다. 이때 주간지들의 사생활 침해 기사나 사실이 아닌 기사로 선정성의 폐해가 매우 심각했다.

"주간지에서 나를 남편도 자식도 팽개친 몰인정하고 비정한 여자로 매도했다. 그건 기사가 아니었다. 칼만 안 들었지 나를 죽이기로 작정한 악의에 찬 저주였다. 기자들은 누가 더 재미있고 잔인한 기사를 쓰는지 경쟁이라도 하듯 내 가슴에 화살을 꽂았다." 이미자가 자서전 『인생 나의 40년』을 통해 한 고백은 당시 주간지의 연예인에 대한 보도행태가 얼마나 문제가 있었는지를 단적으로 보여준다.

1970~1980년대에는 스포츠 신문과 영화, TV프로그램 안내 잡지가 창간돼 스타들에 대한 기사를 빈번하게 다뤘다. 1969년 일간 스포츠 이후 1985년 스포츠 서울이 창간됐다. 스포츠 신문에서는 많은 지면에 스타들의 일거수일투족이 기사화됐다. 이로써 1960년대 대중 주간지 중심의 연예 저널리즘에서 1970년대부터는 스포츠지 중심의 연예저널리즘 시대로 옮겨 갔다. 또한, 텔레비전 영향력이 강화되면서 TV와 관련된 잡지도 등장했다. 서울신문사의 'TV가이드'가 대표적 잡지였다.

일간 스포츠를 비롯한 스포츠 신문과 TV 관련 잡지, 주간지, 영화 관련 잡지는 신인 배우 소개와 스타의 동정 소개를 고정란으로 배치하고 사생활, 스캔들, 연기 스타일, 캐스팅 현황 등 대중에게 스타에 대한 다양한 정보를 제공함으로써 스타의 이미지와 인기에 영향을 주었다.

일간지들도 1970년대 들어 고정적으로 방송, 영화, 연예에 대한 기사를 실어 스타에 대한 이미지 형성이나 독자에게 스타의 동정을 알리기 시작했다. 1975년 한국일보의 'TV 조평'을 시작으로 주요 일간지들이 방송, 연예기사를 정기적으로 게재했다. 방송 등 연예 관련 지면은 지속적으로 증가했다. 이 같은 추세는 1980년대, 1990년대에도 지속됐다. 주창윤의 『신문의 방송보도』에 따르면 동아일보의 경우 1980년에서 1999년까지 지면은 5.9배 증가했지만 방송 관련 지면은 8.4배 많아졌고, 조선일보는 같은 기간 지면은 5.2배로 많아졌지만 방송 관련 지면은 6.7배나 증가했다.

1987년 정기 간행물 등록에 관한 법률이 제정되면서 1990년대 이후 방송, 영화, 가요 관련 잡지가 폭발적으로 늘어났다. 케이블 TV 가이드, Sky Life, 위클리 엔터테이너 등 방송연예 관련 잡지와 씨네21, 필름2.0 같은 영화잡지가 속속 창간됐으며, 스포츠조선, 스포츠투데이, 굿데이 등 스포츠 신문 3개가 1990년대 이후 창간돼 기존의 일간스포츠와 스포츠서울과 연예 저널리즘 경쟁을 벌였다.

또한, 기존 시사주간지, 월간지, 일간지에서도 대중문화 섹션을 따로 만들어 연예 관련 기사 면을 대폭 증면함으로써 연예인의 홍보 채널이 넓어져 대중성을 획득하는 데 용이해졌다.

이 같은 추세는 독자들의 연예인과 대중문화에 대한 관심 증폭에 따른 것이다. 한국언론연구원 조사에 따르면 1996년의 경우 방송·연예기사의 열독률이 사건사고기사, 정치기사, 스포츠기사, 사설 다음으로 다섯 번째를 차지했다.

1990년대 스타의 상품성이 고조되면서 매체의 상업적 이윤 창출을 위해 스포츠지, 여성지, 청소년 잡지, 영화와 가요 관련 잡지, TV 전문지, 대중주간지 뿐만 아니라 일간지와 시사주간지까지 대중문화와 스타에 대한 지면을 대폭 확대해 스타의 일거수일투족을 기사화하고 스타에 대한 다양한 정보를 시시각각 전달해 독자의 시선 끌기에 나섰다. 매체가 급증하고 경쟁이 심화하면서 스타 인터뷰와 취재가 어려워진 것도 이 시기에 나타난 새로운 현상이다.

2000년대 들어 디지털 미디어 환경중심으로 변하면서 뉴스보도의 시공간적 제약이 사라졌다. 이로 인해 인터넷 연예매체와 기존 신문, 잡지 등 수많은 매체들이 생존경쟁을 벌이며 하루에도 연예인과 스타에 대한 신변잡기부터 가십, 스캔들, 작품에 이르기까지 수천 개의 기사를 쏟아내고 있다. 일간지, 스포츠지, 인터넷 연예매체의 기사는 적지 않게 차이가 나지만 독자, 네티즌의 눈길을 쉽게 끌 수 있는 연예 뉴스가 증가하는 것은 모든 매체의 공통된 현상이다.

강준만이 『대중문화의 겉과 속』에서 지적했듯 연예 저널리즘의 취재 경쟁은 오랜 역사를 자랑하지만 인터넷 시대에 이르러 과거와는 차원이 달리할 정도로 치열해졌다. 2012년 말 웹사이트를 분석 평가하는 랭키닷컴에 등록된 연예 오락 전문지만 뉴스엔 등 37곳에 달한다.

여기에 연예뉴스만 전담하는 각 매체의 온라인 뉴스팀과 스포츠 신문, 전문지 연예섹션을 포함하면 그 매체 수는 가늠하기 어려울 정도다. 심지어 연예인의 사생활을 파파라치식으로 보도하는 매체까지 등장했다. 2015년 기준 네이버 언론사 뉴스 리스트에 따르면 네이버 뉴스 홈에서 기사를 제공하는 매체는 종합일간지 10개, 방송통신 16개, 경제지 10개, 인터넷 신문 5개, IT지 6개, 스포츠 연예 42개, 매거진 17개, 전문지 9개, 지역 3개, 포토 5개, 기타 4개 등 123개에 달하고 검색 제휴 매체는 2014년 현재 300개에 달한다. 이들 언론사 대부분이 연예기사를 내보내고 있다.

스타 시스템에 중요한 역할을 하는 언론매체의 연예저널리즘은 경쟁이 치열해지면서 선정주의 등 심각한 문제를 노출하고 있다. 독자, 네티즌의 눈길을 끌기 위해 보다 자극적이고 선정적인 가십과 스캔들과 관련한 연예 기사들이 쏟아지면서 연예인과 스타에 대한 사생활과 인권침해, 명예훼손 등 많은 문제가 야기된다.

윤태진 교수는 「신문과 방송」 2011년 6월호에 실린 「알권리로 포장된 관음증과 정보권력 부추기기」라는 글을 통해 "청소년들에게 지대한 영향을 미친다는 이유로 스타 연예인을 공인으로 간주할지도 의문이지만, 공인이기 때문에 무차별적인 정보 수집이 용인된다는 생각은 분명한 오류다. 굳이 사생활 보호라는 담론을 가져오지 않더라도 공인의 개인 정보가 공공의 선으로 연결되지 않음은 너무나 명백하기 때문이다. 국민의 알권리는 유명인의 시시콜콜한 구석까지 알권리가 아니다"며 연예매체의 가십과 스캔들, 사생활 보도는 알권리로 포장된 관음증적 쾌락욕을 부추기며 자본축적까지 한다고 비판했다.

연예매체와 연예저널리즘이 연예문화와 스타 문화에 대한 질적 향상을 유도하며 스타 시스템에 긍정적인 역할을 해야 함에도 불구하고 과장과 왜곡보도로 스타와 연예인의 인권을 침해하고 대중문화의 질을 떨어뜨려 결국 대중의 삶을 황폐화하며, 적지 않은 부작용을 낳고 있다.

여기에 독자나 네티즌의 눈길을 끌기 위해 내용과 상관없는 자극적이고 선정적인 기사 제목이나 사진을 사용하는 낚시성 기사나 심도 있는 취재 없이 실시간 검색어를 중심으로 다른 기사를 조금만 변경시켜 기사로 만드는 어뷰징 기사를 쏟아내 연예저널리즘의 질을 떨어트리는 것도 큰 문제다. 결국 이것은 대중문화와 스타 시스템에 악영향을 끼치고 있다.

또한, 특정 기자의 특정 연예인의 편파적 키워주기식 기사나 반대로 일방적 특정 연예인 죽이기 기사가 적지 않게 등장하는 것도 큰 문제다. 매니저들이 소속 연예인의 홍보와 얼굴을 알리기 위해 건넨 거액의 촌지를 받은 스포츠 기자가 구속된 것은 스타의 재능과 실력보다는 뇌물과 촌지로 기사화되는 불법적인 관행이 존재한다는 것을 단적으로 입증한 것이다. 이러한 관행은 결국 자질과 실력을 갖춘 신인 양성의 걸림돌 역할을 하며 생명력 있는 스타의 등장을 막고 특정 기획사의 스타 배출의 독점화 현상을 심화한다. 이러한 연예 매체의 문제점은 결국 스타 시스템의 약화를 가져오고 결국 스타 문화의 질적 저하로 이어진다.

불법 연예인이나 연예기획사의 잘못된 관행에 대한 비판과 견제 대신 일관성과 객관성 없는 보도 태도 역시 적지 않은 문제를 야기하고 있다. 사회적으로 문제가 되는 연예인도 연예기획사의 조직적·조작적 관리가 개입되면 불법이나 비리는 언제 그랬냐는 식으로 일부 연예매체는 스타 띄우기에 여념이 없다. 심지어 불법 연예인이 어느 순간 선행의 상징으로 여론을 형성하는 경우까지 생긴다. 이러한 보도 태도는 불법, 비리 연예인에 대한 면죄부를 줘 부정적인 대중문화 환경만을 조성할 뿐이다.

이러한 문제의 개선책으로 제시될 수 있는 방안이 취재 기자의 체계화한 교육이나 스타와 대중문화를 전담할 전문기자제 도입이다. 스타와 스타 시스템 그리고 대중문화에 대한 전문적인 정보와 지식을 갖고 있는 기자를 양성해 스타 시스템과 대중문화에 대한 전문적이고 심도 있는 기사를 쓰게 해 건강한 스타문화의 여론 형성을 해야 한다.

연예매체와 연예저널리즘의 생존권부터 방향까지 막대한 영향을 미치는 포털의 자세 변화도 필요하다. 남재일과 박재영이『국내 연예저널리즘의 현황과 품질제고 방안 연구』에서 적시한 것처럼 포털의 편집정책에 혁신적인 변화가 있어야 한다. 기존 연예저널리즘의 문제는 포털에 노출되는 기회를 높이려는 연예매체의 과다경쟁에서 비롯된다. 검색수를 올리고자 하는 욕망을 상시적으로 갖고 있는 포털은 이런 사태에 대해 조장 내지 방조 혐의가 짙다. 연예매체의 경쟁을 줄이고 양질의 기사 생산을 유도하는 출발점은 포털의 편집정책이 바뀌어 '함량이 높은 기사를 써야 좋은 위치에 걸린다'는 인식을 매체가 공유하도록 하는 것이다.

## 6. 인터넷 · SNS와 스타 시스템: 인터넷과 SNS가 몰고 온 스타 시스템의 변화

컴퓨터와 디지털, 통신기술, 스마트폰의 발전으로 비약적인 진화를 거듭하고 있는 인터넷과 소셜네트워크 서비스(SNS)는 시공간을 초월한 동시적, 비동시적 커뮤니케이션을 가능하게 하고 있다. 인터넷과 SNS는 기존의 신문, 라디오, 텔레비전, 음반이라는 개별적 매체를 통합하는 멀티미디어적 특성을 보이는 등 기존 미디어와 차별화한 특성과 대안매체와 대중매체로서의 역할을 동시에 수행한다. 인터넷과 SNS는 정치, 경제, 사회, 생활뿐만 아니라 문화, 특히 대중문화에 혁명적인 변화를 초래하고 있다.

인터넷과 SNS는 대중문화의 패러다임을 바꾸고 스타 시스템에도 엄청난 변화를 몰고 왔다. 인터넷 신문, 인터넷방송, 웹진의 다양한 형태의 인터넷 매체를 출현시켜 21세기의 정보사회의 확고한 커뮤니케이션 채널로 자리잡게 했다. 또한, 인터넷은 하나의 독립 매체로 자리 잡으면서 문화산업과 스타 시스템에 지속적으로 영향을 미치고 있다. 인터넷과 기존매체와의 융합이 또 다른 형태의 대중문화 내용물들을 등장시키고 있다. PC뿐만 아니라 태블릿 PC, 그리고 2009년 등장한 스마트폰의 대중화로 인터넷과 SNS는 그 어떤 매체보다 가장 영향력 큰 미디어로 급부상했다.

미래창조과학부의 보고서 『2015 인터넷이용실태조사』에 따르면 2015년 현재 3세 이상 인구 인터넷 이용률은 85.1%로 인터넷 이용자 수는 4,194만 명에 달한다. 미래창조과학부의 『무선 통신서비스 통계 현황』에 따르면 2016년 2월 기준 이동전화 가입자는 5,927만명으로 집계됐다. 한국언론진흥재단의 보고서 『2015언론수용자 의식조사』에 따르면 하루 평균 미디어 이용시간은 평균 300.0분(5시간)으로 TV 이용시간이 153.8분으로 가장 길었고 스마트폰같은 이동형 인터넷 56분, 고정형 인터넷 47.8분, 소셜미디어 22.7분 순이었다. 종이신문과 잡지 이용시간은 각각 7.9분과 1.0분에 불과했다.

인터넷과 SNS의 중요성을 인식한 신문사, 방송사, 영화사 등 기존의 미디어와 대중문화 생산자 그리고 스타를 육성하고 관리하는 연예기획사 등은 인터넷과 SNS의 기반의 대중문화 상품을 생산, 유통하고 새로운 스타 시스템을 구축하기 시작했다. 인터넷과 SNS는 스타를 만들고 유통하며 사멸시키는 주요한 새로운 매체로 등장했다.

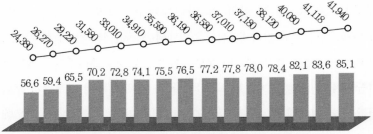

〈인터넷 이용률 및 이용자수 변화 추이(%, 천 명)〉

■ 인터넷 이용률　—○— 인터넷 이용자수

24,380　26,270　29,220　31,590　33,010　34,910　35,590　36,190　36,590　37,010　37,180　38,120　40,080　41,118　41,940

56.6　59.4　65.5　70.2　72.8　74.1　75.5　76.5　77.2　77.8　78.0　78.4　82.1　83.6　85.1

2001 2002 2003 2004 2005 2006 2007 2008 2009 2010 2011 2012 2013 2014 2015

출처: 미래창조과학부

　우선 인터넷과 SNS를 통한 새로운 대중문화 상품의 생산과 유통으로 인해 연예계 진출 채널이 대폭 확대되고 대중성 확보가 보다 용이해졌다. '연애세포' 같은 웹드라마, '신서유기'를 비롯한 웹예능으로 이전에 볼 수 없었던 PC를 비롯한 고정형 인터넷과 이동형 인터넷에서 유통되는 새로운 대중문화 콘텐츠 등장으로 연예계에 데뷔하는 채널이 대폭 확장됐을 뿐만 아니라 연예인과 스타의 활동무대가 넓혀져 인기를 창출할 기회가 많아졌다. 또한, 인터넷 가요제, 인터넷 게임, 유튜브와 SNS, 1인 방송을 통해 가수, 배우, 예능인 지망생들이 연예계 진출하는 경우도 크게 늘고 있다. 인터넷과 SNS에 유통되는 새로운 대중문화 콘텐츠와 플랫폼은 드라마, 예능 프로그램, 영화, 광고에 한정된 연예계 데뷔 채널을 대폭 확대하는 효과를 낳아 다양한 재능과 외모, 끼를 가진 지망생들이 연예계에 데뷔해 스타덤을 향해가고 있다.

　또한, 인터넷과 SNS가 드라마, 예능 프로그램, 영화는 물론 다른 대중문화 상품과 웹드라마, 웹예능 등 인터넷 기반의 콘텐츠를 대량 유통시킴으로서 스타나 연예인의 인기와 수입을 증가시키는 창구 역할을 톡톡히 하면서 연예인과 스타의 경쟁력을 배가시킨다.

인터넷과 SNS는 스타와 영화, 드라마 등 문화상품의 홍보와 마케팅의 중요한 매체로도 활용되고 있다. 경제적 부담 없이 손쉽게 불특정 다수에게 다양한 정보를 전달할 수 있다는 이점을 활용해 새로운 문화상품을 내놓거나 연예인을 데뷔 또는 인기를 고조시키기 위해 인터넷과 SNS을 활용하는 것이 대세다.

그뿐만 아니라 인터넷과 SNS는 연예인에 대한 다양한 사적 정보를 유통하는 창구 역할을 해 대중의 관심을 유발할 뿐만 아니라 연예인과 스타의 긍정적인 이미지를 조성하는 데도 중요한 역할을 한다.

여기에 연예인과 스타들이 인터넷과 SNS를 신문, 방송, 인터넷 매체의 잘못된 연예기사나 대중의 악플, 사이버테러, 루머에 대한 반론 제시와 사실적시를 통해 해명하는 위기관리 수단으로도 활용하고 있다.

인터넷과 SNS는 연예인과 스타의 존재기반인 팬과 팬클럽의 운영과 관리에 중요한 기능을 하고 팬과 팬클럽을 확대하는 데 큰 기여를 하고 있다. 인터넷과 SNS를 통한 국내외 팬과 팬클럽 관리가 용이해지면서 스타와 연예기획사는 국내외 대규모 팬클럽을 운영할 수 있게 됐다. 이로 인해 연예인의 스타 만들기가 훨씬 쉬워졌으며 스타의 문화상품 수요의 불확실성을 감소할수 있게 됐다. 팬들에 의한 적극적이고 주체적인 연예인의 스타 만들기 현상이 잦아진 것도 인터넷과 SNS의 대중화의 영향이다. 국내외 팬들은 인터넷과 SNS에 운영되는 수많은 스타와 연예인 팬카페, 팬커뮤니티를 통해 연예인의 긍정적인 정보를 유통시키고 일반인의 관심을 촉발해 자신이 좋아하는 연예인의 스타 만들기에 적극적인 역할을 한다.

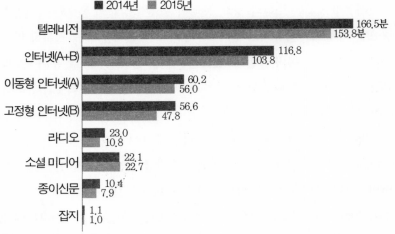

〈2015년 하루 평균 미디어 이용시간〉

■ 2014년 ■ 2015년

텔레비전 166.5분 / 153.8분
인터넷(A+B) 116.8 / 103.8
이동형 인터넷(A) 60.2 / 56.0
고정형 인터넷(B) 56.6 / 47.8
라디오 23.0 / 10.8
소셜 미디어 22.1 / 22.7
종이신문 10.4 / 7.9
잡지 1.1 / 1.0

출처: 한국언론진흥재단

인터넷과 SNS의 대중화는 스타를 만드는 방식에 큰 변화를 몰고 와 스타 시스템에 큰 영향을 미쳤다. 기존의 스타 시스템은 연예기획사나 방송사, 제작사가 연예인 지망생을 발탁해 일정기간 교육과 트레이닝을 한 다음 연예계에 진출시킨다. 드라마 영화, 무대, 예능 프로그램 등 연예인의 활동을 늘리고 긍정적인 이미지를 창출하며 지속적인 홍보마케팅을 펼쳐 대중의 환호를 유도해 스타를 만드는 하향식 스타 시스템이었다. 하지만 인터넷과 SNS의 등장은 상향식 스타 시스템을 가능하게 했다.

네티즌이 인터넷과 SNS를 통해 연예인 지망생에 주목하고 지지를 보내며 이들의 연예계 데뷔와 문화상품 출시를 돕고 이들이 스타로 부상할 수 있도록 다양한 정보를 유통하고 대중이 좋아하는 이미지를 구축한다. 네티즌이 인터넷과 SNS를 통해 스타 메이커 역할을 하면서 상향식 스타 시스템의 주체로 활약한다. 자신이 만든 음악 몇 곡을 인터넷에 올려 스타덤에 오른 조PD, 그리고 인터넷 가요제에서 모습을 드러내 스타 가수로 올라선

성시경, 인터넷을 뜨겁게 달군 얼짱카페에 소개돼 연기자로 발돋움한 박한별, 남상미가 바로 상향식 스타 시스템으로 스타가 된 연예인들이다.

한정된 방식과 인원으로 연예인 자원을 발굴해 다양한 연예인 자원을 확보하는 데 한계가 있는 기존의 하향식 스타 시스템에 비해 인터넷과 SNS를 통한 상향식 스타 시스템은 다양한 재능과 끼, 그리고 외모를 가진 연예인 예비군을 선발할 수 있는 이점이 있다.

인터넷과 SNS는 스타 시스템의 주체로서 긍정적인 역할을 하지만 부정적인 문제도 노출하고 있다.

"너무나 힘들었어요. 사실이 아닌 내용들이 진실로 둔갑해 인터넷을 통해 대량 유통되면서 인격을 살해하는 사이버테러, 악플이 너무 많아 힘들었지요." 사실무근의 사채설이 인터넷을 통해 대량 유통되면서 힘든 생활을 하다 결국 2008년 10월 2일 스스로 목숨을 끊은 스타 최진실의 생전 고백은 인터넷과 SNS의 폐해의 한 단면을 잘 보여준다. 인터넷과 SNS는 누구나 정보를 생산유통할 수 있는 환경을 조성하기 때문에 사실 확인이 되지 않은 정보나 사실이 아닌 이야기, 악플도 단시간에 대량 유포돼 스타와 연예인에게 치명적인 상처를 남기거나 연예계 은퇴라는 상황까지 몰고 온다. 더 나아가 최진실처럼 스스로 목숨을 끊는 일까지 초래되기도 한다. 유명 여자 스타 스폰서설처럼 증권가 정보지에 실린 근거 없는 악성루머나 안티의 사이버테러 등이 인터넷과 SNS를 통해 무분별하게 유통되면서 수많은 연예인들이 명예훼손, 사생활과 인권침해를 당할 뿐만 아니라 우울증 등 육체적, 정신적 피해를 입고 있다.

또한, 연예인과 연예기획사들이 인터넷과 SNS를 대중의 관심이나 인기를 겨냥한 거짓 혹은 조작된 사적 정보를 유통시키는 채널로 활용하거나 음원 사재기 등 편법과 불법의 수단으로 사용하기도 한다.

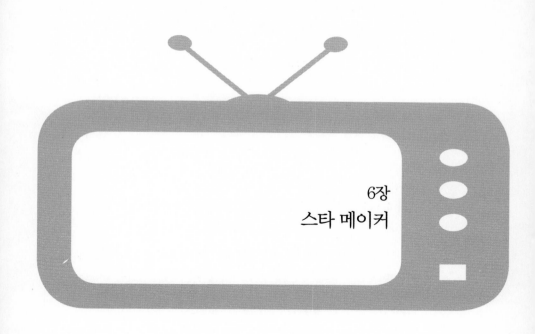

6장
스타 메이커

## 1. 스타 메이커의 어제와 오늘: 이철부터 이수만까지

흙 속에 묻힌 원석을 채굴해 가공하지 않으면 사람들이 좋아하는 보석은 결코 될 수 없다. 재능과 노력, 외모, 끼를 지닌 사람이라도 발굴하여 교육, 제조하지 않으면 결코 스타가 될 수 없다. 견고한 스타 시스템 속에서 스타가 철저히 만들어지고 있는 상황에서는 더욱 그렇다. 자질이 많다고 반드시 스타가 되는 것은 아니다. 또한, 자질이 적다고 스타가 되지 못하는 것도 아니다. 누구나 스타가 될 수 있지만 아무나 스타가 되는 것은 아니다.

대중문화라는 하늘에서 스타로서 빛을 발산하려면 발광원(發光源) 역할을 하는 사람이 있어야한다. 그 발광원이 바로 스타 메이커이다. 피그말리온이 상아의 인형에 생명을 불어넣어 아름다운 여인으로 탄생시키듯 스타 메이커는 평범한 연예인 지망생에게 인기와 대중이 선호하는 이미지를 불어넣어 대중의 사랑을 받는 스타로 탈바꿈시키는 연예계의 피그말리온 같은 존재다.

보아는 이수만이라는 기획 제작자가 없었다면 무수한 팬의 환호성을 받지 못하고 대학준비에 여념이 없는 평범한 고교생, 대학생 그리고 직장인으로 생활했을 것이고, 전지현과 정우성은 정훈탁이라는 매니저가 없었다면 스타가 되기 어려웠을 것이다. 빅뱅 역시 양현석이라는 연예기획자를 만나지 못했다면 한국뿐만 아니라 아시아 각국에 인기를 얻는 톱스타로 부상하지 못했을 것이다.

송혜교와 원빈, 문근영은 윤석호 PD의 드라마 '가을동화'에 출연하지 않았다면 스타덤에 오를 가능성은 훨씬 낮았을 것이며, 배용준, 최지우는 윤석호 PD의 '겨울연가'로 인해 최고의 한류스타에 오를 수 있었다. 한석규가 장수봉 PD의 드라마 '아들과 딸'에 캐스팅 돼 조련받지 않았다면 대한민국 대표배우가 되기 힘들었을 것이다.

길거리의 평범한 사람에서 스타로의 부상 과정에는 스타 메이커의 손길이 정교하고 치밀하게 개입된다. 스타의 머리 한 올, 하나의 손짓, 한 마디의 말에도 스타 메이커의 손길이 스며있다.

신인을 발굴하고 연마하는 매니저와 기획자, 이들을 영화나 음반, 드라마, 뮤직 비디오, 광고에 출연시켜 대중과의 만남을 연결하는 작품의 생산자인 연출자, 감독, 작곡가 그리고 이들의 이미지를 조성하고 유포하는 기자와 PD, 홍보맨 등 수많은 스타 메이커들이 스타의 육체와 영혼 곳곳에 깊숙이 관여하고 있다.

대중문화 산업시장의 규모, 스타 시스템의 구축 정도, 대중매체의 판도, 연예인 지망생 규모, 신인의 스타 자질 보유 여부에 따라 미디어 텍스트(작품) 생산자로서 스타 메이커, 매니저와 기획자로서의 스타 메이커, 이미지와 정보 제공자로서의 스타 메이커의 역할과 비중은 달라진다.

스타 메이커는 스타화 과정에서 각자 고유의 역할과 기능을 한다. 신인 발굴에서 작품 출연, 그리고 신인이 대중의 마음속에 착근 할 때까지 유기적으로 협력해 신인을 스타로 만든다.

1950년대 전까지 스타 탄생은 주로 스크린과 무대를 통해 이뤄졌다. 영화감독이나 악극단장, 레코드사 사장은 인맥이나 신인가수 선발대회를 통해 발굴한 신인을 작품이나 무대를 통해 스타로 만들어 스타 메이커로서 면모를 보였다.

일제 강점기 영화사 백남 프로덕션의 윤백남 감독, 나운규 프로덕션의 배우 겸 감독이었던 나운규는 '아리랑' 등 영화를 통해 윤봉춘을 비롯해 신일선, 주삼손, 이금룡, 전옥, 김연실을 대중의 우상으로 키웠다. 악극단 '태평양' 김용환 사업부장은 길을 가던 구봉서를 발탁해 악극 무대에 세워 스타로 부상시켰다.

일제 강점기 영화계보다 신인발굴이 더 체계적이었던 가요계에선 레코드사가 콩쿠르 대회를 통해 신인 가수를 발굴한 뒤 음반을 내 초보적이지만 체계적인 스타 시스템을 구축했다. 우리나라 최초의 매니저로 알려진 이기세는 1926년 윤심덕에게 일본에서 '사의 찬미'를 레코딩 하게 해 스타로 만들었다. 1933년 문을 연 오케 레코드사의 이철 사장은 스타 메이커로서 큰 역할을 했다. 이철 사장은 일제의 혹독한 문화정책의 와중에서도 신인가수 콩쿠르를 통해 조선인 가수를 규합해 독자적인 인력 구성을 했고, 백년설, 김정구, 황금심을 발굴 양성해 스타로 만들었다.

해방 이후 1950~1960년대에는 가장 대중적인 오락매체로 부상한 영화를 통해 스타 배우들이 속속 배출됐다. 특히 영화배우의 전속제를 실시한 '신필름'의 신상옥 감독은 그의 작품을 통해 최은희에서부터 신성일에 이르기까지 많은 스타를 배출해 스타 메이커로서의 진면목을 보였다. 이 시기 남정임은 1966년 김수용 감독에 의해 '유정'의 주연으로 발탁돼 배우로 첫 발을 디디면서 대중의 관심을 받아 스타 배우의 길을 걸었고, 윤정희는 1967년 강대진 감독의 '청춘극장'을 통해 주연으로 데뷔해 스타덤에 올랐다.

1950~1960년대 대중음악계에선 지구 레코드사와 오아시스 레코드사가 가수에 대한 전속제 뿐만 아니라 작곡가, 작사가도 전속제를 실시해 안정적인 활동을 보장함으로써 체계적이고 지속적인 스타 배출 창구역할을 했다. 1960년대부터 TV 방송국이 속속 개국해 연예인 공채와

전속제를 실시해 배우, 가수, 코미디언을 배출하는 등용문 역할을 했다.

1970~1980년대는 텔레비전은 신인발굴에서 스타로 부상시키는 스타의 공급 라인이자 유통 창구의 강력한 매체였다. 이 당시 스타 메이커는 높은 인기를 끈 드라마, 예능 프로그램 연출자와 유명 작가다. 1972년 방송된 '여로'의 극본과 연출을 맡은 이남섭 PD는 태현실, 장욱제를 최고의 스타로 만들었고, 1970~1971년 방송된 '아씨'의 고성원 PD와 극본을 맡은 임희재 작가는 김희준을 최고의 스타로 부상시켰다. 이기하, 황은진, 표재순, 김연진, 김재형, 김수동, 최상현, 허규, 임학송, 김운진, 이유황, 주일청, 이서구, 유기촌, 박철, 이연헌, 최상식, 장기오, 하강일, 장형일, 최종수, 김지일, 고석만, 정문수, 유홍렬, 이병훈, 황인뢰, 김한영 PD가 수많은 드라마를 통해 신인이나 무명 연기자를 스타로 만들었다.

또한, 스타 작가로 이름을 날린 유호, 차범석, 신봉승, 한운사, 임희재, 김기팔, 이희우, 김수현, 임충, 나연숙, 이상현, 조남사, 양근응, 이철향, 이환경, 이금림, 윤대성, 유열, 이은성, 김정수도 스타 메이커로서 역할을 톡톡히 했다.

이 시기 시청자의 사랑을 받은 예능 프로그램 역시 스타를 배출하는 진원지 역할을 하며 연출자는 스타 메이커로서 면모를 과시했다. '가요대행진'을 비롯한 쇼나 음악 프로그램을 연출하며 조용필을 비롯한 수많은 스타 가수를 배출한 진필홍 PD, '웃으면 복이 와요' 등 코미디 프로그램의 일가를 이루며 권귀옥, 이기동, 남철, 남성남 등 많은 스타 코미디언을 만든 김경태 PD를 비롯해 유수열, 진필호, 조의진, 지석원, 은희현, 신종인, 윤인섭, 이남기, 김웅래, 주병대, 배철호, 경명철 등이 스타 메이커 예능 PD로 꼽힌다.

1970~1980년대 영화는 텔레비전의 영향력 강화로 인해 이전 시기에서 보여준 스타의 배출 창구 기능과 연기자를 스타로 부각시키는 매체로

서 힘이 약화됐다. 하지만 유명 감독들에 의해 신인 연기자들이 스타로 발돋움했다. 김기영, 하길종, 유현목, 정진우, 이장호, 이만희, 김호선, 김수용, 이두용, 정소영, 문여송, 임권택, 배창호, 곽지균, 장선우 감독에 의해 안인숙부터 안성기, 정윤희, 강수연, 황신혜에 이르기까지 수많은 스타 배우들이 등장할 수 있었다.

음반기술의 발달로 새로운 환경을 맞은 1970년대부터 1980년대 중반까지 한국 음반산업은 지구, 오아시스, 성음, 유니버설, 아세아, 서울음반이라는 메이저 회사 중심으로 스타 가수를 배출했다. 특히 레코드사의 전속 계약의 핵심인 작곡가는 신인 가수를 발굴하고 스타로 키우는 스타 메이커였다. 남진, 나훈아를 배출한 박춘석, 김추자, 펄시스터즈를 스타로 만든 신중현을 비롯한 유명 작곡가는 사무실을 차려놓고 수많은 지망생들 중 유능한 신인을 발굴해 가창 연습, 무대출연을 통한 경력 쌓기, 정규음반 녹음 수순을 밟게 해 스타로 부상시켰다. 1960년대 후반부터 1970년대까지 통기타와 청바지로 대변되는 청년문화가 부상하면서 경음악 감상실이나 레스토랑에서 노래를 부르는 포크송 가수들이 눈길을 끌었는데 최동욱, 피세영, 이종환, 박원웅 등 라디오 방송 DJ들은 청년 가수들을 발굴, 대중매체에 출연시켜 스타로 발돋움할 수 있는 계기를 마련해주는 스타 메이커 역할을 했다.

1980년대 중반 들어 사전 기획을 통한 음반제작사가 등장하기 시작했다. 김현식, 조동진 등 언더그라운드 가수들을 중심으로 음반을 제작해 이들을 스타 가수로 만든 동아기획의 김영 대표 등이 속속 스타 메이커 대열에 합류했다.

가수들의 개인 매니저가 본격적으로 활성화한 것은 1970년대인데 이한복(패티김, 김세레나, 남진), 최봉호(하춘화, 이주일), 길영호(남진), 유재학(조용필), 사맹석, 이명순, 김종민(최헌, 윤수일, 조경수) 등 개인 매니저들은 스타를 만들기 보다는 스타의 원활한 활동을 도와주면서 스타 상품성을 배가시키는 노력을 했고 1980년대에는 김완선을 키운 한백희를 비롯해 서희덕, 양승국, 송영식, 장의식, 김경남, 변대윤 등 매니저들은 음반사나 매니지먼트사를 차려 신인을 발굴하고 이들을 스타 가수로 만들었다. 1990년대 초반 방송사의 공채와 전속제가 강력한 힘을 발휘하던 상황에서 배병수는 매니저가 스타를 적극적으로 생산해내는 힘을 가질 수 있다는 것을 보여준 스타 메이커로서의 매니저 전형을 보여준 인물이다. 배병수는 단역배우였던 최진실을 스카우트해서 광고 모델로 출연시켜 스타급으로 올려놓았고 자신이 매니지먼트 하는 스타들을 이용해 다른 연예인을 '끼워 팔기'로 출연시키는 방식을 활용했다.

1991년 SBS의 등장으로 텔레비전의 연기자 전속제가 폐지되고 1990년대 중후반부터 방송사의 연기자 공채가 없어지면서 신인의 양성과 스타 관리가 TV 방송사에서 연예기획사로 옮겨갔다. 기획사는 오디션을 거쳐 연예인 지망생을 발탁해 일정기간 훈련을 시킨 뒤 시장조사와 트렌드 분석을 통해 데뷔시켜 체계적인 마케팅으로 스타로 만드는 매니지먼트 시스템을 도입한 SM엔터테인먼트가 1995년 등장했다. SM 등장 이후 스타 메이커 역할을 하는 사람은 바로 매니저와 기획사 대표다. 1990년대부터 2000년대 초반까지는 연기자 부분에선 싸이더스의 정훈탁, 박성혜, 에이스타스의 백남수, 김희정, 스타제이의 정영범, 대박기획의 김정수가 스타 메이커로서 맹활약을 펼쳤고 이들 중 상당수는 2010년대에 들어서도 여전히 스타 메이커로서의 역할을 하고 있다. 가수 부문에선 SM엔터테인먼트의 이수만, 대성기획의 이호연, GM기획의 김광수, DMC코리아의 신철, 예당엔터테인먼트의 변대윤이 최고의 스타 메이커로 역할을 했다. 그리고 2010년대 이후 연기자와 가수를 육성관리하는 통합 기업형 엔터테인먼트의 대표나 매니저, 프로듀서들이 스타 메이커의 대표주자로 나섰다. SM엔터테인먼트의 이수만, 김영민, YG엔터테인먼트의 양현석, JYP엔터테인먼트의 박진영, 정욱, IHQ의 정훈탁, 판타지오의 나병준, FNC엔터테인먼트의 한성호, 이매진 아시아의 변종은, 화이 브라더스의 심정운이 스타 판도를 좌우하는 스타 메이커들이다.

1990년대부터 연예기획사 중심의 스타 시스템이 구축되면서 기획사 종사자와 대표의 스타 메이커 역할이 두드러졌지만 '스타는 성공한 대중문화 상품에서 나온다'는 정설에서 알 수 있듯 연출자, 감독, 작가의 스타 메이커 역할 역시 막강했다. 1990년대 들어 트렌디 드라마가 스타 배출 창구 역할을 하면서 황인뢰, 윤석호, 이진석, 이창순, 오종록, 표민수의 작품에서 많은 신인들이 스타로 부상했고, 사극의 이병훈, 김재형, 김종선 PD, '모래시계'로 스타 PD시대를 연 김종학 PD, 대중성과 작품성 두 마리 토끼를 잡은 드라마를 많이 한 안판석 PD, 정통 드라마를 연출한 장수봉 PD의 작품에서 많은 스타가 배출됐다. 이들 PD들은 2000년대 들어 스타 메이커로 떠오른 이형민, 장태유, 신우철, 김규태 PD와 함께 한국 드라마를 이끌 뿐만 아니라 중국, 일본에서 엄청난 인기를 끄는 수많은 한류스타를 만들었다.

또한, 김수현, 이환경, 김정수, 김운경, 송지나, 최완규, 노희경, 오수연, 이경희, 김은숙, 박지은 등 드라마 유명 작가들 역시 수많은 스타를 배출한 우리시대 최고의 스타 메이커다.

대중의 눈길을 끄는 예능 프로그램을 통해서도 예능 스타가 양산됐다. 1990년대~2010년대 송창의, 은경표, 박해선, 김병욱, 김영희, 여운혁, 김태호, 나영석, 신원호, 조효진 PD는 예능 스타를 만드는 스타 메이커 PD들로 꼽힌다.

1990년대~2010년대 영화감독들 역시 스타 메이커로서 역할을 잘 수행하고 있다. 임권택, 장선우, 정지영, 이창동, 강우석, 강제규, 임상수,

홍상수, 김성수, 김기덕, 박찬욱, 최동훈, 봉준호, 이준익, 김지운, 윤제균, 류승완 등 스타 감독들에 의해 스크린 스타들이 배출됐다.

TRF, 시노하라 료코, 아무로 나미에, 맥스, DOS를 스타로 배출한 일본 프로듀서 고무로 데스야처럼 한국에서도 스타 가수를 만드는 프로듀서의 역할이 두드러진 것은 연예기획사 중심의 스타 시스템의 구축된 1990년대부터. 1990년대~2010년대 신인가수나 기존의 가수를 어느 프로듀서가 맡느냐에 따라 음반과 가수의 성공여부가 결정된다고 인식할 정도로 프로듀서의 스타 메이커 역할은 매우 크다. 김건모, 성시경을 스타로 만든 김형석 등 유명 프로듀서들이 스타 메이커 역할을 수행하고 있다.

연예인 지망생이 어떤 기획사를 만나고 어떤 작품 생산자를 만나느냐에 따라 스타가 되느냐 못 되느냐가 결정되는 시대다. 진정한 스타 메이커를 만나느냐 못 만나느냐에 따라 연예인 지망생은 하늘에서 찬란한 빛을 발산하는 위대한 거성(巨星)도 될 수도 있고 희미한 빛만 내다가 사라지는 유성(流星)으로 전락하는 경우도 발생한다.

스타란 극도로 부패(腐敗)하기 쉬운 상품이다. 스타의 생명력과 가치란 대중들의 마음과 화젯거리 속에 얼마나 폭발적으로 부상하고 얼마나 오랫동안 버티느냐에 달려 있다. 스타를 부패로부터 막아주고 신선함을 유지시켜 주는 것도 스타 메이커의 몫이다. 스타 메이커는 스타 생명에 치명적인 위기를 관리해주고 스타성을 유지시켜 제2의 스타 인생을 걷게 해 주기도 한다.

독창적이고 창의적인 스타 메이커가 많을수록 대중이 사랑을 하는 건강한 스타들이 많이 배출될 수 있고 탄탄한 스타 시스템이 구축될 가능성은 높아진다.

스타를 제조하는 스타 메이커들의 명성이 쌓여 스타 메이커 자신이 스타로 부상하는 시대가 됐다. 이들은 스타 메이커로서의 유명도를 최대한 발휘해 자신의 작품이나 기획사에 스타를 출연시키거나 소속시켜 영향력을 더욱 키워나가고 있다. 스타 메이커는 스타와 더불어 스타 시스템의 핵심이자 대중문화의 막강한 권력으로 자리잡아가고 있다.

## 2. 작품 생산자로서 스타 메이커: PD, 감독, 작가, 프로듀서

스타는 대중의 환호 속에서 탄생한다. 그 환호의 진원지는 영화, 드라마, 음반, 뮤직 비디오, 광고 등 대중문화와 미디어 콘텐츠다. 스타는 대중문화와 미디어 콘텐츠를 통해 대중과 만난다. 콘텐츠의 형식과 내용, 완성도, 대중의 호응 정도에 따라 신인이 스타로 비상할 수도 있고 신인인 채로 멈출 수도 있다. 그만큼 콘텐츠가 중요하다. 이 때문에 스타 탄생에 있어 미디어 콘텐츠를 만드는 사람은 매우 중요하다. 제작하는 사람에 따라 미디어 텍스트의 문양이 달라지고 대중의 관심도도 천양지차로 나타난다.

스타 감독이나 유명 연출자, 작가의 작품 출연만으로 신인 연예인은 자신이 스타로 등극할 가능성이 많아질 것이라고 인식하고, 스타는 인기를 더 고조시켜 자신의 상품성이 한층 상승할 것이라고 확신한다.

미디어와 대중문화 콘텐츠 생산자로서 스타 메이커는 작품의 흥행으로 대중의 시선을 끄는 자질이 뛰어나거나 독창성으로 고유한 스타일을 구축한 작가주의적 개성을 가진 사람들, 연기자나 예능인의 장점을 극대화하는 능력이 뛰어난 사람이 대부분을 차지한다. 이들은 배우와 가수의 개성, 연기나 창법의 특성을 최대한 발현시켜 대중이 선호하는 이미지를 형성하거나 대중의 트렌드를 선도할 경쟁력을 창출해줄 가능성이 높다.

콘텐츠 생산자로서의 스타 메이커 명성을 얻게 되면 명망 있고 대중의 인기를 한 몸에 받는 스타들의 캐스팅을 쉽게 할 수 있어 스타 메이커 또한 작품의 흥행성을 높일 수 있다. 이로 인해 스타 메이커 역시 스타로 부상하기도 한다.

대중문화계의 작품 생산자로서의 스타 메이커는 누구일까. 스타를 가장 많이 배출하는 매체 중 하나인 텔레비전에서의 스타 메이커는 드라마와 예능 프로그램의 연출자와 작가다. 특히 드라마는 텔레비전 프로그램 중 인기가 가장 높고 한류를 선도하는 장르여서 드라마 PD와 작가는 스타 메이커로서 큰 역할을 한다.

1992년 MBC 미니시리즈 '질투'를 시작으로 대중문화에서 영향력이 높은 10~30대를 겨냥한 트렌디 드라마의 본격적인 등장으로 인해 스타의 탄생과 사멸 등 스타의 순환주기가 빨라졌다. 그 뿐만 아니라 신세대 스타는 트렌디 드라마에서 배출되는 경향이 지배적이었다. 화제와 시청률에서 단연 눈길을 끄는 트렌디 드라마를 주로 연출하는 연출자 중 스타 메이커로서 역할을 하는 PD가 많은 이유이다. 트렌디 드라마의 연출자로 스타 메이커 역할을 한 PD로는 1990년대부터 2000년대 초중반까지는 윤석호, 이진석, 이창순, 이승렬, 장용우, 오종록, 장기홍, 표민수, 정세호, 이형민 PD가 대표적이다.

이 중에서 윤석호 PD와 이진석, 오종록 PD는 신인을 기용해 스타로 배출시키는 능력이 탁월하다. 영화 영상을 떠올리게 할 정도로 그림 같은 화면 연출로 유명한 윤석호 PD는 '사랑의 인사'의 김지호를 비롯해 '내일은 사랑'의 고소영과 이병헌, '느낌'의 류시원, '순수'의 명세빈, '가을동화'의 원빈, 송혜교, '봄의 왈츠'의 한효주, '사랑비'의 윤아, 서인국의 스타 탄생을 가능하게 했으며 '겨울연가'의 배용준과 최지우, '웨딩 드레스'의 김희선, 이승연, '여름 향기'의 송승헌, 손예진 등 기존 스타들의 상품성을 높여줬다. 윤석호 PD는 "대사는 손해 봐도 신인들의 풋풋한 본래 이미지가 나오는 매력이 있어 신인들을 가급적 많이 기용한다"고 말한다.

이진석 PD 역시 '사랑을 그대 품안에'의 차인표, '별은 내 가슴에'의 안재욱, '해바라기'의 차태현, 김정은, '사랑해 당신을'의 채림, '이브의 모든 것'의 김소연, '술의 나라'의 김민정 등 신인이나 무명을 일약 스타로 부상시켰다. 김하늘과 전지현을 대중에게 확실하게 각인시킨 '해피투게더', 고수, 조재현, 조인성을 스타덤에 올린 '피아노', 지진희를 세상에 알린 '줄리엣의 남자'를 만든 오종록 PD, 유동근, 황신혜, 이응경 주연의 '애인'과 이승연, 김승우, 황신혜 주연의 '신데렐라', 최진실과 김승우 주연의 '추억'을 연출한 이창순 PD, 최진실과 최수종 주연의 '질투', 박상원, 송윤아 주연의 '애드버킷', 김혜수, 정선경 주연의 '국희'를 만든 이승렬 PD, 안재욱 주연의 '복수혈전', 차인표, 송윤아, 김남주 주연의 '왕초', 배용준, 송윤아, 송혜교 주연의 '호텔리어'를 연출한 장용우 PD, 무명인 연극배우 김석훈을 일약 스타 연기자로 변신시킨 '홍길동', 심은하의 상품성을 유감 없이 발휘하게 한 '청춘의 덫'(1998년), 신인 김유미를 스타 탄생시킨 '경찰특공대'의 정세호 PD, 김희선을 기용해 높은 시청률을 기록한 '토마토', '미스터Q' 그리고 장나라를 연예계 신데렐라로 만든 '명랑소녀 성공기'의 장기홍 PD, 송혜교와 비 주연의 '풀하우스', 김현주 주연의 '인순이는 예쁘다', 현빈, 송혜교 주연의 '그들이 사는 세상'의 표민수 PD, 비, 공효진 주연의 '상두야 학교가자', 소지섭, 임수정을 스타덤에 올려놓은 '미안하다 사랑한다', 현빈, 성유리의 매력을 발산시킨 '눈의 여왕', 설현을 연기자로 만든 '오렌지 마말레이드'의 이형민 PD 등이 스타 메이커로서 유명하다.

트렌디 드라마 연출가와 달리 김종학, 안판석, 장수봉 PD는 작가주의
적 색채나 연기자 조련으로 스타 메이커 PD 역할을 톡톡히 했다. 드라마
PD 중 높은 대중성과 작품성을 확보한 작품을 많이 연출한 김종학 PD는
선 굵은 역사적, 사회적 주제와 멜로를 혼합해 만든 드라마를 통해 수많
은 스타를 배출했으며 기존 스타들의 스타성을 천정부지로 올려놨다. '인
간시장'의 박상원, '여명의 눈동자'의 채시라, 최재성, '모래시계'의 고현
정, 최민수, 이정재, '대망'의 손예진, 장혁, '태왕사신기'의 배용준, 이지
아, 문소리 등 신인과 스타들이 김종학 PD의 조련으로 대중의 인기를 누
렸다. 안판석 PD는 1990년대 인기 드라마 '짝', '고개숙인 남자', '장미와
콩나물', 2000년대 '아줌마', '하얀거탑', 2010년대 '아내의 자격', '밀회',
'풍문으로 들었소'를 통해 김혜수, 원미경, 최진실, 김명민, 김희애, 유아
인, 유준상, 유호정 등 스타들의 스타성을 배가시켰다. 장수봉 PD는 연
기자의 연기력 조련사로 유명한데, '춤추는 가얏고'에서 데뷔한 오연수
가 장PD의 조련 덕분으로 스타 탄생을 했으며 '아들과 딸'의 한석규 역
시 연기자로서 첫 발을 성공적으로 디딜 수 있었다.

호흡이 길고 연기가 힘든데다 대중에게 이미지를 각인시키는 폭발력
이 적어 신세대 연기자들의 기피 현상이 두드러진 사극에서도 스타 메이
커는 존재한다. 대표적인 PD가 한국 사극사를 수놓은 '여인천하', '용의
눈물'을 만든 김재형 PD와 '조선왕조 500년' 시리즈와 60%라는 엄청난
시청률을 기록한 '허준', 그리고 '상도', '대장금', '동이', '이산', '마의', '옥
중화'를 연출한 이병훈 PD다. 김재형 PD는 '용의 눈물'에서 유동근을 최
고의 탤런트로 탄생시켰으며 '여인천하'에선 전인화, 강수연, 도지원 등
스타의 상품성을 대폭 올려놨다. 이병훈 PD로 인해 전광렬, 황수정, 김
현주, 이영애, 지진희, 한효주, 한지민, 이서진, 진세연 등 수많은 탤런트
가 스타로 부상하기도 하고 스타에서 도약해 톱스타 자리를 차지하기도

했다. 물론 이 중에는 이영애처럼 한류스타의 영광을 차지한 연기자도 많다. 시청률 50%를 기록한 '왕과 비', '태조왕건', '대조영', '광개토대왕'을 연출한 김종선 PD 역시 사극을 통해 스타 배출을 톡톡히 한 스타 메이커 PD로 꼽힌다.

2000년대부터 2010년대에는 이들 PD들의 뒤를 이어 '파리의 연인', '온에어', '시크릿가든', '신사의 품격', '구가의서'의 신우철 PD, '다모', '패션 70's', '베토벤 바이러스', '더킹 투하츠'의 이재규 PD, '쩐의 전쟁', '바람의 화원', '뿌리깊은 나무', '별에서 온 그대'의 장태유 PD, '이 죽일 놈의 사랑', '아이리스', '그 겨울, 바람이 분다', '괜찮아 사랑이야', '달의 연인-보보경심 려'의 김규태 PD, '신데렐라 언니', '성균관 스캔들', '미생', '시그널'의 김원석 PD 등이 스타 메이커 PD로 이름을 날리고 있다.

'드라마는 작가의 예술'이라는 말이 있을 정도로 드라마 흥행과 완성도에 큰 영향을 미치는 사람이 바로 극본을 집필하는 작가다. 드라마 작가는 일정 정도의 캐스팅에 영향을 미치고 있어 일부 스타 작가들은 스타 사단을 형성하거나 신인들을 스타로 비상시키는 역할을 톡톡히 하고 있다.

한국 드라마사를 관통하며 최고의 작가의 자리에 있는 김수현은 1960년대부터 극본작업을 시작해 2010년대에도 왕성한 활동을 하며 무수한 별들의 거대한 발광원 역할을 하고 있다. 1970년대 '청춘의 덫'의 이효춘, 이정길, 박근형부터 1980년대 '사랑과 야망'의 이덕화, 1990년대 '사랑이 뭐길래'의 최민수, 하희라, '목욕탕집 남자들'의 김희선, '청춘의 덫'의 심은하, 유호정, 이종원, 2000년대 '내 사랑 누굴까'의 이승연, 명세빈, '부모님 전상서'의 김희애, '내 남자의 여자' 배종옥, '엄마가 뿔났다'의 김혜자, 2010년대의 '인생은 아름다워'의 김해숙, 이상윤, '천일의 약속'의 김래원, 수애, '그래 그런 거야'의 이순재, 강부자 등 신인에서 중견 연기자에 이르기까지 인기와 존재감을 높여주는 우리 시대 최고의 스타 메이커 작가다.

'전원일기', '엄마의 바다', '그대 그리고 나', '파도', '그 여자네 집', '한강수 타령', '엄마'의 김정수, '은실이', '지평선 너머', '푸른 안개'의 이금림, '용의 눈물', '태조 왕건', '야인시대'의 이환경, '모래시계', '여명의 눈동자', '대망', '태왕 사신기', '신의'의 송지나, '거짓말', '우리가 정말 사랑했을까', '바보 같은 사랑', '그 겨울 바람이 분다', '그들이 사는 세상', '괜찮아 사랑이야', '디어 마이 프렌즈'의 노희경, '진실', '맛있는 청혼', '메리대구공방전', '태양의 여자', '착하지 않는 여자들'의 김인영, '상두야 학교가자', '미안하다 사랑한다', '고맙습니다', '이 죽일놈의 사랑', '세상에 그 어디에도 없는 착한 남자', '함부로 애틋하게'의 이경희도 스타들이나 신인들이 작업을 하고픈 스타 메이커 작가들이다.

이밖에 '종합병원', '허준', '상도', '올인'의 최완규, '흐르는 것은 세월뿐이랴', '국희', '황금시대'의 정성희, '서울의 달', '파랑새는 있다', '유나의 거리'의 김운경, '아줌마', '장미와 콩나물', '아내의 자격', '밀회', '풍문으로 들었소'의 정성주도 스타 메이커 작가로 이름을 얻고 있다. 또한 막장 드라마로 지탄을 받지만 높은 시청률로 흥행에 성공한 '보고 또 보고', '인어아가씨', '보석비빔밥', '오로라 공주', '하늘이시여', '압구정 백야'의 임성한, '왕가네 식구들', '수상한 삼형제', '조강지처 클럽', '우리 갑순이'의 문영남 작가도 신인을 스타로 만드는 스타 메이커 역할을 하고 있다.

'대장금', '서동요', '히트', '선덕여왕', '뿌리깊은 나무', '육룡이 나르샤'의 김영현, '파리의 연인', '프라하의 연인', '시티홀', '온에어', '시크릿 가든', '신사의 품격', '상속자들', '태양의 후예', '도깨비'의 김은숙, '내조의 여왕', '역전의 여왕', '넝쿨째 굴러온 당신', '별에서 온 그대', '프로듀사', '푸른 바다의 전설'의 박지은 작가는 출연 배우들을 중국과 일본 등 외국에서 엄청난 인기를 끄는 한류스타 메이커 작가로 명성을 얻고 있다.

안방 시청자의 눈길을 끌뿐만 아니라 아시아 각국에 예능 한류를 일으키고 있는 예능 프로그램 PD들 역시 스타 메이커의 면모를 보여주고 있다. 1990년대~2010년대 스타 메이커 예능 PD로는 '일요일 일요일 밤에', '남자셋 여자셋', '세 친구' 등 버라이어티와 시트콤을 통해 이경규에서부터 신동엽에 이르기까지 수많은 예능 스타 뿐만 아니라 송승헌, 이의정, 윤다훈 등 연기자들도 인기 배우로 격상시킨 송창의 PD, '이소라의 프로포즈', '열린 음악회', '뮤직뱅크' 등 수많은 음악 프로그램을 연출하며 가수들을 스타로 부상시킨 박해선 PD, '순풍산부인과', '거침없이 하이킥', '지붕뚫고 하이킥' 등을 통해 송혜교, 박영규, 오지명, 이순재, 나문희, 윤시윤, 정일우, 황정음, 박민영, 신세경, 진지희, 서신애 등 중견 연기자에서부터 아역까지 스타로 만든 시트콤 전문 김병욱 PD 등이 대표적인 스타 메이커 예능 PD다. 예능 프로그램의 미다스 손이라는 김영희 PD는 '일요일 일요일 밤에', '21세기위원회', '칭찬합시다', '느낌표', '나는 가수다' 등을 통해 이경규, 박경림, 김용만, 김국진, 이경실, 서경석, 유재석 등 무수한 예능스타의 스타성을 높여주거나 신인 예능인을 스타로 만든 예능 PD 중 최고의 스타 메이커로 군림하고 있다.

'천생연분', '무릎팍도사'의 여운혁 PD, '무한도전'의 김태호 PD, '개그콘서트'의 서수민 PD, '1박2일', '꽃보다 할배', '삼시세끼'의 나영석 PD, '남자의 자격', '응답하라 1994, 1997, 1988'의 신원호 PD, '런닝맨'의 조효진 PD 등이 예능 스타를 만드는 스타메이커 PD로 맹활약하고 있다.

영화는 감독의 예술이다. 그 만큼 영화에서 감독이 차지하는 비중은 아무리 강조해도 지나치지 않다. 시나리오에서부터 캐스팅, 연기 지시, 촬영, 편집에 이르기까지 영화의 전 과정에서 총사령관 역할을 하는 영화감독은 우리 대중문화사의 장을 열 때부터 주요한 스타 메이커 기능을 해왔다. 자신의 독특한 작품 세계를 지향하는 작가주의 감독과 흥행에 성공해 대중의 시선을 폭발적으로 끌어당기는 흥행 감독들의 작품에서 무수한 스타들이 쏟아져 나오고 기존 스타들은 자신들의 상품성을 최고조로 올리고 있다.

2002년 칸영화제에서 감독상을 수상하며 세계적으로 인정받는 거장 임권택 감독과 1990년대 이후 제작자, 감독으로 영화계에서 여전한 영향력을 행사하는 강우석 감독은 대표적인 스타 메이커 감독이다. 임권택 감독은 오디션을 통해 '서편제'의 오정해, '장군의 아들'의 박상민, 김승우, '춘향전'의 조승우라는 신인을 기용해 스타로 만들었다. 또한, '만다라'에 안성기를, '씨받이'에 강수연을, '취화선'에 최민식을 각각 기용해 스크린의 최고의 배우 자리에 올려놓기도 했다. "임권택 감독은 연기에 대해서는 무척 까다로운 연출자입니다. 스타들 중에는 자기주장대로 하는 경우가 많은데 그 점에서 임권택 감독은 스타보다는 자기의 연기 지도를 믿고 따르는 배우를 선택 합니다"라는 임 감독의 조감독을 지낸 곽지균 감독의 전언은 임 감독 영화에서 유독 스타 탄생이 많은 지에 대한 이유를 알려준다.

이에 비해 강우석 감독은 흥행성 위주의 영화를 지향해 기존 스타들을 많이 기용하는 경향이 강하다. '미스터 맘마'의 최민수, 최진실, '마누라 죽이기'의 박중훈, '투갑스'의 안성기, '생과부 위자료 청구소송'의 황신혜, 심혜진, '공공의 적'의 설경구, 이성재, '실미도'의 안성기, 설경구, '전설의 주먹'의 황정민, 유준상, '고산자, 대동여지도'의 차승원 등이 대표적이다.

한석규, 최민식, 신현준, 장동건, 원빈, 이은주 등 기존 스타 배우 위주로 캐스팅 하는 '쉬리'와 '은행나무 침대', '태극기 휘날리며'의 강제규 감독과 '거짓말'의 김태연, '성냥팔이 소녀의 재림'의 임은경, '꽃잎'의 이정현, '너에게 나를 보낸다'의 정선경 등 신인들을 곧 잘 기용해 스타로 키우는 장선우 감독도 스타 메이커로 인식된다.

대체로 상업성을 표방한 흥행 감독들은 기존의 스타를 활용하는 스타 중심의 영화를 만드는 반면 작가주의의 특성이 드러나는 감독들은 신인이나 무명을 기용하는 경향이 짙다. 흥행 감독들은 스타의 몸값을 올려주는 기능을 하고 작가주의 감독들은 신인을 발굴해 스타로 키우는 중요한 스타 메이커 역할을 하고 있다.

이창동, 홍상수, 김기덕, 임순례 감독은 작가주의 색채가 짙게 풍기는 감독으로 이들은 송강호, 설경구, 문소리 등 신인배우를 스크린에 데뷔시켰으며 곽경택, 김상수, 김상진 감독 등 소위 흥행성 위주의 감독들은 장동건, 유오성, 차승원, 이성재, 김혜수 등 기존 스타를 활용하는 영화를 주로 제작했다.

2000년대 들어 박찬욱, 최동훈, 이준익, 김지운, 봉준호, 윤제균, 류승완, 나홍진 등 스타 감독에 의해 스크린 스타가 속속 배출되고 있다.

음반 분야에서는 미디어 콘텐츠의 창작자로 작곡가를 들 수 있는데 이들은 대부분 1990년대 중반부터 프로듀서를 겸업하거나 제작자로 나서면서 스타 메이커로 수많은 스타를 만들고 있다. 아무로 나미에 등 수많은 스타를 배출한 일본 프로듀서 고무로 데스야처럼 한국에서도 스타 가수를 만드는 프로듀서의 역할이 두드러진 것은 연예기획사 중심의 스타 시스템의 구축된 1990년대 이후부터다. 1990년대~2010년대 신인 가수나 기존의 가수를 어느 프로듀서가 맡느냐에 따라 음반과 가수의 성공여부가 결정된다고 인식할 정도로 프로듀서의 스타 메이커 역할이 커졌다.

신승훈, 노이즈, 박미경을 스타 반열에 올려놓은 김창환, 박진영, 김건모, 솔리드, 성시경을 스타로 만든 김형석, 이정현, 룰라, 왁스, 핑클을 스타 반열에 올려놓은 최준영, 젝스키스, 쿨, 김현정, 옥주현, 장나라의 노래들을 작곡하며 인기가수로 올려놓은 박근태, DJ DOC의 '겨울이야기', 이승철의 '오늘도 난', 김범수의 '하루', 애즈원의 '너만은 모르길' 등 숱한 히트곡을 작곡한 윤일상이 스타 메이커 프로듀서들이다. 2010년대 들어 박진영, 김도훈, 테디, 용감한 형제, 신사동 호랭이, 이기용배 등이 작곡가 혹은 프로듀서로서 스타 메이커 역할을 활발하게 펼치고 있다.

## 3. 연예기획사의 스타 메이커: 매니저와 연예기획사 대표

1990년대 들어서 대중문화 시장이 급팽창하고 기업형 연예기획사와 음반 기획제작사, 영화 기획 제작사가 속속 등장하면서 문화상품의 기획의 중요성과 함께 연예인과 스타 매니지먼트의 비중이 높아졌다. 이런 상황에서 연예기획사 중심의 스타 시스템이 구축됐다.

'스타는 본인의 자질과 노력으로 탄생한다'는 인식이 있었으나 연예기획사 중심의 스타 시스템이 구축되기 시작한 1990년대 이후 '스타는 만들어진다'라는 생각이 폭넓게 자리 잡았다.

1990년대 이후 대중의 환호를 받은 스타 대부분은 연예기획사의 오디션이나 길거리 캐스팅, 인맥을 통해 발굴된 연예인 지망생이 교육과 훈련을 받고 데뷔한 가수, 탤런트, 배우들이다. 만들어진 스타들인 것이다.

연예기획사는 시장조사를 통해 소비자의 수요 욕구를 파악하고 판매대상과 콘셉트를 바탕으로 문화 상품과 스타를 체계적으로 양산하는 체제를 만들었다. 이러한 경향은 음반뿐만 아니라 대중문화 전 분야에서 진행됐다.

감과 느낌만 가지고 주먹구구식의 문화상품 생산이나 연예인 양성 풍토는 사라지고 대신 체계적인 문화상품 생산체제와 스타 시스템이 만들어졌다.

신인을 발굴하고 훈련교육 하며 대중의 인기를 얻게 해 스타로 부상시키는 데 연예기획사 대표와 매니저는 1990년대부터 명실상부한 스타 메이커 기능을 하며 대중문화의 흐름을 주도하는 세력으로 자리잡았다.

1990~2010년대 스타 시스템 구축에 있어 주요한 흐름 중 하나가 연기자, 가수를 아우르는 종합 엔터테인먼트사가 속속 등장해 이들 업체들이 연예인 관리뿐만 아니라 콘텐츠 제작에 직접 나서 대중문화계의 지형도를 그리고 있다는 점이다.

시사저널이 2005년 실시한 영화, 음반, 드라마 등 연예산업에 가장 영향력 있는 인물 조사에서 1위는 SM엔터테인먼트의 이수만 이사였고, 2위는 강우석 씨네마서비스 대표 · 정훈탁 싸이더스 HQ 대표가 공동 2위를 차지했으며, 4위 차승재 싸이더스 대표, 5위 강제규 엠케이 버팔로 이사, 6위 김종학 김종학프로덕션 대표, 7위 윤석호 윤스칼라 대표, 8위 JYP엔터테인먼트의 박진영, 9위 영화감독 박찬욱, 10위 배용준 BOF대표 순이었다.

시사저널의 2015년 연예인을 포함한 가장 영향력 있는 연예계 스타 조사에선 유재석, 전지현, 싸이, 최불암이 1위부터 4위를 차지했고, 5위 YG엔터테인먼트의 양현석, 6위 SM엔터테인먼트의 이수만, 7위에 키이스트의 배용준이 이름을 올렸다. 안성기, 김수현, 조용필이 8~10위를 차지했다. 한국일보의 2015년 엔터테인먼트 종사자 101명을 대상으로 한 엔터테인먼트 산업에서 가장 영향력 있는 인물 조사에서 SM엔터테인먼트의 이수만 프로듀서가 1위를 차지했고, 2위 YG엔터테인먼트의 양현석 대표, 3위 나영석 CJ E&M PD, 4위 배우 김수현, 5위 김태호 MBC PD 순이었다. 6위부터 10위까지는 이미경 CJ그룹 부회장, 김우택 NEW 총괄대표, 김성수 CJ E&M대표, 개그맨 유재석, 방송작가 박지은 순이었다. 2000년대 들어 스타 메이커의 판도를 보여주는 조사결과들이다.

이수만은 한국의 대표적인 스타 메이커다. 1989년 SM기획을 설립해 1995년 사업을 확장하며 SM엔터테인먼트로 회사명을 바꾼 이수만은 H.O.T, S.E.S, 신화, 플라이 투더 스카이, 보아, 동방신기, 슈퍼주니어, 소녀시대, 엑소 등 솔로가수와 아이돌그룹을 잇달아 스타로 만들어 국내 대중음악계 뿐만 아니라 K팝 한류의 흐름을 주도했다. 또한, 이수만은 안정적인 자본을 유치하기 위해 코스닥에 상장하여 엔터테인먼트 산업의 전환점을 마련했을 뿐만 아니라 체계적인 아이돌 육성 시스템 구축에 결정적인 역할을 했다. 이수만은 "SM엔터테인먼트는 처음부터 문화적으로 앞서는 것이 경제대국을 만드는 것보다 더 중요하다고 생각했다. 아시아, 미국, 유럽으로 나아갈 음악과 스타, 콘텐츠를 지속적으로 만들 계획이다"는 입장을 밝혔다.

서태지와 아이들 멤버로 활동하다 YG엔터테인먼트를 설립한 양현석은 이수만과 함께 한국 엔터테인먼트를 이끄는 주역으로 스타 메이커로서 능력도 뛰어나다. 빅마마, 휘성, 빅뱅, 2NE1, 악동뮤지션을 스타로 만들었을뿐만 싸이의 스타성을 배가시켰다. YG엔터테인먼트를 아티스트 중심의 기획사로 만들어 스타 메이커로서 확고한 입지를 다졌다.

JYP엔터테인먼트의 박진영은 가수로 활동하면서 작곡가, 프로듀서로서 탁월한 능력을 보이며 박지윤, god, 원더걸스, 2PM, 2AM, 미쓰에이, 트와이스를 스타로 키워냈다.

이들보다 앞서 1990년대에는 GM기획을 이끌었고 현재 MBK엔터테인먼트의 프로듀서로 활동하는 김광수는 홍보·마케팅의 귀재로 스타 메이커 역할을 하고 있다. 1985년 인순이의 로드 매니저로 출발한 김광수는 1980년대 중반 이후 김종찬 등 가수들을 발굴해 스타로 부상시켰으며 김희애, 황신혜 등 연기자 매니지먼트도 했다. 1990년대 들어 조성모를 톱스타로 키워냈다. 김광수는 인지도가 낮은 조성모를 홍보하기 위해 엄청난 제작비와 스타들을 투입 'To Heaven' 뮤직비디오를 제작해 인지도를 높였고 '출발 드림팀'에 지속해서 출연시켜 긍정적인 이미지를 조성하는 등 홍보 마케팅에 능력을 갖고 있는 스타 메이커다.

도레미레코드와 음악전문 케이블TV인 채널V코리아를 이끌며 신인들을 발굴하고 동시에 가수들의 음반을 제작하며 음반업계의 영향력을 발휘했던 도레미 미디어의 박남성 대표, 클럽DJ로 출발해 최성수, 양수경, 이정현, 조PD를 발굴해 기획 제작자로 성공한 예당엔터테인먼트의 변대윤 대표, 1978년 조용필의 매니저로 연예계와 인연을 맺고 1980년대 조용필, 윤시내, 윤항기를 거느린 스타 매니저로 이름을 날린 뒤 1980년대 후반부터 신해철, 015B, 윤종신, 전람회를 비롯해 박진영, 박지윤의 음반에 이르기까지 다양한 가수들의 음반을 기획제작 한 대영AV의 유재학 대표, 젝스키스, 핑클, 클릭B, SS501, 카라를 이끌며 SM엔터테인먼트와 함께 댄스 음악계를 주도한 DSP 미디어의 이호연, H.O.T를 발굴하는 것을 비롯해 SM엔터테인먼트에서 헤드 매니저로 활동하다 싸이더스로 옮겨 god를 키워 톱스타 반열에 올려놓은 정해익이 1990년대부터 2000년대 영향력 있는 스타 메이커였다.

1990년대~2000년대 연기자 매니저로 스타 메이커 역할을 하는 사람들은 개인형 회사 형태의 기획사 대표 매니저들이 많았지만, 기업형 연예기획사 대표로 연기자 매니지먼트 업계를 주도한 에이스타스의 백남수, 싸이더스 HQ의 정훈탁, 스타제이의 정영범 등이 연기자의 스타 메이커로 가장 명성을 날리는 사람들이다. 이들은 연기자 지망생의 개성과 외모를 감안해 작품을 선정하고 출연시켜 대중이 좋아하는 이미지를 창출하는 스타 제조의 탁월한 능력을 보여줬다.

1989년 백기획으로 출발해 연기자 매니저로 활동을 전개한 백남수는

2000년 개인형 회사를 몇 군데 합쳐 에이스타스를 출범시켰는데 이곳에는 한때 이영애, 안재욱, 이나영, 송윤아, 한고은, 김정은, 장동건 등 60여 명의 스타들이 소속돼 강력한 스타 파워를 과시했다. 김지호, 정우성, 박신양, 전지현 등을 연예계에 데뷔시키는 등 매니저로서 명성을 날리며 싸이더스 출범과 함께 매니지먼트 분야의 대표 주자로 나선 정훈탁은 최지우, 장혁 등 20여 명의 톱스타를 거느린 연기자 스타 메이커로 군림했다. 원빈, 윤손하, 수애, 조현재를 발굴해 스타로 키우고 양동근, 이나영, 김지수 등을 관리한 스타제이의 정영범도 매니저로서의 스타 메이커로 주목받고 있다. 이밖에 안재욱을 톱스타 반열에 올려놓고 박중훈, 최진실, 최진영의 매니지먼트를 했던 대박기획의 김정수도 스타 메이커로 인정받았다.

2010년대 들어서는 이들과 함께 하정우, 서강준이 소속된 판타지오의 나병준 대표, 유재석, 정형돈, FT아일랜드, 씨엔블루, AOA 등이 소속된 FNC엔터테인먼트의 한성호 대표, 유동근, 전인화, 오연서, 걸그룹 걸스데이가 소속된 이매진 아시아의 변종은 대표, 김윤석, 유해진과 주원, 강지환, 임지연이 소속된 화이 브라더스의 심정운 대표 등이 스타 판도를 좌우하는 스타 메이커로 자리 잡았다. 또한 문근영, 지성, 유준상, 신세경, 김소연, 이준기, 천우희, 한혜진, 김지수 등 스타급 연기자들이 대거 소속된 나무엑터스의 김종도 대표 역시 최고 스타 메이커로서 명성을 잇고 있다.

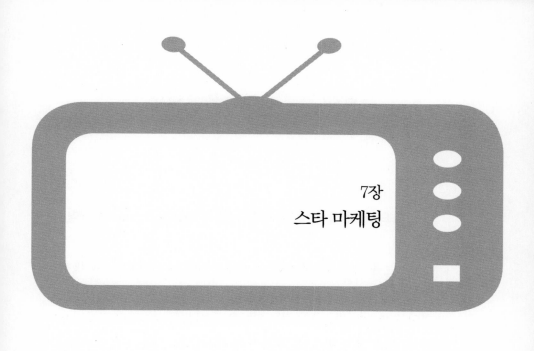

7장
스타 마케팅

## 1. 스타의 경제적 특성과 가치: 수입과 직결되는 스타 파워의 본질

'아침에 눈을 떠 컴퓨터를 본다. 포털에 인기 배우 이진욱의 성폭행 혐의 피소 기사가 떠있다. TV를 켜니 송중기가 모델로 나선 이동통신 광고가 화면을 채운다. 방송 뉴스에선 원더걸스, 비스트, 여자친구 등이 출연하는 '뮤직뱅크' 음악 프로그램 현장이 외국인이 찾은 한류 메카로 부상하고 있다는 소식을 전한다. 지하철에 오르니 승객이 스마트폰을 통해 간밤에 방송된 수지, 김우빈 주연의 '함부로 애틋하게' 등 드라마나 예능 프로그램을 보고 있다. 지하철 벽면에는 한고은 등이 모델로 나선 아파트 광고판과 연예인이 모델로 나선 대학교 광고판이 붙어 있다. 회사에 오니 SNS 폭로사이트와 찌라시(사설정보지)에 언급된 연예인에 대한 이야기가 화제로 올랐다. 점심 때 찾은 식당의 벽면은 백일섭, 태진아, 송대관 등 유명 가수의 사인으로 장식됐다. 점심을 먹고 짬을 내 오랜만에 친구가 근무하는 성형외과 병원을 찾으니 송혜교의 코, 손예진의 눈, 김태희 얼굴형으로 성형을 했으면 한다는 20대 여성이 눈에 들어온다. 회사로 가던 중 기아에 허덕이는 빈곤지역의 어린이를 돕자는 유니세프 홍보활동을 하는 안성기의 모습이 눈에 띈다. 직장으로 돌아와 일을 하다 퇴근할 쯤 중학생 딸에게 전화가 온다. 엑소의 새 앨범과 콘서트 표를 좀 구해달라는 부탁이다. 빠른 퇴근길에 영화 한편 보려고 극장으로 가던 중 들른 아웃도어 매장에는 제품 모델로 나선 이민호, 현빈, 공효진 광고 입간판이 서 있다. 공유, 손예진, 하정우, 이정재 등이 각각 주연으로 나선 영화의 포스터가 눈에 들어온다. 미장원에 들러 머리를 좀 자르려고 기다리니 아줌마들이 인기 있는 드라마 '닥터스'의 주연 박신혜의 헤어스타일로 해달라고 한다. 집에 오니 아내가 설현이 광고 모델로 나선 맥주를 먹으며 한효주, 이종석 주연의 드라마 'W'를 보고 있다. 늦게 들어온 아들은 유재석, 박명수가 진행하는 '해피투게더'를 보며 깔깔거린다. 텔레비전을 보던 아내가 한효주가 차고 나온 시계가 멋있다며 생일 선물로 사달라고 한다.'

40대 초반의 평범한 한 직장인의 하루의 일상은 얼마나 스타가 우리 생활에서 다양하게 활용되는 지를 단적으로 보여준다. 이처럼 사람들의 하루가 스타로 시작해서 스타로 끝난다. 사람들은 일상생활에서 수없이 많은 스타를 만나고 느낀다. 스타의 활용은 영화, 드라마, 예능, 음악, 공연 등 대중문화 콘텐츠뿐만 아니라 사회, 경제, 정치 각 분야에 걸쳐 폭넓게 이뤄지고 있다. 스타 마케팅 전성시대다.

경제 규모가 커지고 대중문화와 한류시장이 확대일로에 놓이면서 스타의 활용이 무차별적으로 이뤄진다. 스타의 머리에서 발끝까지, 이름에서 이미지까지, 겉옷에서 속옷까지 스타의 모든 것이 상품이 된다. 에드가 모랭이 『스타』에서 적시하듯 그야말로 1㎝의 신체도, 혼의 한 줄의 섬유도, 생활의 한 조각의 추억도 스타의 모든 것은 시장에 내놓아지는 시대다. 스타의 숨결과 손길이 닿는 것조차 모두 상품이 되는 시대다.

스타는 인기도와 호감도, 대중이 선호하는 이미지를 바탕으로 대중의 정서와 세계관, 가치관, 사회화 과정에 롤모델 역할을 하며 욕망을 충족시켜주는 기제 기능도 하지만 문화 상품, 일반제품의 선택과 소비, 대중의 라이프 스타일에도 지대한 영향을 미치고 있다.

스타는 맹목적 소비를 하는 팬을 확보해 일정 정도의 소비를 보장하는 데다 인기로 인해 높은 한계 생산력을 갖고 희소성으로 공급탄력도가 매우 낮은 경제적 특성을 가지고 있다. 또한, 연예인은 TV와 영화 뿐 아니라 공연, 광고, 행사출연 등 다양한 분야로의 노동이동이 많아 활동 분야가 광범위하다는 특성을 가지고 있다. 이러한 특성들이 스타 마케팅의 성격과 방향, 효과를 결정한다.

스타 마케팅에 있어 가장 중요한 것은 스타의 인기도다. 인기도는 스타가 활약하는 1, 2차 시장의 소비자 구매의도를 높여 수요량을 증가시키는 원동력으로 작용하기 때문이다. 허행량은 『스타 마케팅』에서 영화, 드라마, 예능프로그램, 공연, 음악 등 활동분야에서의 스타 인기가 올라가면 2차 파생시장 창구수 증가, 창구별 보상 크기 증가, 창구별 지속도 증가라는 형태로 스타의 가치가 상승한다고 했다. 영화, 드라마, 공연 등 활동분야인 1차 시장에서의 인기는 1차 시장에서의 보상을 독과점하는 것은 물론이고 2차 파생시장의 보상까지 결정한다.

송중기와 송혜교는 2016년 2~4월 방송된 드라마 '태양의 후예' 신드롬으로 인기가 치솟으면서 드라마, 영화 등 1차 시장에서의 몸값이 치솟고 수십 개의 광고에 출연하는 것을 비롯해 팬미팅, 행사참여 등 2차 시장에서도 천문학적인 수입을 올렸다.

송중기와 송혜교처럼 인기가 상승하면 이들을 수요 하는 영화, 드라마, 예능 프로그램, 광고, 행사 등 활동할 창구가 급증하고 영화나 드라마 출연료나 광고 모델료 등 보상의 크기가 증가한다. 또한 창구에서의 활동 생명력도 배가된다.

반면 인기가 하락하면 스타를 수요하는 1, 2차 시장 창구가 급감하고 보상의 크기와 지속도가 크게 떨어진다. 1999년 방송된 사극 '허준'이 시청률 60%대를 기록하는 엄청난 성공을 거두면서 폭발적인 인기를 얻은 황수정은 수십 개의 광고모델로 활동하는 것을 비롯해 급증하는 1, 2차 시장 창구에 나서며 엄청난 수입을 올리다 마약투약 등으로 유죄를 선고받고 인기가 하락한 뒤에는 캐스팅하는 드라마나 영화는 사라지고 광고모델로 기용하려는 기업도 찾을 수가 없었다. 스타의 인기도는 이처럼 스타 마케팅에 가장 중요한 요소로 작용한다.

또한, 인기도와 함께 스타의 특정한 이미지 역시 스타 마케팅에 있어 중요한 요소다. 대중이 선호하는 이미지나 특정한 이미지를 견지하는 스타는 특정 기업과 상품, 서비스의 수요를 창출할 뿐만 아니라 기업과 상품의 이미지를 긍정적으로 전환해주기 때문이다. 광고의 경우, 스타와 제품 및 표적시장의 고객 매치가 일관성이 있어야 한다. 예를 들어 품격 있고 고급스런 이미지의 스타는 고가 승용차의 중후함을 배가하기 위한 광고에 등장하는 경우 스타와 제품의 일관성이 있다고 할 수 있다.

'바른 생활 사나이'라는 별칭으로 성실하고 올바른 이미지의 차인표와 유재석은 신뢰도를 높이려는 금융회사를 비롯한 기업 광고모델 수요에서부터 복지시설이나 구호단체의 홍보대사로의 영입제의가 넘치고 단아한 이미지의 이영애는 깨끗함이 강조되는 화장품, 정수기, 음료 등의 CF 출연 제의가 많다. 국민 여동생 이미지를 구축한 문근영, 수지, 아이유는 이 이미지를 필요로 하는 드라마나 영화, 그리고 청소년 단체의 홍보대사 등 다양한 분야에서 수요가 있다. 이처럼 스타의 이미지 문양에 따라 스타 마케팅의 범위와 지속도 등이 좌우된다.

또한, 스타의 다양한 팬은 스타 마케팅의 원동력이다. 팬, 팬클럽의 규모는 스타 인기도와 밀접한 관련이 있지만 스타의 팬은 매우 다양하다. 스타의 팬은 단순한 애착심과 친근감을 갖고 있는 친화적인 팬, 머리 모양에서부터 의상, 말투에 이르기까지 좋아하는 스타를 모방하는 팬, 단순히 스타의 행위를 흉내 내는 단계를 넘어서고 스타를 자신의 삶에 투사하며 존재의미로 삼는 팬, 더 나아가 스타에 중독된 팬까지 다양하다.

〈스타 마케팅 창구〉

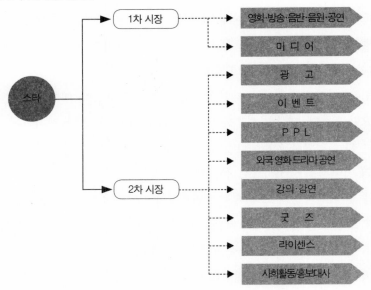

스타의 사적영역과 활동영역에서의 평판 역시 스타 마케팅의 중요한 요소다. 사적영역과 활동영역에서 스타와 함께 작업을 하거나 생활하는 사람들과 기자, PD 등 미디어와 대중문화계 종사자들의 평판은 스타의 경쟁력으로 작용하며 스타 마케팅의 잠재력을 높여준다.

스타는 인기도, 이미지와 평판, 다양한 팬으로 구축된 강력한 스타 파워를 바탕으로 수요예측이 어려운 영화, 드라마, 음악, 공연 등 문화상품 1차 시장의 수요 안정화의 강력한 수단 역할을 한다.

수천 명의 배우가 수많은 영화에 출연하지만 흥행에 성공하는 배우는 소수에 불과하다. 송강호는 지난 1996년 영화 '돼지가 우물에 빠진 날'에 단역배우로 데뷔한 이후 2015년 '사도'까지 20년 동안 8,700만 관객을 극장으로 이끌었다. 황정민은 2014년 12월 개봉한 '국제시장' 1,426만 명을 시작으로 '베테랑' 1,341만 명, '히말라야' 775만 명, '검사외전'

970만 명, 2016년 5월 개봉한 '곡성' 687만 명까지 5편 연속 주연으로 나선 영화로만 무려 5,192만 명의 관객을 동원하는 흥행파워를 보였다. 송강호와 황정민은 바로 인기가 높고 팬이 많기 때문이다. 김휴종은 삼성경제연구소 보고서『한국 영화스타의 스타파워 분석』에서 1988년부터 1995년까지 한국영화산업에서 스타가 관객의 11%를 극장으로 이끌 수 있는 스타파워가 있다고 분석했다. 영화진흥위원회가 2016년 1월 전국 15~59세 남녀 2,006명을 대상으로 설문 조사한 결과(복수 응답), 관람영화 선정 시 고려하는 요인을 보면 88.8%가 '내용/줄거리'라고 답했고 다음은 '장르'(84.5%), '출연 배우'(72.5%), '관람 동반자의 취향'(71.1%), '주변인의 평가'(68.7%), '흥행성적 및 순위'(64%), '온라인 평점 등의 평가'(57.4%) 순으로 나타나 출연 배우가 누구냐에 따라 영화 흥행이 상당한 영향이 있다는 것을 알 수 있다.

현역 탤런트가 2,000여 명이 넘지만 주원, 송중기, 유아인, 김명민, 송혜교, 하지원, 전지현, 이민호처럼 높은 시청률을 견인하는 스타는 많지 않다. 음원과 음반 판매에 있어 엑소와 빅뱅을 능가하는 가수는 좀처럼 나오지 않고 있다.

황정민, 송강호, 송중기, 송혜교, 전지현, 빅뱅, 엑소가 활동하는 문화산업의 1차 시장에서 흥행에 성공하는 것은 작품의 완성도가 높은 것도 있지만 이들 스타의 인기도가 높고 팬들이 많아 스타파워가 강력한 것도 큰 원인이다. 1차 시장뿐만 아니다. 인기도와 팬, 이미지를 바탕으로 구축된 스타 파워는 PPL과 CF, 팬미팅을 비롯한 행사, 캐릭터 산업, 게임시장, 한류시장 등 2차 시장에서도 막강한 영향력을 발휘한다.

## 2. 스타 마케팅의 현황: 스타의 DNA, 심지어 쓰레기도 돈이 된다

스타의 이윤 창출을 위한 산업적 인식이 확고히 자리잡고 스타를 수요하는 국내외 업체와 업종 등이 급증하고 있다. 또한, 보다 많은 이윤을 극대화하려는 연예기획사는 스타를 활용한 다양한 사업을 전개하고 있다. 이 때문에 스타 마케팅의 규모와 기법이 이전과 사뭇 다른 양상을 보이고 있다.

스타와 스타의 후광효과를 활용하는 스타 마케팅은 스타에게 막대한 수입을 안겨주기도 하지만 인기도, 이미지, 평판에 긍정적인 영향 또는 부정적인 영향을 미치기도 한다. 엄청난 출연료를 받고 주연으로 나선 영화나 드라마의 완성도가 떨어져 좋은 평가를 받지 못하고 흥행에 참패할 경우, 스타의 인기와 상품성은 하락한다. 반대로 작품의 완성도도 높고 흥행에 성공하면 스타의 인기는 크게 상승한다. 높은 모델료를 받고 대부업체 광고나 선정성이 짙은 광고 모델로 나선 스타의 이미지는 크게 훼손된다.

허행량은 『스타 마케팅』에서 스타 마케팅이 스타와 스타의 인기, 이미지를 상품과 서비스, 이벤트 등에 연계한 마케팅 전략이라고 정의한다. 즉 스타가 팬들에게 행하는 상업적 잠재력을 활용하는 마케팅 전략이다. 스타 마케팅은 스타와 마케팅이라는 두 개의 축으로 구성된다. 대중의 사랑을 받는 스타는 스타 마케팅의 첫 번째 요소인 스타 파워(인기, 흥행성, 팬규모)가 강하면 마케팅을 할 수 있는 여지가 확대되고 스타 파워가 약해지면 마케팅은 불가능해진다. 두 번째 요소는 스타 파워의 잠재력을 발휘할 수 있는 마케팅이다. 스타를 활용한 상품 및 서비스의 마케팅 전략인 스타 마케팅은 스타가 아무리 스타 파워가 높아도 마케팅을 통해서 상업적 잠재력을 개발하지 않으면 존재할 수 없다.

〈SM엔터테인먼트 자회사 현황〉

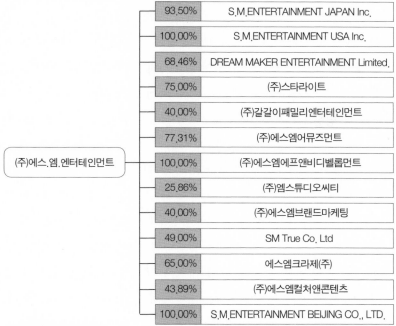

| | |
|---|---|
| 93.50% | S.M.ENTERTAINMENT JAPAN Inc. |
| 100.00% | S.M.ENTERTAINMENT USA Inc. |
| 68.46% | DREAM MAKER ENTERTAINMENT Limited. |
| 75.00% | (주)스타라이트 |
| 40.00% | (주)갈갈이패밀리엔터테인먼트 |
| 77.31% | (주)에스엠어뮤즈먼트 |
| 100.00% | (주)에스엠에프앤비디벨롭먼트 |
| 25.86% | (주)엠스튜디오씨티 |
| 40.00% | (주)에스엠브랜드마케팅 |
| 49.00% | SM True Co. Ltd |
| 65.00% | 에스엠크라제(주) |
| 43.89% | (주)에스엠컬처앤콘텐츠 |
| 100.00% | S.M.ENTERTAINMENT BEIJING CO., LTD. |

(주)에스.엠.엔터테인먼트

출처: SM엔터테인먼트

　스타 마케팅에 있어서 가장 중요한 요소는 스타의 인기도(스타 파워)
이다. 스타의 인기가 높으면 높을수록 마케팅을 할 수 있는 사업과 여지
가 확대되고 스타의 인기가 낮으면 마케팅의 여지는 그 만큼 좁아진다.

　장동건-고소영, 이병헌-이민정 같은 톱스타 부부가 결혼 발표를 할
때 호텔, 예식장, 웨딩드레스업체, 미용실, 여행사, 가전회사 등 결혼관
련 업체들이 거액을 투자하거나 협찬을 통해 이들 스타의 결혼식과 자신
의 업체를 연계시키기 위해서 총력을 기울였다. 스타 결혼식과 연계되면
자동적으로 업체와 상품, 서비스는 홍보가 되고 이로 인해 판매 증진으
로 이어진다는 인식 때문이었다. 하지만 이보다 훨씬 인기가 적은 연기
자가 결혼할 때에는 이러한 소동이 벌어지지 않는다. 인기가 낮으면 홍

보효과도 낮고 판매증진에 별 도움이 되지 않기 때문이다.

드라마 '별에서 온 그대'의 여자 주연인 전지현과 '태양의 후예'에서 송혜교에게 극중 사용하는 화장품부터 의상에 이르기까지 수많은 PPL 요청이 쇄도했지만 단역 배우나 신인 연기자에게 PPL 요청은 거의 없다. 인기도와 스타 마케팅과의 관계를 적나라하게 보여주는 사례다.

한류의 영향으로 스타들의 이윤을 창출하는 거대한 시장으로 떠오른 중국, 일본 등 외국 시장에서도 마찬가지다. 스타마다 차이는 있지만 국내의 인기와 외국의 인기도가 편차가 심한 경우 국내외 스타 마케팅의 차이가 크다. 국내에서 아무리 인기가 높다하더라도 외국에서 인기가 없는 스타는 외국에서의 스타 마케팅에 활용되는 빈도는 현저히 떨어진다.

한국에서 엄청난 인기와 강력한 흥행파워, 고정 팬이 많은 강동원의 경우, 중국이나 일본 등에서는 인기가 낮아 국내에서는 광고 출연 등 강동원을 활용한 스타 마케팅이 활발하지만 외국 영화나 드라마 출연, 외국 기업 CF모델 등 외국 스타 마케팅의 활용은 현저히 낮다. 중국에서 인기가 높은 이민호, 김수현, 송중기, 전지현, 송혜교, 김우빈, 이종석과 일본에서 팬들이 많은 배용준, 최지우, 장근석, 빅뱅 등은 외국 기업 광고출연, 팬미팅 등 이벤트 행사참여, 스타 이름을 내건 상품출시 등 외국의 다양한 스타 마케팅에 활용되고 있다.

스타 마케팅에 있어서 스타파워 못지않게 중요한 것은 스타를 활용할 수 있는 마케팅의 다양화이다. 마케팅의 다양화는 스타의 활용 시장과 창구의 확대, 그리고 시장과 창구에서의 스타 활용 방식의 다양화를 의미한다.

1990년대 이전에는 스타 마케팅을 하는 곳은 스타를 생산하고 활용하는 방송, 음반, 영화 등 대중문화 콘텐츠 시장과 광고, 야간업소와 공연무대 그리고 이벤트 참여가 전부라고 해도 과언이 아니었다. 1990년대 들어서부터는 스타를 활용해 이윤을 창출하려는 창구와 시장이 확대되면서 스타 마케팅의 창구와 시장이 엄청나게 커졌다.

스타를 활용하는 창구와 시장은 영화, 드라마, 예능 프로그램, 음반, 공연 등 1차 시장과 1차 시장에서의 인기를 바탕으로 해 파생수익을 얻을 수 있는 광고 모델 등 2차 시장으로 구분할 수 있는데 1990년대 이후 1차, 2차 시장 규모와 창구 숫자가 상상을 초월할 정도로 확장되고 증가하고 있다.

매스미디어의 증가와 뉴미디어 등장, 디지털과 컴퓨터, 통신 기술의 발달, 한류로 인해 1차 시장규모가 커졌을 뿐만 아니라 새로운 창구가 등장하고 있다. 연예인이 활동할 수 있는 1차 시장은 1990년대 이전에는 KBS, MBC 등 두 지상파 방송사의 드라마, 예능 프로그램 등 방송과 영화, 음반, 공연 등이 전부였다. 하지만 1990년대 이후 케이블, 위성TV, 종합편성채널, IP TV 등 미디어의 급증과 유무선 인터넷, SNS 등 뉴미디어의 등장, 한류의 상승, 디지털·통신 기술의 발달로 인해 시장규모가 커졌을 뿐만 아니라 웹드라마와 웹예능, 가상현실(VR)콘텐츠, 디지털 음원 등 수많은 새로운 콘텐츠가 제작되고 한류로 인해 중국, 일본, 미국 드라마나 영화, 공연의 출연기회가 많아지면서 스타와 연예인이 활동할 수 있는 창구가 기하급수적으로 급증했다.

시트콤과 드라마, 예능 프로그램, 영화에 주로 출연했던 이광수는 웹드라마 '마음의 소리'에 나서고 중국 후베이 위성TV가 제작한 연애 리얼리티 프로그램 '사랑한다면2'에 출연하며 활동 영역을 확장하고 KBS '1박2일' SBS '스타킹' 등 데뷔 이후 줄곧 지상파 예능프로그램에만 출연했던 예능스타 강호동은 2015년부터 종편 JTBC '아는 형님', 웹예능 '신서유기' 등에 출연하며 활동 창구를 넓혀나갔다. 소녀시대 윤아는 음반과 음원 출시, 공연 뿐만 아니라 일본, 미국, 중국 공연, 중국 드라마 출연까지 활동 분야를 확대하고 있다. 이것 모두 뉴미디어와 한류 등으로 1차 시장 창구가 급증했기 때문에 가능한 것이다.

1차 시장에서의 인기를 바탕으로 해 파생수익을 얻을 수 있는 2차 시장 규모와 창구 역시 엄청나게 확대되고 증가하고 있다. 스타 마케팅의 2차 시장의 대표적인 광고 시장의 경우, 국내 광고 시장 규모가 커진 것뿐만 아니라 한류로 인해 해외기업 광고 시장까지 확보됐다. 이민호, 전지현, 김수현, 송중기, 김태희, 송혜교, 유재석, 수지 등 스타들은 삼성, 현대, LG, SK, 롯데 등 대기업 광고뿐만 아니라 자동차, 휴대전화, 화장품, 아웃도어를 비롯한 패션 등 다양한 상품과 서비스 광고에 출연하고 있다. 이뿐만이 아니다. 송중기의 중국 스마트폰 기업 비보 광고 모델, 전지현, 김수현의 중국 생수제품 CF모델 등 스타들의 외국기업의 광고 모델 출연도 크게 증가하고 있다.

광고 뿐만 아니라 PPL, 굿즈, 라이선스 사업, 이벤트 출연, 게임, 캐릭터사업, 스타 창업, 프랜차이즈 사업, 기업 임직원 취업 등 스타 마케팅 규모와 범위가 날로 확대되고 있다.

천송이 코트 등 드라마 '별에서 온 그대'의 전지현이 입고 나온 의상을 비롯한 스타들의 PPL에서부터 빅뱅과 소녀시대, 에이핑크, 걸스데이, 시크릿, 카라 등 스타 아이돌의 게임 캐릭터 등장, 강호동의 '강호동 678 치킨', 이경규의 '돈치킨' 등 스타의 프랜차이즈 사업 진출까지 스타 마케팅의 2차 시장 영역과 창구는 날이 갈수록 확대되고 있다.

1990년대 이후 스타나 아이돌의 사진이나 로고, 캐릭터 등을 사용해서 만든 상품, 굿즈 사업의 본격화도 스타 마케팅 영역을 확장하는데 기여를 했다. SM엔터테인먼트, YG엔터테인먼트 등 연예기획사가 주도하거나 매그넘, MCM 등 유명 브랜드와 제휴해 내놓는 스타나 유명 아이돌 굿즈는 포토북, 엽서, DVD, 양말, 티셔츠, 마카롱, 달력, 헤드셋 등 수많은 종류의 상품이 있다. 엑소 이어폰, 빅뱅 야구점퍼, 슈퍼주니어 라면 등 스타를 활용한 굿즈의 상품 종류는 끝이 없다.

스타의 이미지나 이름을 특정 상품에 사용하는 라이선스, 상품화, 제휴 등 마케팅 분야의 확장 역시 스타 마케팅의 시장과 창구를 확대하는 역할하고 있다. 고현정의 '에띠케이(atti.k), 고소영의 'KOSOYOUNG' 등 스타들이 패션 브랜드를 출시하는 것을 비롯해 적지 않은 스타들이 자신의 이미지나 이름, 디자인으로 라이선스나 상품화하는 제품을 출시하고 있다.

미국에서 스타의 땀을 섞은 향수, 스타의 쓰레기통에서 나온 물건을 가공한 장식품, 스타의 정원의 흙을 담은 병을 판매하는 사업까지 등장한 것처럼 한국에서도 스타들의 DNA을 이용해 만든 카드와 의류 그리고 스타가 입었던 속옷까지 판매하는 스타 마케팅이 등장하는 등 마케팅 영역이 어디까지 확대될 수 있는지를 가늠할 수조차 없게 했다. 물론 선거를 비롯한 정치 영역과 학교나 시민단체, 자선사업단체 등 비상업적인 곳으로 인식되던 곳까지 스타를 활용한 사업이 활발하게 전개되고 있다. 장애인, 어린이, 입양 관련 단체 홍보대사로 나선 최불암, 송윤아, 고두심, 차인표, 안성기를 비롯해 비상업적인 영역에서의 스타 마케팅도 활발하다.

이처럼 스타 마케팅의 시장과 창구가 확대됨과 동시에 스타를 활용하는 방식도 다양해지고 있다. 이일래가 「대중소비사회에서 스타 이미지의 상품화에 관한 연구」에서 적시하듯 스타가 직접 출연하는 영화, 드라마, 음반, 광고 등 문화상품 외에 스타 사진이나 소장품 같은 이미지로서의 상품화를 하는 스타의미 상품화 방식, 성형수술이나 머리 모양처럼 스타 이미지를 모델로 하는 스타 모델상품 방식, 패션이나 소품 같은 스타 이미지를 구성하는 요소를 상품화하는 간접광고 상품 방식, 스타의 브랜드나 캐릭터 상품처럼 스타를 명시적으로 의미하는 스타기호 상품 방식 등 매우 다양해졌다.

## 3. 스타 마케팅의 병폐: 돈 되면 영혼까지 판다

머리카락부터 발끝까지 그리고 육체부터 영혼까지, 실체에서 이미지까지 스타에 관련되는 모든 것이 판매되고 마케팅 되는 스타 마케팅 시대다. 대중문화 분야부터 일반 제조업에 이르기까지 스타는 전가의 보도처럼 스타 마케팅에 활용되고 있다. 스타는 인기를 바탕으로 수십 개의 기업 제품 광고에 등장하고 스타 가수는 아이돌그룹, 유니트, 솔로, 콜라보 등 다양한 형태로 활동하는 것도 부족해 드라마, 예능 프로그램까지 출연하고 있다. 한류로 인해 국내뿐만 아니라 중국, 일본, 미국 등 외국에서도 한류스타를 기용하는 드라마, 영화, 광고, 예능 프로그램 등이 급증하고 있다. 스타 마케팅 만능 시대라고 해도 과언이 아니다. 홍수를 이루고 있는 스타 마케팅에 문제나 병폐는 없는 것일까. 넘쳐나고 있는 스타 마케팅에는 스타의 생명을 앗아가는 문제와 병폐들이 적지 않은 상황이다.

가장 큰 문제는 영화나 드라마 등 작품과 캐릭터의 성격, 연기력 등을 고려하지 않고 무조건 스타만을 캐스팅해 작품을 망치는 것이다. 스타 마케팅의 폐해 중 하나가 바로 스타 캐스팅 지상주의로 인해 작품을 망치는 경우다. 투자자나 제작자, 연예기획사는 장르, 스토리 전개, 캐릭터의 성격, 연기자의 연기력과 캐릭터 소화력 등을 종합적으로 고려해 작품과 캐릭터에 적합한 배우를 캐스팅해야 함에도 불구하고 오로지 인기가 높다는 이유만으로 스타를 캐스팅한다. 그렇지만 스타의 캐릭터 소화력과 연기력에 문제가 발생해 작품의 완성도가 떨어지고 흥행에 참패하는 경우가 많다. 이 때문에 스타는 흥행 보증수표가 아닌 흥행 부도수표라는 말까지 나오고 있다.

또한, 스타의 엄청난 출연료로 세트, 의상, 특수효과 등 작품의 완성도에 큰 영향을 미치는 부분에 제작비가 없어 작품성이 떨어지는 것과 스타의 과도한 PPL 요구로 스토리 전개나 작품 몰입에 장애가 되는 것도 과도한 스타 마케팅의 병폐다. 드라마와 영화의 남녀 주연의 출연료가 전체 제작비의 비율이 20~40%로 일본과 미국에 비해 매우 높은 편이다. 이처럼 높은 스타의 몸값은 작품의 완성도를 높이는 데 저해요인이 될 뿐만 아니라 스태프나 조연, 단역의 인건비 삭감을 초래하기도 한다.

〈PPL 매출액〉

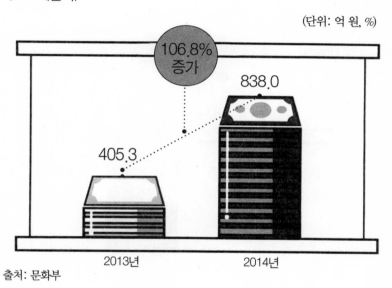

(단위: 억 원, %)

106.8%
증가

838.0

405.3

2013년          2014년

출처: 문화부

"일부 스타들은 드라마나 영화를 할 때 의상부터 액세서리, 화장품 등 과도한 PPL을 요구해 스토리의 자연스러운 전개를 방해하는 경우가 많아요." 한 드라마 제작자의 말처럼 일부 스타들이 보다 많은 수입 창출을 위해 개인적인 PPL을 과도하게 요구해 원래 극본을 수정하는 극단적인 상황까지 연출돼 작품의 질이 추락하기도 한다.

작품과 캐릭터에 맞지 않는 스타 캐스팅, 스타의 과도한 몸값과 PPL

요구로 대중문화 상품이 실패할 경우 이는 스타의 생명력과 인기 하락으로 직결된다.

스타들이 돈만을 생각하고 서민에게 고금리 고통을 안겨줘 비판을 받고 있는 대부업체나 일제 강점기 징용노동자의 임금을 착취했던 일본 전범기업 등 부정적인 기업의 광고나 성 상품화, 선정성이 있는 광고 등에 출연하는 것과 대중의 정서와 국민감정을 해치는 마케팅에 참여하는 것도 스타 마케팅의 병폐 중 하나다.

〈광고산업 매출액〉

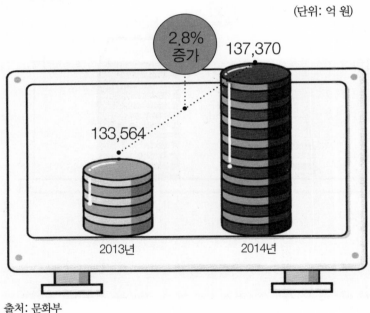

(단위: 억 원)

2.8% 증가

137,370

133,564

2013년　　2014년

출처: 문화부

스타의 사회적 역할 및 공적 책임감과 CF의 상업성과 부정적인 부분이 정면으로 충돌하기 때문이다. 스타는 사회와 대중에 큰 영향을 미칠뿐만 아니라 청소년을 비롯한 많은 사람에게 사회화 교육기능도 수행한다. 이런 역할과 기능을 수행하는 스타가 부정적인 문제를 야기할 수 있는 기업과 상품 CF모델로 나서기 때문에 대중의 비판이 제기된다.

또한, 모유수유단체의 홍보대사로 활동했던 스타가 분유광고에 출연하는 것부터 한 스타가 여러 제품 광고에 동시다발로 등장해 물타기 하고 제품의 신뢰도를 떨어트리는 것도 스타 마케팅의 문제로 지적된다.

연예기획사가 주도하고 있는 굿즈 사업의 경우, 지나친 폭리와 터무니없는 가격으로 팬들을 수입창출 도구로 전락시키는 경우도 스타 마케팅의 폐해 중 하나로 꼽히고 있다. 팬들은 값이 비싸고 폭리를 취한다하더라도 좋아하는 스타의 이미지나 사진, 사인 등이 들어있는 굿즈를 구입한다. 하지만 이는 스타와 연예기획사사가 팬심을 악용해 자신의 배만 채우며 팬을 살아있는 ATM으로 전락시켰다는 비판을 불러온다.

"유명하지도 않는데, 자신이 연예인이라고 말하고는 골프샵 홍보에 도움 줄 테니 골프채를 공짜로 달라는 거에요. 연예인의 자존심은 고사하고 참 추접스럽다는 생각을 했어요. 연예인 오는 것 별로 좋아하지 않아요." 서울 강남의 한 골프샵 매니저의 말이다.

스타 마케팅의 병폐 중 하나가 연예인과 스타의 과도한 협찬요구다. 스타나 배우자의 출산 장면을 TV나 언론에 공개하는 것부터 양악수술 등 성형수술을 한 연예인이 방송에 나와 성형에 대한 이야기를 자랑스럽게 하고 성형외과 병원장과 찍은 사진을 공개하는 것, 그리고 스타들이 주부 대상 아침 프로그램에 나와 집을 보여주는 것까지, 이것들 이면에는 협찬이 자리하고 있다. 요즘 시시각각 인터넷 매체를 비롯한 수많은 미디어가 보도하는 스타의 공항패션은 여행이나 해외 활동을 위해 입는 패션이 아닌 많은 돈이 거래되는 협찬과 광고의 결과물이다. 연예인 협찬의 종합전시장이라고 명명되는 스타 결혼식 역시 수많은 상품과 서비스의 협찬으로 이뤄지는 경우가 상당수다.

이 같은 협찬은 스타나 연예인이 자신의 이익을 위해 시청자나 소비자를 속이는 결과를 낳고 업체들의 연예인에 대한 협찬 비용은 일반 소비자에게 그대로 전가돼 원가 상승으로 이어지는 폐해를 낳는다.

무엇보다 연예기획사가 계약기간 안에 최대한 이윤을 창출하기위해 스타의 정신적, 육체적 건강과 이미지, 인기를 고려하지 않고 무리하게 스타 마케팅을 펼쳐 스타의 생명력을 앗는 것이 가장 큰 병폐다. 연예기획사가 아이돌 스타를 그룹, 유니트, 솔로, 콜라보 형태로 강행군을 시킨 것에 그치지 않고 드라마, 예능, 광고까지 무리하게 활동시켜 스타의 육체적, 정신적 건강을 해쳐 스타의 생명력을 악화하는 경우가 적지 않다. 스타의 너무 잦은 광고나 미디어의 노출은 대중에게 식상함으로 다가가 스타의 경쟁력과 인기도가 하락하게 된다.

"일주일 동안 10시간도 자지 못했어요. 밥도 제대로 먹지 못했지요. 공연, 이벤트 참여, 예능 프로그램 출연, 광고촬영 등 물리적으로 너무 힘든 많은 활동을 소화했어요. 이러다 죽겠다는 생각이 들어 기획사를 탈출해 잠적한 적도 있어요." 한 스타 여가수의 하소연은 연예기획사의 유일한 목적은 대중문화의 가장 큰 자산인 스타의 생명력과 경쟁력을 키워주는 것이 아닌 계약기간 내 많은 스타 마케팅을 통해 최대한 이윤을 창출하는 것이라는 점을 잘 보여준다.

연예기획사의 무리한 스타 마케팅으로 인해 수많은 스타들이 인기가 추락하거나 건강을 해쳐 대중의 시선에서 사라졌다. 2000년대 들어 스타를 수요하는 미디어와 콘텐츠, 2차 시장의 창구가 급증하면서 무리한 스타 마케팅 관행으로 인한 스타의 추락은 비일비재하게 발생하고 있다. 연예기획사들이 스타에 맞는 체계적이고 전문적인 스타 마케팅을 전개해야만 스타의 생명력과 인기를 상승시키면서도 많은 수입을 창출할 수 있다.

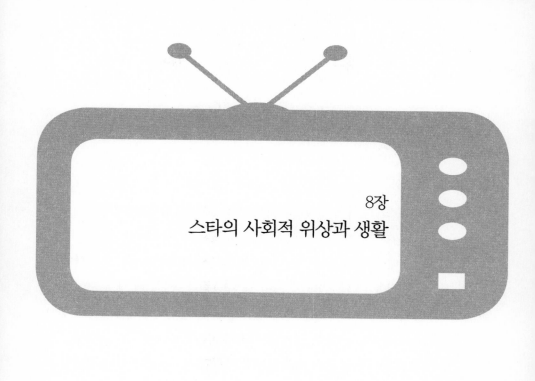

8장
스타의 사회적 위상과 생활

## 1. 스타의 사회적 인식과 위상: 딴따라에서 문화 대통령까지

스타에 대한 열망으로 수많은 젊은이들이 연예인을 선망하고 스타가 되기를 꿈꾼다. 영화, 음반, 드라마 등 대중문화 콘텐츠의 대부분이 스타로 채워져 흡사 '스타 공화국'을 방불케 한다. 곳곳에서 대중의 스타에 대한 숭배 현상을 쉽게 볼 수 있다. 하지만 많은 사람들의 의식 저변에는 '딴따라'로 표상되는 스타에 대한 부정적이고 비하적인 인식이 깔려있다. 언뜻 공존할 수 없을 것 같은 두 의식, 한편으로 스타를 선망하고 부러워하면서도 한편으로 경시하고 천대하는 감정의 양극단이 존재한다.

"어쩌다 연예인들이 가장 존경받는 인물로 선정되는 지경에 이르렀는지 한심하고 답답하다. 옛날 같으면 생각지도 못할 중대한 가치관의 변화이자 동시에 가치기준의 대혼란이 아닐 수 없다. 물론 옛날에도 요즈음 연예인에 해당되는 사람이 있었으며 그들을 '딴따라'라고 불렀다. 그 것은 머리에 든 것이 없고 특별한 기술도 없다보니 말이나 행동으로 광대놀음 하면서 먹고 살아가는 천한 직업을 상징적으로 표현한 것이었다. 아무리 머리가 나쁘고 인격이 형편없는 날라리라도 TV에 자주 얼굴을 내밀 수 있으면 부와 명예는 저절로 굴러 들어온다."(황정희의 『스타를 꿈꾸는 사람들의 열등감』 중에서)

"스타는 대중문화의 핵심 역할을 할뿐만 아니라 대중의 인식에서부터 라이프 스타일 심지어 사람들의 가치관과 세계관에 영향을 미친다. 사회화의 대리자 역할도 하고 이데올로기를 강화 혹은 전복하는 기호이기도 하다. 스타 마케팅의 기제이자 국가 경제의 견인차 역할도 한다. 스타의 언어는 대중의 언어가 되고 스타의 몸짓은 유행을 창출한다."(배국남의 『스타 성공학』 중에서)

스타에 대한 두 개의 글은 현재 우리 사회에서 스타를 바라보는 시각과 대중의 스타에 대한 인식을 대변하고 있다. 이처럼 스타에 대한 양극단의 인식이 우리 사회에 깊은 똬리를 틀고 있다.

스타에 대한 부정적인 인식과 연예인에 대한 천시 현상은 우리사회에 의외로 뿌리 깊고 광범위하게 유포돼 있다. 연예인에 대한 부정적인 인식은 곧 바로 스타의 사회적 위상과 역할의 무시 또는 경시로 흐른다. 그 근원은 양반 문화와 유교 의식에서 비롯된 것으로, 광대를 천시하는 인식과 분위기의 연장선상에서 스타를 바라보는 사회적 분위기와 의식이 여전히 엄존한다. 이러한 부정적 인식 때문에 일제 강점기 대중문화 도입 시기에 연예인의 충원이 제대로 되지 않았고 이에 따라 영화 '철인도'의 유신방, '재활'의 안소남처럼 기생 출신 연기자 등이 연예계에 진출해 스타와 연예인에 대한 인식이 개선되기는커녕 악화했다. 스타에 대한 부정적인 시선은 많이 희석됐지만 여전히 우리 사회에 엄존하고 있다. 1974년 드라마 '파도'에 이효춘이 여주인공으로 캐스팅되자 주간지와 스포츠신문 등 언론에서 '학사출신 주연 캐스팅 됐다'는 것을 제목으로 기사를 다룬 것은 연예인에 대한 부정적 인식을 반증해주는 것이다. 방송이나 신문에 곧잘 등장하는 '고학력자 탤런트 시험 다수 응시', '서울대 출신 연예인 등장', '대학 출신 트로트 가수 출연'과 같은 표현은 연예인을 경시하는 분위기를 역설적으로 드러낸 것들이다.

지식인, 학계, 언론계에서 갖고 있는 대중문화에 대한 경직된 비판과 편견 또한 연예인과 스타에 대한 부정적 인식을 증폭시키는 원인으로 작용한다. 한국의 문화적 엘리트주의자들에게 대중문화의 폭발은 처음부터 있어서는 안 될 문화현상이었을 것이다. 그들에게 한국 사회와 문화적 위기의 주범은 대중문화이기 때문이다. 강현두가『현대한국사회와 대중문화』에서 지적하듯 한동안 지식인에게 대중문화란 인간의 지적 탐험의 길을 보이지 않게 흐려놓은 것이며 문화적 취향을 타락시키는 천박한 내용의 문화였다. 때문에 대중문화는 반문화의 성격마저 띠는 것으로 생각됐다. 그래서 지식인은 대중문화를 멀리하고 경멸했다.

일부 지식인에게 있어 대중문화는 곧 저급문화로 인식됐고 전통문화를 말살하는 주범이었다. 원용진은『대중문화의 패러다임』에서 지식인의 이러한 태도는 매튜 아놀드나 리비스 등 서구 지식인이 쏟아내는 대중문화에 대한 담론 즉, 대중은 교육되어져야 할 열등한 대상이고 대중문화는 문화적 병균이며 사회를 혼돈으로 몰고 가는 의미 없는 문화라는 이론에 영향을 받은 것이라고 지적한다.

이 같은 대중문화에 대한 지식인의 부정적인 인식은 곧 바로 대중문화를 생산하는 주체이자 핵심인 스타에 대한 비판적인 시각으로 이어졌다. 오랜 기간 대중 스타로 사랑을 받아온 이미자가 1989년 세종문화회관에서 공연을 하려 할 때 논쟁이 벌어졌다. 이미자의 세종문화회관 공연을 반대하는 사람 중 일부는 트로트 가수인 이미자의 공연이 공연장의 품위와 질적 저하를 초래한다는 이유로 세종문화회관 공연은 있을 수 없다는 강경입장을 보였다. 이 사건은 우리 사회의 연예인에 대한 인식을 그대로 보여준 것이다. 코미디언 이주일 역시 수차례 세종문화회관 공연신청을 했다가 거절당한 뒤 1999년 11월 29일에야 세종문화회관에서 공연을 할 수 있었다. "서민과 함께 하는 스타에 대한 푸대접이다. 서양 클래식을 하는 사람은 순수하고 훌륭하고, 대중에게 기쁨과 위안이 되는 대중 스타는 저질의 딴따라라고 생각하는 사람에 대해 분노가 느껴졌다. 세종문화회관 공연은 그러한 인식에 대한 불식의 첫 단계라고 생각한다" 이 주일의 이 말에는 스타에 대한 전문가, 지식인, 대중의 인식의 일면을 드러낸 것이다. 2008년 서울 예술의 전당의 인순이 공연 불허를 둘러싼 논란 역시 연예인과 스타에 대한 부정적 인식이 투영된 것이다.

스타에 대한 부정적인 인식의 또 하나의 원인은 대중매체의 스타에 대한 보도 행태와 내용들이다. 대중의 호기심 충족을 위한 대중매체의 과도한 경쟁으로 신문, 잡지, 방송이 스타들의 일거수일투족, 사생활 등을 여과 없이 보도하는 데다 심지어 일부는 과장 보도와 왜곡 보도도 하고 있어 이것이 연예인에 대해 편견을 조장하는 주요한 원인으로 작용한다.

이러한 여러 가지 이유로 스타에 대한 인식이 부정적으로 흐르는 가운데 연예인 중 일부가 사회에서 지탄받는 행동이나 불법 행위, 사회적 위화감을 조성하는 행태 등을 보여 스타에 대한 부정적인 인식이 더 심화됐다.

1990년대 이후 연예인과 스타에 대해 인식이 긍정적인 방향으로 전환하기 시작했다. 대중문화에서부터 정치, 경제, 사회까지 다양한 분야에서의 스타의 긍정적인 역할과 영향력이 커졌기 때문이다. 또한, 스타와 연예인이 수많은 대중의 인정과 관심을 받고 막대한 수입을 창출하는 것 또한 인식 전환의 하나의 원인이었다. 대중문화의 미적 가치와 의미를 부여하고 평가하는 학계와 전문가의 체계적인 연구와 작업이 진행되고 대학에서 방송, 연예, 영화, 코미디, 실용음악 관련학과가 신설되고 큰 인기를 얻은 것도 스타와 연예인에 대한 인식 개선에 한몫했다. 국가 이미지와 위상, 막대한 경제적 부가가치를 창출한 한류의 주역이 스타라는 사실 역시 연예인을 천시의 대상에서 선망의 대상으로 격상시켰다.

사회와 많은 사람이 인정하는 직업보다 자신이 하고 싶은 일을 하면서 개성을 살리고 행복을 키워가겠다는 청소년의 직업관 변화로 인해 연예인을 지망하는 사람이 급증하면서 연예인이 선망하는 직업 1순위로 올라가고 고학력 출신이 연예계에 속속 진출한 것도 연예인과 스타에 대한 긍정적인 인식을 고양시켰다.

이밖에 스타의 사회적 참여 활동 폭이 넓어지고 사랑 나눔과 기부에 적극적으로 나서는 등 아름다운 영향력을 주는 연예인과 스타가 많아지면서 연예인의 부정적인 인식이 희석됐다.

대중문화와 연예인에 대한 우리 사회의 인식이 크게 개선되면서 아서 아사 버거가 말했던 것처럼 스타는 사람에게 모방할 모델을 제공하며 그래서 사람들이 정체성을 획득할 수 있도록 도와주는 역할을 한다. 에드가 모랭의 적시처럼 스타는 지식 제공자일 뿐만 아니라 인격 형성자이며 대중을 선도하는 자라고 생각하는 사람도 크게 늘었다. 연예인과 스타를 공인으로 보는 시선도 많아졌다.

연예인과 스타의 역할과 영향력이 커지고 이들에 대한 대중과 사회적 인식이 긍정적인 방향으로 전환되면서 스타와 연예인의 사회적, 경제적, 정치적 위상도 크게 변했다.

대중과 전문가들, 연예인들 사이에서 스타(연예인)의 공인 여부에 대한 논란이 일고 있지만 점차 많은 사람이 스타는 공인이라는 인식에 공감한다. 미국 대통령 법률고문을 역임했던 존 딘 변호사는 공인과 연예인에 대한 공인 여부에 대해 저명성으로 인해 사회적인 일에 역할을 맡거나 공공의 의문을 해결해 낼 것으로 생각하는 이가 공인(Public Figures)이며 줄리아 로버츠, 마돈나 같은 스타 연예인은 설득력과 영향력이 매우 커 공인의 범주에 들어간다고 강조한다.

대중의 상당수가 연예인을 공인이라고 생각하고 연예인들 대다수도 스스로가 공인이라는 인식을 갖고 있다. 연세대 영자신문사, The Yonsei Annals가 2005년 대학생 1,000명을 대상으로 실시한 연예인에 대한 인식조사 결과, 63.2%가 연예인은 공인이라고 답했고 연예인은 공인이 아니라고 답한 사람은 28.4%로 나타났다. 공인이라고 인식하는 이유로 사회적 영향력이 크기 때문이라고 답한 학생이 88%였고 다음이 특별한 지위를 누리기 때문에 라고 답한 학생은 5%였다. 한국연예인노조가 1999년 탤런트, 희극인 등 노조원 404명을 대상으로 조사한 설문조사에서도 응답자의 77.3%가 연예인은 사회적 공인이라고 답해 대부분의 연예인은 자신을 사회적 공인으로 인식하고 있는 것으로 나타났다.

스타나 연예인의 사회적 위상도 격상됐는데 스타에게 청소년의 삶의 모델로서, 인격의 선도자로서의 지위가 부여되고 있다. 스타의 일거수일투족은 긍정적인 사회적 반향을 일으키며 사회적 교육 효과도 높다. 환경운동에 참여한 김혜수와 최민식은 수많은 사람을 환경보호 활동에 참여하게 했고 차인표, 김혜자, 안성기, 최불암 등은 빈곤지역의 아동에 대한 관심과 후원을 촉발시켰으며 이효리, 장나라 등은 유기견 보호에 필요성을 절감시켰다. 송혜교와 유재석은 위안부 할머니와 독립운동가에 대한 많은 사람들의 관심을 유발시켰다. 2001년 8월 김혜수의 성균관대 연기예술학과 겸임 교수 임용을 둘러싸고 벌어진 네티즌과 대중의 자격 논란 한 가운데에는 딴따라가 어떻게 대학 강의를 하느냐는 연예인에 대한 뿌리 깊은 경시 현상이 자리하고 있었다. 이제는 이러한 인식은 사라졌다. 이순재가 가천대 석좌교수로 재직하고 정보석은 수원여대 연극영상과 부교수로 학생들을 가르치는 등 대학 강단에 서는 연예인과 스타가 적지 않다. 장미희, 최란, 고현정, 배종옥, 최불암, 유인촌, 유동근, 서인석, 노주현, 정동환, 이인혜, 명세빈, 이영하, 류승룡, 이범수, 김성령, 남성진, 장혜진, 옥주현, 김연우, 인순이, 김경호, 알리, 이윤석, 김병만, 남희석, 이영자 등이 교수, 강사 등 다양한 형태로 대학 강단에 서고 있다.

대중성을 바탕으로 정계에 진출하는 스타와 연예인이 많아지고 정치적 영향력과 발언권이 확대되면서 정치적 위상도 높아졌다. 1978년 인기 탤런트 홍성우가 국회에 진출해 최초의 탤런트 출신 국회의원이 된 이후 3선으로 정치적 입지를 다진 것을 비롯해 이대엽, 이낙훈, 최무룡, 이순재, 최불암, 강부자, 정한용, 이주일, 최희준, 신영균, 신성일, 최종원, 김을동 등 많은 스타들이 국회의원으로 활동했다.

스타의 경제적 위상도 이전과 비교가 안될 만큼 상승했다. 가수 출신으로 SM엔터테인먼트를 설립한 이수만은 2016년 7월 현재 보유 주식 시가 총액이 1,550억 원에 달하고 서태지와 아이들 멤버로 활동하다 YG엔터테인먼트를 만든 양현석은 보유 주식 시가총액이 1,227억원에 이른다. 한류스타 배용준은 키이스트의 개인 최대 주주로 주식 재산만 610억 원을 보유하고 있고 가수 출신 FNC엔터테인먼트의 한성호 대표는 403억 원, 가수 겸 프로듀서로 활동하며 JYP엔터테인먼트를 이끌고 있는 박진영은 319억 원의 주식 재산을 갖고 있다.

2015년 현재 650억 원 상당의 빌딩을 소유한 이수만, 510억 원의 빌딩을 보유하고 있는 양현석, 440억 원 짜리 빌딩을 갖고 있는 서태지, 300억 원대의 부동산을 보유하고 있는 전지현은 부동산 부자스타들로 꼽힌다. 장동건-고소영 부부, 차인표-신애라 부부, 김승우-김남주 부부, 권상우, 송승헌, 김태희, 비, 장근석, 조재현, 싸이 등도 100억 원대 이상의 빌딩을 비롯한 부동산을 소유하고 있다. 이처럼 스타는 우리 사회의 고소득층에 당당히 랭크되고 있으며 이들의 소비 스타일과 생활방식은 일반인의 소비 방향을 결정하는 영향력까지 발휘하고 있다.

## 2. 스타의 수입과 생활: 스타는 돈을 얼마나 벌고 어떻게 생활할까

미국 경제전문지 포브스는 2016년 7월 11일 그룹 빅뱅이 K팝 가수 최초로 포브스가 선정한 '세계에서 가장 많은 수입을 올린 유명인사 100인'에 들었다고 보도하며 빅뱅이 2015년 6월부터 2016년 5월까지 1년 동안 4,400만 달러(506억 원)의 수입을 올려 유명인사 54위에 올랐다고 전했다. 포브스와의 인터뷰에서 빅뱅의 지드래곤은 "마룬 5(3,350만달러) 보다 많이 벌었다는 걸 알지 못했다. 내 돈은 엄마가 관리한다"고 말했다.

2016년 2~4월 방송한 드라마 '태양의 후예' 송중기가 이후 중국에서의 광고(6개월 기준) 편당 모델료로 20억~40억 원, 국내 기업 광고 편당 10억 원대 모델료를 받는 광고 출연과 행사참석 등으로 2016년 한 해 수입이 1,000억 원에 달한다는 언론의 보도가 쏟아졌다.

한 스타가 벌어들이는 수입은 이처럼 상상을 초월한다. 대중이 선호하는 이미지의 소유와 인기로 인해 스타의 경제적 효과가 크고 스타 마케팅의 창구 다양화로 수입을 올릴 수 있는 곳이 많아진 상황에서 실제 스타가 벌어들이는 수입은 얼마나 될까. 물론 신문과 방송에서 보도한 영화, 드라마 출연료, 광고 모델료, 음반 판매액 등은 스타의 실제 수입과 차이가 있지만 스타는 일반인이 상상하기 힘든 엄청난 수입을 올리고 있다.

스타는 영화, 드라마, 영화, 음반, 공연 등 1차 시장과 광고, PPL, 행사 참여, 라이선스 사업, 해외 활동 등의 2차 시장에서 많은 수입을 올린다.

우선 스타의 출연료의 경우, 1977년, 한국 텔레비전 방송연기자 협회의 「출연료 현실화 자료」에 따르면 이 당시 최고 스타의 40~50분 드라마 회당 출연료는 3만 5,000원이었다. 최불암, 김혜자, 강부자 등 스타급이 이 금액을 받았다. 1991년 SBS 등장으로 탤런트 전속제가 폐지되면서 스타의 몸값이 서서히 오르기 시작했다. 1997년 들어서는 탤런트 드라마 출연료의 문제가 심각해지자 KBS, MBC, SBS 방송 3사의 사장이 긴급회동을 했다. 방송사들이 천정부지로 뛰는 스타의 몸값 상승에 자제하자는 결의를 한 것이다. 이때 방송 3사는 스타의 드라마 회당 출연료의 상한선을 200만 원으로 한정하자고 합의했다. 이때 회당 200만 원을 받은 스타는 최진실을 비롯한 일부 톱스타였다. 2001년 SBS 대하사극 '여인천하' 여자 주연을 맡은 강수연은 회당 600만 원을 받으며 2000년대 드라마 최고 출연료 기록을 수립했다. 이 기록은 1년도 가지 못했다. 왜냐하면 2002년 전도연이 SBS 드라마 '별을 쏘다'의 회당 출연료로 625만원을 받았기 때문이다. 하지만 이 기록 역시 불과 1개월 만에 깨졌다. 김혜수가 2003년 방송된 KBS드라마 '장희빈'에 출연하면서 회당 700만원을 받았다. 김희선은 2003년 3월 SBS 드라마 출연계약을 체결하며 회당 1,000만 원을 받아 드라마 회당 출연료 1,000만 원 시대를 열었다. 2000년대 들어 스타의 드라마 출연료가 가파른 상승곡선을 그렸다. 최근 웬만한 스타는 드라마 회당 5,000만~1억5,000만 원 정도의 출연료를 받는다. 이영애, 전지현 등이 회당 1억 원 선이다. 최지우, 고현정, 하지원, 송혜교 등은 회당 5,000만~1억 원 정도다. 중국이나 일본에 인기가 많은 남자 한류스타의 경우 장근석, 김수현, 이민호, 이병헌, 장동건은 드라마 회당 1억~2억 원의 출연료를 받는다. 역대 드라마 최고 출연료로 기록된 것은 바로 2007년 방송된 '태왕사신기'에 출연한 배용준이 받은 회당 출연료 2억 5000만 원이다.

예능 스타는 지상파TV와 케이블TV, 스튜디오물, 야외물 여부 등에 따라 차이가 있는데 예능스타 유재석의 출연료가 KBS, MBC, SBS 지상파 방송사에서 최고다. 국회에 제출된 방송사의 출연료 현황 자료에 근거해 보면 유재석은 2006, 2007년 회당 700만~800만 원 선이었고 2008,

2009년은 900만 원, 그리고 2011년 이후 회당 1000만 원 선이다. 강호동, 김구라, 신동엽 등이 지상파TV 회당 1,000만원을 받는 것으로 알려졌다. 물론 이들이 케이블TV과 종편TV에 출연할 경우에는 회당 출연료는 1,500만~2,000만원에 이르는 것으로 추정된다. 공개된 예능 프로그램 최고 출연료는 최진실이 2008년 경인TV OBS '진실과 구라' MC로 출연하면서 받은 회당 2,000만원이다.

〈연예인 월평균 개인 소득 중 대중문화예술 관련 소득〉

(단위: %, 연예인(N=735))

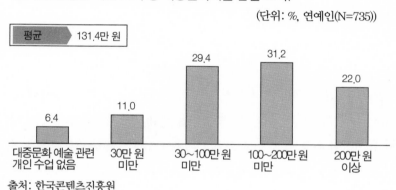

평균 ▶ 131.4만 원

| 대중문화 예술 관련 개인 수업 없음 | 30만 원 미만 | 30~100만 원 미만 | 100~200만원 미만 | 200만 원 이상 |
|---|---|---|---|---|
| 6.4 | 11.0 | 29.4 | 31.2 | 22.0 |

출처: 한국콘텐츠진흥원

영화 스타의 출연료도 급상승하고 있다. 2006년 한국영화 평균 제작비가 30억~40억 원 할 때 한 스타의 출연료가 10%인 4억 원에 육박했다. 이 때문에 "한국영화와 영화계는 망하는데 유일하게 흥하는 사람은 영화 스타밖에 없다"라는 말이 영화계 안팎에서 쏟아져 나왔다. 2010년대에 들어 하정우, 송강호, 강동원, 이병헌 등 남자 톱스타들의 영화 편당 출연료는 6억~8억 원 선이다. 손예진, 하지원, 김혜수, 전지현 등 여자 톱스타의 영화 출연료는 3억~6억 원대다.

〈연예인 연간 평균 소득〉

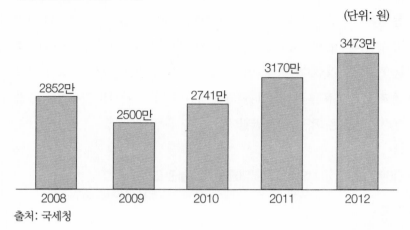

(단위: 원)

출처: 국세청

  광고 모델료는 이민호, 김수현, 송중기, 장근석, 전지현, 송혜교 등 톱스타나 한류스타는 국내를 대상으로 하는 국내기업 광고의 경우 편당 10억 원 선이며 중국, 일본 등 해외 광고는 편당 15억~40억 원대에 달한다.

  막대한 수입 창구로 떠오른 중국 콘텐츠 시장에서의 한류스타의 출연료는 박해진, 권상우, 비 등 남자 스타의 경우 드라마 회당 7,000만~1억 5,000만 원 선이고 장나라, 추자현, 김태희, 윤아 등 여자 스타의 경우는 5,000만~1억 원 선이다. 중국 영화 출연료는 송혜교, 손예진, 송승헌 등 스타들은 10억 원 이상을 받고 있다.

  김수현이 광고, 드라마 출연 등으로 2015년 한해 올린 수입은 250억 원에 달하는 것을 비롯해 한해 100억 원대 수입을 올린 스타들이 적지 않다.

  가수는 음반과 음원, 공연 그리고 광고, 행사참여 등이 주요 수입원이다. 2015년 6월부터 2016년 5월까지 1년 동안 506억 원의 수입을 올린 빅뱅처럼 한 해 100억~500억 원 넘는 수입을 올리는 스타 가수는 아이유,

수지, 씨엔블루, 동방신기, 슈퍼주니어, 소녀시대 등이다.

물론 이런 스타의 수입규모는 매출액 기반이다. 수입은 연예기획사와 스타가 계약서의 수익배분 비율에 따라 분배하는데 스타의 경우는 보통 7(스타)대 3(기획사)이나 8(스타)대 2(기획사) 비율로 나눈다. 스타가 수입의 90%내지 100% 모두 가져가는 경우도 있다. 신인의 경우는 연예인과 기획사가 수입을 5대 5정도로 배분한다. 물론 8(기획사)대 2(신인), 7(기획사)대 3(신인)으로 기획사가 신인보다 더 많이 가져가는 경우도 허다하다.

연예기획사의 대표나 실장들에 따르면 2010년대에 들어 연간 순수입으로 10억~100억 원의 수입을 올리는 스타가 크게 늘었다.

스타와 달리 일반 연예인의 경우는 생계위협을 당할 정도로 수입상황이 열악하다. 한국방송연예인노조가 1999년 탤런트, 희극인 등 회원 404명을 대상으로 조사한 실태 조사 결과는 연예인 수입의 실상을 적나라하게 보여준다. 1999년 1~6월 6개월 동안 올린 수입 현황을 보면 소득이 전혀 없었던 사람이 24%에 달했고 1만~5만 원인 경우가 8.3%, 51만~100만 원 5.7%, 101만~150만 원 5.3%, 151만~200만 원 6.2%, 201만~300만 원 10.5%, 301만~400만 원 6.0%, 401만~500만 원 10.5%, 501만 원 이상이 23.6%로 나타나 일반인이 생각하는 연예인의 수입과 거리가 있다.

국세청이 발표한 『2012년 사업소득 원천징수 신고현황』에 따르면 연예인 직종별 연평균 소득은 가수가 4,480만 원이고 배우는 3,710만 원, 그리고 모델은 940만 원에 불과했다.

"가수 평균 연소득 4400만 원요. 전혀 그렇지 않아요. 가수로 활동하는 사람이 2만여 명 인데 이 중 노래를 불러 생계를 해결하는 사람은 1%도 안 됩니다." 대한가수협회 김원찬 사무국장의 말이다.

4,500여 명의 연예인 회원이 가입된 한국방송연기자노동조합(이하 한연노)의 2013년 실태조사 결과, 노조 소속 연기자 70%가 연소득 1,000만원 미만으로 연기자 대다수가 생계 위협을 받고 있는 것으로 조사됐다.

한국콘텐츠진흥원의 『2015 대중문화예술산업 실태 보고서』에 따르면 2014년 기준 월평균 개인소득 중 대중문화예술 활동 관련 소득은 연기자 133만 원, 무용(춤) 159만 원, 가수 78만 원에 달했다.

청소년이 연예인을 지망하는 이유로 꼽은 것은 개성을 살릴 수 있어서와 함께 짧은 시간 안에 돈을 많이 벌수 있어서였다. 하지만 극소수의 스타만이 천문학적인 수입을 올리지만 대다수 연예인은 생계위협을 받을 정도로 어려운 생활을 하고 있다.

이 때문에 상당수 연예인이 부업을 하고 있고 일부 연예인은 술자리를 함께 하거나 성관계를 하고 돈을 받는 스폰서를 뒀다가 이 사실이 공개돼 사회문제화 되곤 한다. 연예인의 스폰서 문제는 연예인의 수입 상황을 역설적으로 보여준다. 심지어 생계곤란으로 스스로 목숨을 끊는 극단적인 상황까지 발생하고 있다.

스타의 소비생활과 여가 활동에 대해서도 대중의 관심이 많은데 이 또한 스타의 가치관과 소비성향에 따라 차이가 있다. 연예인이라는 특권의식으로 명품과 특정장소(연예인들이 자주 가는 술집, 미장원, 헬스센터가 따로 있다)만을 찾는 스타도 있지만 일반인처럼 소박하게 생활하는 이도 있다.

일거수일투족이 대중의 시선을 받고 미디어가 구축한 이미지와 실제 생활의 간극이 존재하기에 생활에 많은 제약이 뒤따른다. "카레를 먹으러 갔는데, 난 언제나처럼 모자를 푹 눌러 쓴 모습이었다. 그런데 언니는 그런 내가 많이 불편해 보였나 보다. '지원 씨, 모자벗고 편하게 밥 먹어요. 그래도 돼요.' 그 말을 들으면서 어? 그래도 되나 하는 생각이 들었다." 하지원이 그녀가 쓴 에세이집『지금 이 순간』에서 한 생활에 대한 고백이다. 이 고백은 스타 생활의 일면을 보여준다. "연예인이 무대에서 내려오고 녹화가 끝난 뒤 어떤 생활을 하는지 아시잖아요. 어른들의 생활이라고 해야 할까. 가끔 스물두 살 철부지가 되고 싶은데 세상이 그걸 용납하지 하지 않아요." 소녀시대 수영이 김제동과의 인터뷰에서 한말 역시 연예인의 생활이 얼마나 제약받는지를 드러낸다. "무대든 밥 먹는 자리든 정중앙은 불편하다. 어색해서 자꾸 콧물이 나고 입술을 삐죽거리게 된다. 어디 구석진 곳이나 있어야 마음이 편하지." 고현정이『현정의 곁』에서 한 언급은 미디어에서 드러난 카리스마 강한 센 언니의 표상 고현정의 생활 속 실제 모습이다. 실제 생활은 미디어에서 드러난 모습과 상반되는 스타도 적지 않다.

물론 일부 스타는 대중의 시선에 구애받지 않고 일상생활을 자유롭고 당당하게 해나가고 있는 사람도 있다. 하지만 상당수 스타는 대중의 시선을 의식하며 생활한다. 심지어 우울증 등 병이 있어도 외부시선 때문에 병원조차 제대로 가지 못하는 경우가 적지 않다.

대중의 시선을 의식하고 대중매체의 추적과 집중 조명을 받고 생활 제약 때문에 겪는 어려움을 마약 투약, 성매매, 음주운전, 폭행 등 일탈로 드러내 문제가 되기도 한다.


## 3. 스타의 결혼과 이혼 양태: 스타의 사랑, 이별 행태와 대중의 시선

#1. 2015년 5월 30일 강원 정선의 한 밀밭. 스타 원빈과 이나영 커플이 가족 친지들만 참석한 가운데 소박한 결혼식을 올렸다. 원빈과 이나영 소속 기획사가 "강원도의 이름 없는 밀밭 작은 오솔길에서 평생을 함

께 할 사람과의 첫 발을 내딛었습니다. 결혼식이 끝난 후에는 5월의 초원 위에 가마솥을 걸고 가족들과 함께 따뜻한 국수를 나누어 먹었습니다"라는 결혼식 관련 입장을 밝힌 뒤 수많은 사람들이 축하와 함께 의미 있는 작은 결혼식에 대해 박수를 보냈다.

#2. 2015년 7월 27일 서울 쉐라톤 그랜드 워커힐 애스톤하우스. 한류 스타 배용준과 걸그룹 슈가 출신의 연기자 박수진 커플의 결혼식이 있었다. 결혼식은 비공개였지만 수많은 해외 취재진과 일본팬 등 한류팬이 대거 몰려 뜨거운 관심을 보였다.

#3. 2015년 8월 25일 한 사람의 공식입장을 밝힌 보도 자료가 이메일을 통해 전달됐다. 김구라의 이혼에 대한 입장이다. 김구라는 "많은 분들이 어려운 상황 속에서도 가정을 지킨다고 응원해 주셨는데, 실망스러운 소식전해 드리게 되어서 죄송합니다. 저희 부부는 18년의 결혼생활을 합의이혼으로 마무리 하게 되었습니다"라고 말했다. 시청자와 네티즌, 팬들은 위로와 함께 김구라의 방송 활동을 격려하는 반응을 쏟아냈다.

두 명의 스타 결혼과 한 명의 스타 이혼에 대한 대중의 관심은 뜨거웠고 대중매체의 보도는 엄청났다. 스타의 만남과 이별, 사랑과 실연, 결혼과 이혼 등은 사람들의 가장 큰 관심사 중 하나다. 특히 스타의 결혼과 이혼에 대한 대중과 대중매체의 관심은 상상을 초월한다. 스타의 결혼을 둘러싼 일들은 배우자부터 웨딩드레스, 결혼식 형태에 이르기까지 모든 것이 관심사다. 한류가 거세지면서 우리 스타의 결혼과 이혼은 외국 언론의 핵심적인 기사 아이템으로 부상하기까지 했다. 스타의 결혼과 이혼은 대중의 배우자 이상형과 결혼관에 영향을 준다. 즉 스타가 사람들의 사랑에 대한 이상적 모델 역할을 하거나 반면교사 기능을 하는 것이다.

대중의 가장 큰 관심사 중 하나가 연예인 스타의 배우자다. 스타의 배우자는 어떻게 변화했을까. 물론 일반인처럼 연예인의 결혼 배우자는 다양하지만 연예인에 대한 사회적 위상과 시대적 트렌드, 그리고 연예인들 수입의 변화와 함께 연예인 결혼 배우자도 큰 변화가 있었다.

연예인에 대한 부정적 인식이 많았고 사회적 위상이 낮았던 대중문화 초창기, 1900~1950년대에는 연예인과 일반인 결혼이 많았다. 또한, 백설희–황해, 전옥–강홍식, 황금심–고복수 커플처럼 많은 연예인 동료끼리 결혼했다.

연예인에 대한 사회적 위상은 높아졌지만, 여전히 부정적 인식이 엄존했던 1960~1970년대에는 스타의 배우자는 다양해졌다. 이 시기 눈길을 끈 것은 여자 스타와 재벌 혹은 중견기업 오너와의 결혼이다. 영화배우 문희는 1971년 당시 한국일보 부사장이었던 故 장강재 한국일보 회장과 결혼했고 영화배우 안인숙은 1975년 미도파 백화점 사장이었던 대농그룹 박영일 전 회장과 백년가약을 맺었다. 여성듀오 펄시스터즈의 배인순은 1976년 최원석 동아그룹 전 회장과 결혼식을 올렸다. 이후 중앙산업 조규영 회장과 결혼한 스타 정윤희를 비롯해 황신혜, 고현정, 김희애, 오현경, 이요원, 최정윤, 박주미 등 여자 스타들이 재벌 혹은 중견기업 대표와 결혼했다. 물론 이 시기에도 엄앵란–신성일, 윤복희–남진, 김지미–나훈아 커플처럼 동료 연예인끼리의 결혼 역시 성행했다.

대중문화 시장이 급성장하고 연예인 위상이 올라간 1980년대 관심을 끈 연예인의 배우자는 연예인의 특성을 이해하고 결혼 후에도 연예활동을 할 수 있게 도와주는 방송사 PD, 영화감독 등 대중문화 분야 종사자였다. 원미경은 1987년 MBC 이창순 PD와 양미경은 1988년 KBS 허성룡 PD와 결혼했다. 임예진 역시 드라마 PD 최창욱과 백년가약을 맺었다. 근래 들어서도 박성미-강제규 영화감독, 문소리-장준환 영화감독, 김민-이지호 영화감독, 신동엽-선혜윤 PD 처럼 방송 영화 종사자와 결혼하는 연예인이 크게 늘었다.

연예인을 발굴하고 육성, 관리하는 연예기획사가 스타 시스템의 핵심 역할을 하게 된 1990년대에는 연예기획사 대표와 연예인의 결혼이 흔치 않은 현상으로 자리 잡았다. 1998년 가수 양수경과 예당컴퍼니 변두섭 회장과의 결혼을 시작으로 배우 신은경-김정수 커플처럼 1990년대부터는 연예기획사 대표, 연예인 매니저와 결혼하는 여자 연예인이 많아졌다. 1990년대부터는 인기와 수입이 많은 스포츠 스타와 결혼하는 여자 연예인이 적지 않았는데 톱스타 최진실이 프로야구 선수 조성민과 결혼한 것을 비롯해 이혜원-안정환, 김성은-정조국, 슈-임효성, 유하나-이용규 등이 여자 연예인과 스포츠 스타 커플의 대표적인 사례다. 이 시기 동료 남자 연예인과 결혼하는 여자 스타도 급증했다. 하희라는 1993년 최수종과 결혼했고, 신애라는 1995년 연기자 차인표를 배우자로 맞았다. 이후에도 유호정-이재룡, 채시라-김태욱, 고소영-장동건, 이병헌-이민정, 유진-기태영, 이효리-이상순, 원빈-이나영, 배용준-박수진 커플처럼 동료 연예인 스타커플이 많이 결혼했다.

연예인이 청소년들의 직업 1순위로 부상하고 대중문화 산업이 만개한 2000년대 들어서는 스타의 배우자는 전문직 종사자에서부터 사업가, 스포츠 스타, 동료 연예인, 일반 직장인, 학생에 이르기까지 매우 다양해졌다. 유재석-나경은 아나운서, 염정아-정형외과 의사 허일, 한지혜-서울지검 검사 정혁준, 전도연-사업가 강시규, 이영애-사업가 정호영, 차수연-연예기획사 판타지오 대표 나병준, 전지현-금융업 종사자 최준혁, 한혜진-프로축구선수 기성용, 황정음-프로골퍼 출신 사업가 이영돈, 박정아—프로골퍼 전상우, 정우—김유미 커플이 이를 잘 보여준다.

한류가 거세진 2000년대 들어서는 외국 스타와 결혼하는 스타도 속속 등장하고 있다. 중국에 진출해 '이씨가문' 등 중국 드라마에 출연한 채림은 2014년 중국 배우 가오쯔치와 결혼해 눈길을 끌었다.

2014년 기준 우리나라의 한 해 이혼 건수는 11만 5,300건. 하루 평균 약 316쌍의 부부가 이혼한다. 이혼 가구는 전체 가구의 8.8%에 달한다. 이혼률이 증가하고 있는 가운데 연예인과 스타의 이혼도 크게 늘었다. 재벌과 결혼했던 황신혜, 고현정, 연예기획사 대표와 결혼했던 신은경, 차수연을 비롯해 박시연, 탁재훈, 이미숙, 류시원, 이지아, 정애리, 유지인 등 수많은 스타들이 이혼의 아픔을 겪었다.

스타의 결혼과 이혼에 대한 대중의 인식도 크게 변했다. 1980년대 이전까지만 해도 대중은 만인의 연인으로 존재해야 할 스타가 결혼을 하면 그에 대한 뜨거운 시선과 관심은 쉽게 식어버려 스타는 대중의 시선의 뒤안길로 사라지는 경우가 허다했다. '스타의 결혼은 인기의 무덤이다'라는 말이 나돌고 이 때문에 스타 중 일부는 결혼을 했음에도 이 같은 사실을 대중에게 공표하지 않는 경우까지 있었다. 1960~1970년대 가요계를 양분하며 인기를 얻었던 남진, 나훈아가 각각 윤복희, 김지미와 결혼하면서 인기가 급락한 것은 대표적인 사례다.

1980년대 이후 대중이 스타를 완벽한 이상의 구현체로서의 기능보다는 나와 비슷한 인간이라는 동일시의 대상으로 바라보는 인식으로 무게중심이 옮겨가면서 스타의 결혼에 대해 우호적인 시선이 많아졌다. 더 이상 스타의 결혼이 인기의 무덤이 되지 않고 오히려 인기 상승의 원인이 되는 경우도 많았다.

이혼에 대한 사회적 인식도 변화하면서 이혼한 스타에 대한 대중의 부정적인 인식도 과거에 비해 크게 개선됐다. 이혼이 스타의 활동에 장애가 되지 않는다. 고현정, 오현경처럼 많은 스타들이 이혼과 상관없이 배우로서, 가수로서 활동을 왕성하게 하고 있다.

"날씨도 하늘도 축복해준 따뜻한 4월 햇살 아래 결혼식을 잘 치렀습니다. 축하해주신 모든 분께 진심으로 감사드리고, 현명하고 지혜로운 아내이자 여배우로서 늘 밝은 모습으로 잘 살겠습니다. 결혼 후에도 배우로서 변함없이 활동하겠습니다." 스타 배우 김정은이 2016년 4월 금융업에 종사하는 동갑내기 재미교포와 결혼하면서 한 말이다. 과거와 달리 스타의 결혼과 이혼이 연예활동에 지장을 주지 않는다.

과거에는 스타 특히 여자 스타들은 결혼과 함께 연예계를 은퇴하는 경우가 많았다. 하지만 1990년대 이후 결혼하는 스타들은 결혼에 구애받지 않고 왕성하게 활동한다. 김남주, 김성령, 채시라, 이요원, 김하늘 등은 결혼 이후 더 많은 활동을 하면서 더 많은 인기를 누리고 있다.


## 4. 스타의 고통 실태와 원인: 쇼윈도 생활에서 자살까지

2005년 2월 22일이었다. "살아도 사는 게 아니야…"라는 메모만을 남긴 채 스물다섯 살의 젊은 스타 이은주가 스스로 목숨을 끊고 대중의 곁을 영원히 떠났다. 이은주는 생전에 인터뷰를 할 때 마다 잔잔한 미소를 지으며 "관객과 시청자에게 연기력으로 감동을 주는 배우가 되고 싶어요. 열심히 노력하면 그렇게 되겠지요"라는 말을 자주해 그녀의 죽음은 충격적이었다.

2008년 10월 2일은 더 충격적이었다. 수많은 대중은 경악했다. 우리 사회는 할 말을 잃었다. 톱스타 최진실이 자살했기 때문이다. 경희대 이택광 교수는 "최진실의 죽음이 우리 세대의 패배처럼 느껴진다"고 까지 했다. 10여 년 넘게 드라마 촬영장이나 방송사, 신문사에서 만났던 최진실은 늘 밝은 웃음으로 활달하게 말을 했다. 어려운 일이 있을 때도 힘든 내색 하지 않던 최진실이기에 그녀의 죽음은 충격 그 자체였다.

한때 연예인의 자살은 외국의 특수한 사례로만 여겨질 만큼 우리 연예계와는 무관한 상황이었다. 물론 대중문화 초창기였던 1926년 '사의 찬미'를 불러 대중적 인기를 끌었던 성악가 윤심덕이 연인 김우진과 현해탄에 몸을 던져 스스로 목숨을 끊은 사건이 있었다. 그리고 1996년 가수 서지원이 2집 앨범 발표를 앞두고 자택에서 유서를 남긴 채 목숨을 끊었고 같은 해 영원한 가객, 김광석이 자살해 대중과 연예계에 엄청난 충격의 파문을 일으켰다. 이때만 해도 연예인의 자살은 우리 사회에선 상상조차 하기 힘든 예외적 사건이었다.

하지만 2005년 이은주가 스스로 목숨을 끊은 후 연예인 자살 사건이 계속 이어졌다. 이은주 이후 가수 유니, 탤런트 안재환 등 적지 않은 연예인이 극단적인 선택을 했다. 박용하, 최진실 같은 톱스타에서부터 정다빈, 최진영, 채동하, 김지훈 같은 유명 연예인이 스스로 목숨을 끊었다. 장자연을 비롯한 신인탤런트, 남윤정 등 중견 배우, 그리고 정아율, 유주, 한채원, 박혜상, 김유리, 강두리 등 대중에게 잘 알려지지 않은 연예인까지 상당수 연예인이 극단적인 선택으로 대중의 곁을 떠났다. 2015년 2월 25일에는 방송에서 정식 가수로서 모습을 한 번도 보이지 못한 한 연예기획사의 연습생, 베이비 카라의 소진이 스스로 목숨을 끊는 사건까지 발생했다.

무엇이 스타와 연예인을 극단의 선택으로 몰고 갔을까. 연예인과 스타들은 직업적 특수성 등 여러 이유로 인해 일반인이 상상하기 힘든 고통과 생활의 어려움을 겪는다. 연예인의 고통을 초래하는 원인은 사업실패, 생활고, 가정불화 등 개인적인 신변 문제에서부터 연예기획사의 병폐, 연예계와 대중문화의 산업적 메커니즘의 특성, 연예인의 직업적인 특수성, 연예인을 수요하는 대중매체의 문제, 연예인을 소비하고 소구하는 수용자의 행태와 인식에 이르기까지 매우 다양하다.

연예인과 스타를 고통으로 몰고 가고 극단적으로는 자살에 이르게 하는 것은 개인적인 문제 등이 원인일 수 있지만, 대중문화 시장, 연예기획사 등 스타 시스템의 문제 등 구조적인 부분, 연예계의 특수성과 밀접한 관련이 있다.

인기 절정의 톱스타에서부터 단역, 신인 연예인에 이르기까지 모든 연예인은 영화, 드라마, 예능 프로그램, 음반, 공연 등 매작품의 흥행 성공 여부에 따라 몸값과 인기도가 달라진다. 이윤 창출에 올인하고 있는 상당수 연예기획사가 스타와 연예인의 정신적, 육체적 건강보다는 더 많은 수입창출을 위해 소속 연예인에게 무리한 스케줄을 소화하게 한다. 스타나 연예인이 이윤창출을 위한 상품으로 전락하면서 소외나 우울증이 배가되고 고통이 심해진다. 산업적 이윤창출만을 목표로 스타를 만들어내는 스타 시스템이 더욱 정교해지면서 스타나 연예인들이 이윤 창출의 상품으로 전락하는 현상이 심화한 것과 연예인의 고통, 자살 증가와 밀접한 관련이 있다는 것이 전문가들의 분석이다.

"새 앨범을 내고 활동을 개시한 K 양은 그간 수많은 보약을 먹고 잠을 보충하면서 쌓였던 피로와 긴장감을 조금 떨쳐 버릴 수 있었다. 하지만 매니저의 말에 의하면 그녀는 아직도 걸어다니는 종합병원이나 다름없다. 컵라면, 김밥, 프라이드 치킨, 햄버거 따위의 어린이들이 좋아 난리를 치는 패스트푸드에 이골이 나 위장약을 입에 달고 다닌다. 불철주야 춤연습에 관절 마디마디는 성한 데가 없다. 여자에다 인기인이라 공중화장실이 꺼려져 하루 하루의 스케줄을 소화하려면 화장실 가는 것도 참는 경우가 많아 고통으로 이어지기도 한다. 어디 이뿐인가. 잦은 머리 염색과 드라이에 머리카락은 상해 부스러지고 눈부시도록 뜨거운 조명에 고와야할 얼굴 피부는 말이 아니다. 쿵쿵거리는 스피커 소리에 한때 심장까지 약해졌고 이제 가는귀까지 먹은 듯하다. 게다가 생방송 중에 내뿜어내는 스모그와 화약에 숨을 쉴 때마다 목도 말이 아니다. 한밤중이 다돼 녹화한 어떤 프로그램에선 목이 너무 아파 그냥 묵묵이처럼 꿰다놓은 보릿자루가 됐다." MBC 이흥우 PD가 칼럼 「이흥우 PD의 연예가 클로즈업」에서 밝힌 대중이 보지 못한 스타 여가수의 일상과 고통이다.

중견 연기자 최불암은 "과거에는 연기자나 가수들의 선후배 관계가 끈끈해 어려운 일이 있을 때 서로 의논하고 힘이 돼 줬는데 이윤추구가 최대 목표인 연예기획사 중심의 스타 시스템이 되다 보니 인간 중심이 아닌 돈 중심의 연예계가 구축돼 많은 문제와 고통을 초래한다"고 말한다.

연예계의 특성상 스타 연예인은 인기 부침에 따른 위상과 활동, 대중의 시선변화에 대한 불안감이 크고 이것이 극단적인 선택의 원인이 되기도 한다. 노명우 아주대 사회학과 교수는 "셀레브리티화(연예인과 스타 포함)된 사람의 자살에서는 전면적인 상품화로 인한 달콤함을 잃어버릴지도 모른다는 불안감, 그것을 얻지 못해서 생긴 좌절, 상품화로 해결될 수 없는 인간 본연의 번민 등이 범벅된 고통의 흔적이 남겨져 있다"고 지적한다.

2000년대 들어 화려한 꿈을 꾸며 연예인 지망생과 연예계에 데뷔한 신인 연예인이 급증하고 있지만, 이들 중 상당수가 대중문화 시장의 한계로 인해 꿈을 펼칠 기회조차 잡지 못하고 생활고와 불안한 미래에 대한 초조감을 겪으며 고통 속에 살아간다.

또한, 2009년 3월 7일 스스로 목숨을 끊은 신인 연기자 장자연이 "저는 나약하고 힘없는 신인 배우입니다. 이 고통에서 벗어나고 싶습니다"라는 절규를 담은 유서에서 밝혔듯 신인이나 연예인에게 가해지는 성상납, 부당한 계약과 공정하지 못한 출연 관행 등 연예계의 각종 병폐가 엄청난 고통과 함께 자살이라는 극단적인 선택으로 내모는 원인으로 작용한다.

이미지와 실제 삶의 괴리에서 오는 문제는 스타에게 가장 많은 생활에 어려움을 안겨주고 있다. 스타는 개성과 사생활 그리고 극중 캐릭터나 노래 등으로 대중매체에서 구축한 이미지로 대중에게 존재한다. 대중은 스타가 그 이미지로 살아가기를 강요한다. 하지만 삶과 이미지의 사이에 괴리가 있을 수밖에 없다. 문화산업의 발달로 스타를 조작해내는 스타 시스템이 더욱 정교해지면서 스타 이미지와 실제 생활의 간극은 더욱 커지고 있다. 어떤 스타는 발전적으로 그 괴리의 고통을 해소하지만 어떤 스타는 마약과 알코올 그리고 일탈행위로 그 간극을 메우기도 하고 극단적으로 자살을 하는 경우도 종종 있다.

대중을 의식해야 하는 스타이기에 안아야 할 생활의 어려움과 아픔도 많다. 몸값과 직결되는 인기와 이미지를 의식해 어렵고 힘든 생활을 참아야 하고 대중에게 화려한 쇼윈도의 행복한 모습만을 보여줘야 하는 아픔도 있다. TV를 비롯한 대중매체에서 잉꼬부부의 전형으로 꼽힐 만큼 남편 서세원과의 행복한 모습만을 보여줬던 서정희가 2015년 3월 12일 법정에서 "19세에 남편(서세원)을 만나 성폭행에 가까운 일을 당했고 32년 동안 포로생활을 했다"는 충격적인 폭로와 함께 이혼을 해 대중을 놀라게 했다.

예술적 한계와 능력의 한계에 대한 끊임없는 고민과 좌절 등 연예인과 연예계의 특수한 성격 역시 수많은 연예인을 고통으로 몰고 가거나 슬럼프에 빠지게 한다. 심지어 일부 연예인의 극단적인 선택에 영향을 미치기도 한다.

인터넷과 SNS 등을 기반으로 한 팬과 안티의 끊임없는 악플을 비롯한 맹목적 비난, 악성루머 유포 등이 대중을 존재기반으로 하는 연예인에게 적지 않은 부담감으로 다가간다. 특히 최진실 자살 사건에서 드러났듯 대중과 악플러의 연예인에 대한 근거 없는 악성루머 유포나 무차별적인 인신공격, 사이버테러 등이 연예인의 자살 원인이 되기도 한다. 최진실은 죽기 직전 진행된 인터뷰에서 "사람들이 재미삼아 사실이 아닌 악성루머를 진실인양 포장해 인터넷 등을 통해 유포하고 그것도 모자라 자극적인 욕설과 비난을 하는 것이 너무 힘들었다"고 토로한 바 있다.

스타들은 이러한 직업적 특성과 특수한 위치로 인해 육체적, 정신적 고통에 많이 시달리고 있다. 한국연예인노조가 탤런트, 개그맨 등 404명을 대상으로 실시한 조사에서 연예활동으로 생긴 병이나 증상은 불면증을 앓고 있는 사람이 33.6%에 달했고 그밖에 불안감(48.9%), 조울증(17.6%), 대인기피증(19.9%), 알코올중독(17%), 약물복용(4.6%), 위장병(28.1%)에 시달리는 것으로 나타났다.

일거수일투족이 대중과 대중매체의 관심 대상이 되는 연예인과 스타는 외부의 시선을 의식해 우울증을 비롯한 정신질환이나 육체적 고통이 있는데도 제대로 치료조차 못하는 상황에 처해있다. 스타나 연예인이 결국 이러한 고통이 쌓여 삶의 종지부를 찍는 극단적 선택을 한다.

9장
스타의 존재 기반, 팬과 팬클럽

## 1. 팬과 팬클럽의 역할: 팬이 없으면 스타도 없다

#1. 2016년 7월 15일 KBS '뮤직뱅크' 방송 준비를 위해 세븐틴, 원더걸스, 씨스타 등 가수들이 이른 아침부터 방송사로 들어선다. 전날 밤부터 기다린 한국 팬 뿐만 아니라 중국, 미국, 브라질 등 외국에서 온 한류 팬 500여 명이 경쟁적으로 카메라에 이들의 모습을 담는다.

#2. 2015년 10월 10일. 서울 구로의 고척 돔에는 야구경기가 없었는데도 수많은 군중이 운집했다. 무려 2만 2,000명이다. 바로 단 몇 분 만에 티켓 매진이 된 아이돌그룹 엑소의 콘서트가 열렸다. 엑소가 이날 하루 공연으로 거둔 수입은 티켓판매, 관련 상품 판매 수익 등 무려 20억 원에 달했다.

#3. 2016년 6월 22일. 한류스타 이민호의 생일을 맞아 각국 팬클럽은 기부·선행 릴레이를 펼쳤다. 이민호의 국내 팬클럽 '디시인사이드 이민호 갤러리' 회원들은 홀트아동복지회에 미혼 한부모 가정 후원금으로 1,186만 원을 쾌척했고 멕시코 팬클럽은 저소득층 가정에 푸드패키지 및 학용품을 기부했다. 베트남 팬클럽은 장애인 시설 봉사활동을 진행했고 태국 팬클럽은 국립병원에 시설 확충 기금을 전달했으며 일본 팬클럽은 일본유니세프에 소아마비 백신 2,240명분과 홍역 백신 1,120명분을

기부했다.

#4. "사생팬들이 JYJ 숙소에 몰래 들어와 멤버의 속옷 등을 훔쳐 입고 사진을 찍고 멤버들에게 문자를 보낸 적 있어요."(2012년 3월 JYJ 소속사 씨제스엔터테인먼트) "최근 미친 듯이 쏟아지는 메신저와 전화에 시달리고 있다. 이건 정말 모욕적이고 참을 수가 없다. 내 전화를 600개의 메시지로 채워주신 다른 분들도 이런 일 그만하시길 바란다."(2016년 4월 샤이니의 키 인스타그램) "집에 있을 때 누가 현관문을 두드리고 가면 '내 집을 아는구나' 하고 단념했다. 그런데 자고 있는데 문이 열리는 소리가 들리더라. 막상 그 상황이 닥치면 너무 무섭다. 지금은 아예 집을 바꿨다."(2016년 1월 지코 MBC '라디오스타' 발언)

팬의 스타를 향한 관심은 이처럼 다양한 모습으로 드러난다. 스타는 이 같은 팬이라는 집단을 존재 기반으로 하며 팬이 없으면 스타는 존재할 수 없다. 스타와 팬의 관계는 불가분의 관계다. 이 때문에 스타 탄생에 있어 팬의 존재는 절대적이다. 대중문화의 핵심적인 요소이자 스타 시스템을 지탱하는 하나의 축이 팬이다.

'팬(fan)'은 교회에 속해 있거나 헌신적인 창시자를 말하는 라틴어 패너리스(faneris)에 어원을 두고 있다. 열광적(fanatical)이라는 뜻으로 의미가 확장됐다.

김창남은 『대중문화의 이해』에서 팬은 대량생산되어 대중적으로 전파된 문화 생산물의 레퍼토리 가운데 특정한 연기자나 가수 혹은 특정 텍스트를 선택하여 자신의 문화 속에 수용하는 사람들이라고 정의내린다. 즉 팬은 대중문화 상품과 연예인에게 열성적인 사람을 지칭하는 일반적인 개념으로 사용된다.

팬은 특정 스타에 대해 단순한 감정적 친밀감을 갖고 호감도를 유지하는 일반 수용자층에서부터 스타가 죽으면 따라 죽는 스타 중독증에 걸린 스타 숭배자까지 스펙트럼은 넓고 다양하다.

　　팬을 바라보는 전문가나 사회적 인식도 천양지차다. 팬은 스타에게 무조건 매달리는 맹목적인 스타 중독자 혹은 기획사의 이윤창출에 동원되는 도구, '살아있는 ATM'으로 파악하는 부정적인 시선이 있는가 하면 대중문화의 적극적이고 능동적인 수용자로서 스타를 주체적으로 생산할 뿐만 아니라 자신들의 의견을 대중문화에 적극 개진해 대중문화의 내용과 형식의 변화를 이끌어내는 주체로 보는 긍정적인 인식도 존재한다.

　　더 나아가 강준만, 강지원이 『빠순이는 무엇을 갈망하는가?』에서 적시하듯 팬은 스타를 매개로 동질감과 연대 의식을 확인하는 공동체로 진화하고, 팬덤을 형성하는 동력은 소속에 대한 열망이며 팬덤 공동체는 그 어디서도 맛보지 못했던 공동체의 결속과 연대감을 느끼게 해주고 삶의 의미와 보람까지도 공유하고 나누어 가질 수 있는 강력한 공동체라며 팬과 팬덤을 대중문화 차원을 넘어서는 긍정적 의미를 부여 하는 시각도 있다.

　　팬은 스타 시스템에 있어서 다양한 역할과 기능을 하고 있다. 팬의 가장 중요한 기능은 신인과 무명을 스타로 부상시키고 스타의 명성과 인기를 유지, 확대시키는 것이다. 에드가 모랭이 『스타』에서 아무 것도 아닌 존재(배우)를 신과 같은 존재인 스타로 만드는 신성한 양식이 바로 팬들의 사랑이라고 했고 할리우드에선 배우가 팬들로부터 받은 편지의 수와 팬클럽의 규모가 스타 인기의 바로미터로 작용한다고 했다.

　　신인에서 데뷔 1년도 안 돼 스타덤에 오른 걸그룹 트와이스에서부터 일본, 중국, 중남미 등 세계 각국의 팬을 거느린 한류스타 이민호, 40~50년간 인기를 누리고 있는 이미자, 김혜자, 최불암, 이순재 등도 팬의 후원이 있어 스타가 됐고 인기를 장기간 누리고 있다. 인기 정상의 스타도 팬들이 떠나면 한순간 바닥으로 추락한다. 팬의 존재의미이자 무서운 역할이다.

팬들은 자신이 좋아하는 가수의 노래를 방송 음악프로그램 순위에 랭크 시키기 위해 인터넷을 통해 음원을 구입하거나 공개방송 때 어김없이 나타나 열렬한 지원을 보내 인기를 고조시키는가 하면 자신들이 좋아하는 스타에 대해 부정적인 보도를 한 언론사 등에 항의와 압력을 행사해 인기를 유지할 수 있는 분위기를 조성하기도 한다. 이 같은 팬의 역할이 매우 중요하기에 연예기획사, 신인, 스타 할 것 없이 팬클럽을 결성해 보다 많은 팬을 확보하고 이들을 스타의 생명력 유지나 확대에 최대한 활용하고 있다.

또한, 팬은 영화, 음반, 드라마, 예능 프로그램 등 스타의 문화상품의 고정 수요층으로 문화산업의 성장과 발전의 동인 역할을 하며 다른 사람들의 문화상품 소비를 촉발시키기도 한다. 이러한 팬 층의 고정적인 문화상품 소비로 인해 스타는 자신의 흥행성과 몸값을 유지할 수 있고 더 높일 수 있다. 팬은 자신과 동일시하려는 스타를 소비하는 행위에 한하여 효용을 극대화하는 매우 비정상적인 선호 체계를 갖는다. 수요의 불확실성을 야기하는 소비의 제약 조건들, 즉 불명확한 효용, 경험재, 소비의 비반복성 등 문화상품의 특성은 팬에게만큼은 별다른 영향을 미치지 못한다. 특정 스타에 대한 팬의 효용은 너무 명확하고 너무 커 자신이 선호하는 스타만 출연하면 효용이 감소되지 않기 때문에 상품에 대한 경험 없이도 언제나 효용을 극대화하는 선택을 할 수 있다.

문화산업에 있어 타인의 소비량은 문화상품의 선택과 수요에 중요한 영향을 미치기 때문에 이 같은 팬의 스타에 대한 고정적 소비는 다른 사람들의 소비를 촉진, 증대시키기까지 한다. 팬은 스타의 상품성을 높이기 위해 스타가 낸 음반, 스타가 출연한 영화, 드라마를 소비하는 차원에서 벗어나 인터넷 등을 통해 홍보의 전위병으로 나서 소비를 적극적으로 유도하기까지 한다.

또한, 스타에 대한 정보를 시중에 유통시키며 스타의 이미지 조성과 홍보에 열을 올리는 홍보의 전령사인 동시에 스타와 기획사에 대중의 반응과 라이프 스타일, 문화 상품의 소비성향과 패턴, 대중이 선호하는 이미지 등 스타성을 유지하는 데 중요한 정보들을 제공하는 창구 역할도 한다.

팬의 유형은 스타에 친밀도 정도와 몰입 강도의 단계에 따라 다양하게 구분된다. 친밀도의 강도에 따라 감정적 친화와 자기 동일시로 구분된다. 감정적 친화(emotional affinity)는 팬과 스타의 관계가 가장 약한 단계로 스타에게 단순한 애착심이나 친근감만을 보인다. 자기 동일시(self-identification)는 자기 자신을 스타와 동일한 상황과 인물에 위치하는 것으로 생각하는 상황에까지 도달하는 감정을 가질 때 일어난다. 몰입 정도에 따라서는 모방과 투사로 구분할 수 있다. 모방(imitation)은 젊은이들 사이에서 흔하게 일어나는 것으로 스타의 행위나 머리모양, 의상, 장신구 등을 따라하는 것을 말한다. 투사(projection)는 단순히 스타의 행위를 흉내내는 단계를 넘어서며 투사의 정도가 심해질수록 그 사람은 더욱 더 자기가 좋아하는 스타에 몰입된 삶을 살게 된다.

스타의 인기유지 활동의 정도와 정보 보유의 정도에 따라 일반 수용자, 팬, 그리고 마니아로 구분하기도 한다. 일반적으로 단순히 스타와의 감정적인 친화만을 가지고 있는 사람을 일반 수용자, 스타의 인기유지와 정보유통을 위해 팬클럽 등을 만들어 활발히 활동하고 스타의 상품을 적극적으로 소비하는 사람을 팬, 그리고 특정 스타에 대해 모든 것을 대단히 적극적으로 수용하고 또 풍부한 정보와 지식을 가지면서 스타에 대한 여론 형성에 주도적 역할을 하는 사람을 마니아로 구분한다. 특히, 마니아를 대중문화의 전문화 과정에서 발생하는 수용자층으로 간주한다. 마니아에 대해서는 대중이 수동적인 대중문화의 소비의 차원에서 벗어나 주체적인 의지와 시각으로 문화를 선택하고 수용하는 주체로서 변화하는 과정에서 탄생한 집단으로 대중문화의 질적 향상을 가져오는 인자로 보는 긍정적인 평가와 개인적이고 세분화한 지식의 과잉 축적으로 대중문화의 방향을 지극히 개인적인 수용 수준으로 전락시키는 수용 독재자로 파악하는 부정적인 시각이 엇갈린다.

팬을 온라인에서 활동하는 '안방팬', 공개 방송을 보러 다니는 '공방팬', 연예인의 사생활을 쫓아다니는 '사생팬' 등 세 부류로 분류하기도 한다.

스타의 팬들은 10대 청소년과 여성이 대부분을 차지한다. 황원덕의 논문 「중고생의 팬클럽 활동에 관한 연구」에 따르면 한국 팬클럽 역사의 본격적인 장은 1997년 공식으로 출범한 H.O.T팬클럽이다. 공식 팬클럽의 회원은 당시 3만 5,000여 명에 달했으며 대부분의 회원이 중고생이고 회원 중 여학생이 95%를 차지했다. 이러한 팬클럽 회원 구성 분포에서 중장년 회원도 증가하는 등 변화를 겪었지만 스타의 팬클럽 회원 중 절대 다수는 10~20대 젊은층과 여성이다.

존 피스크는 이에 대해 팬덤이 지배적인 가치체계에서 멸시받는 문화 형태들, 즉 팝음악, 로맨스 소설, 만화, 할리우드의 대중 스타들에 주로 연결되는 것에서 그 이유를 찾았다. 지배적 가치체계에서 멸시받는 대중문화와 대중스타에 대한 팬덤은 종속적인 즉 사회적으로 주변적이고 무력한 집단인 남성보다는 여성, 성인보다는 청소년, 상류층보다는 중하류층에서 나타나기 때문이라고 진단한다.

스타 팬의 절대 다수가 여성과 청소년인 현상을 심리적으로 설명하기도 한다. 에드가 모랭은 여성과 젊은이는 문화적으로 가장 통합되지 않는 '미개(未開)한 분자(分子)'인 동시에 문화적으로 활발한 현대성의 세력이고 감정이 순진하고 열렬한 젊은이와 여자들, 중간 계층에서 스타의 신성이 개화한다고 주장했다.

이 밖에 강내희를 비롯한 일부 학자는 여성과 청소년이 스타와 대중문화에 대해 포섭되는 것은 가정에서, 사회에서 고정시키는 억압적 인간관계에 대한 저항표시이며 대중문화와 스타는 청소년과 여성에게 있어 해방공간의 의미를 갖고 있다는 해석도 제기한다.

팬들은 그렇다면 왜 스타를 숭배하는 것일까. 강준만을 비롯한 전문학자들은 스타 숭배현상을 '유사 사회적 상호작용(parsa-social interaction)에서 비롯된 친근의 환상(illusion of intimacy)'이라는 개념을 제시하며 설명한다. 팬들은 TV나 영화를 보면서 스타의 얼굴을 마주 대하고 있다는 착각을 갖게 된다. 일본에서 인기절정의 가수 오카다 유키코가 1986년 투신자살했을 때 30여 명이 연쇄자살 했던 가장 큰 이유 중 하나도 그러한 환상 때문이었다.

또한, 스타를 사람들의 꿈과 욕망을 충족해주는 기제라는 것에서 원인을 찾기도 한다. 실제적 인간으로서 스타와 그들이 맡은 작품 속 캐릭터, 그리고 미디어가 쏟아낸 이미지가 조합된 스타의 모습을 보거나 동일시하면서 자신이 이루지 못하는 꿈이나 채우지 못한 욕망을 충족시킨다는 것이다. 스타는 사랑, 성공, 젊음 등 이상적인 꿈의 이상적인 실현태로서 팬들에게 다가가기 때문이다. 특히 꿈과 현실 사이의 내적인 경계를 잘 구분하지 못하는 청소년과 여성들이 이러한 꿈과 욕망을 충족하는 스타 숭배현상이 많이 나타난다고 분석한다.

현실이 불만족스럽고 고민이 많은 청소년들이 스타에 빠지고 숭배하는 것은 스타에 빠짐으로써 현실의 어려움과 불행을 잊을 수 있는 즉 스타를 현실 도피의 기제로 활용하는 측면도 강하다. 프랑크푸르트 학파는 이러한 '도피'의 성격을 두고 현실에 대한 이데올로기적 순응으로 보고 존 피스크는 오히려 이런 도피야말로 저항의 기초가 된다고 상반된 주장을 한다. 존 피스크는 대중문화적 환상으로의 도피가 지배적인 이데올로기의 억압 공세로부터 벗어나는 내적인 저항이며 이는 저항적인 사회적 실천을 위한 토대라고 보고 있다.

성적 대상으로서 스타를 바라보는 것도 한 원인으로 작용한다. 여학생들이 팬클럽을 구성하는 경우는 대부분 남성 가수이거나 남성 그룹이다. 청소년들은 좋아하는 가수를 일종의 이성적 대상으로 느끼는 경우가 많다.

스타를 인격 형성자로 간주하며 자신의 정체성을 확보하려는 것도 팬들이 스타에 대해 열렬한 지원과 숭배를 하는 이유다. 미디어가 조작한 이미지를 통해 스타를 완벽한 인간으로 간주하는 팬들이 스타들을 투사하면 할수록 스타가 자신의 삶을 이끌어준다고 인식한다.


## 2. 팬과 팬클럽의 변천: 고무신족부터 오빠부대, 빠순이, 사생팬까지

대중매체의 발달과 수용자의 대중문화 · 미디어 접촉도, 문화상품의 소비 정도, 국민의 생활수준, 그리고 스타 시스템의 구축 정도에 따라 팬과 팬클럽의 구성 분포와 활동 등이 상이한 모습을 보인다.

1903년 영화가 활동사진의 형태로 소개되고, 1908년 빅터사의 적벽가 음반이 시판되고, 1927년 라디오 방송이 개국한 한국 대중문화 초창기부터 영화제작이 이어지고 악극이 활발하게 성행한 1950년대까지 대중문화와 스타의 팬은 어떤 사람들이었을까. 이 시기 라디오 등 대중매체의 미보급과 문화상품의 소비에 따른 경제적 부담 때문에 대중문화 팬은 경제력을 갖고 대중문화 접촉 기회가 있는 지식인과 기생 등 성인층이 주류를 이뤘다.

일제 강점기 유행한 트로트의 경우 도시의 신문화였다. 대중음악평론가 이영미가 『홍남부두의 금순이는 어디로 갔을까』에서 지적했듯 트로트의 경우 개화한 지식층이 먼저 받아들이고 도시에서 신문화를 맛볼 수 있는 사람들 즉 돈 있는 소시민층과 이들 주변에 있던 기생들이 주로 향유했던 예술이다.

이 시기의 팬들의 행태는 특정 스타에 대한 단순한 호기심과 친밀감 표시, 정기적인 악극, 영화 등 문화상품의 소비로 나타났다. 물론 영화배우를 찾아가 만남을 가진 기생 등 열성 팬도 있었지만 극소수였다.

1960년대의 대중문화는 영화 제작의 활성화, 라디오 보급의 확대, 1961년 KBS 텔레비전을 시작으로 1964년 TBC, 1969년 MBC까지 TV 방송 3사 체제 구축, 1964년 주간한국을 시작으로 속속 등장한 대중 주간지 창간 붐 등으로 큰 도약기를 맞았다. 또한, 이전보다 생활수준 향상 등으로 일부 계층에서만 향유하던 대중문화를 서민들까지 누릴 수 있는 환경이 조성되면서 팬의 구성과 활동에 변화가 있었다. 텔레비전 수상기의 보급 부족으로 영화가 대중문화의 주류를 이뤘던 1960년대는 '고무신족'으로 불리는 30~40대 아줌마들이 스타 팬의 주류를 이뤘다. 1950~1960년대 쏟아져 나온 멜로 영화의 주관객층은 바로 30~40대 아줌마였다. 이들 30~40대 아줌마 부대의 적극적인 지원으로 신성일, 최무룡 등 청춘 배우들이 스타로 각광받을 수 있었다. 성인 남자들은 이 시기에 가장 인기 있었던 트로트 스타의 주요 지지층을 구성했다.

이 시기에는 주간지에서 스타의 열애설이나 사생활 등 일거수일투족을 보도하는 것을 비롯해 스타에 대한 정보가 대량 유통됨으로써 팬들은 스타에 대한 호기심을 어느 정도 충족시켰을 뿐만 아니라 스타의 헤어스타일이나 패션 등을 따라 하기도 했다. 1960년대 일었던 미니스커트의 선풍은 바로 가수 윤복희 미니스커트가 진원지였던 것은 이를 잘 말해준다.

텔레비전의 확대와 영화 산업의 침체로 텔레비전이 대중문화의 산실로 자리잡기 시작한 1970년대는 대중문화와 스타의 수용층에 큰 변화가 있었다. 특히 이 시기에는 이전보다 스타에 대한 팬 층이 넓게 형성됨과 동시에 스타에 대한 팬의 분화가 확실하게 이뤄졌다. 영화의 주관객 층인 아줌마들은 영화보다는 텔레비전 드라마의 주시청자로 자리를 이동해 안방극장의 주인공인 탤런트들이 스타로 부상했다.

또한, 이 시기 대학가를 중심으로 형성된 통기타와 청바지, 맥주로 대변되는 청년문화의 영향으로 포크송 가수와 청춘의 반항을 그린 청춘영화 배우들이 인기를 끌기 시작하면서 20대 젊은 대학생이 대중문화와 스타의 주요 소비층으로 떠올랐다. 한편에서는 산업공단을 중심으로 근로자 중 남자의 경우 호스티스물 영화의 주요 관객층을 형성했고 여성은 가수 남진, 나훈아에 높은 관심을 보였다.

이 당시 물론 텔레비전 보급 확대로 탤런트와 코미디언 등에 대한 호기심과 관심을 보인 팬은 30대 이상의 성인층이었으나 문화상품에 대한 소비와 스타에 대한 적극적인 관심도를 보인 팬 층은 20대였다. 이들은 특정 스타의 극장쇼, 리사이틀 현장, 음악다방, 극장을 찾아가는 고정 수요층을 형성했다. 특히 남진과 나훈아의 팬이 갈려 경쟁하듯 가수를 연호하는 등 팬의 관심 표명이 적극적으로 변해 '오빠부대'의 효시를 이뤘다.

이 시기의 팬은 스타를 만날 기회가 많지 않았고 스타를 신비한 존재로 여겼기 때문에 영화의 배역을 스타의 실제로 동일시하는 경우가 많았다. 드라마에서 착한 역을 하면 그 스타는 인기를 얻고 악역을 맡게 되면

온갖 항의를 받고 욕설을 들어야했다. 1970년대 탤런트로 인기정상에 올랐던 김세윤은 "인기 드라마에서 악역을 하게 되면 길거리에서 사람들로부터 돌이 날아오고 집 유리창이 깨지는 일이 자주 벌어졌다"고 말했다. 또한, 이 시기 팬들은 스타의 스캔들과 결혼 등에 민감한 반응을 보였는데 스타가 열애설이 나거나 결혼을 하게 되면 인기가 급락하는 사태가 벌어졌다. 남진이 윤복희와 결혼한 이후 팬들의 사랑을 잃고 인기가 급락한 것이 대표적인 사례. 팬은 스타를 영원한 연인으로 남기를 바라는 욕구가 강해 '결혼은 인기의 무덤이다'라는 말이 나오기도 했다. 그래서 일부 스타는 결혼을 했으면서도 인기 유지를 위해 결혼 사실을 밝히지 않은 채 연기나 가수활동을 하기도 했다.

1980년대는 대중문화의 주도층으로서의 팬의 성격과 활동에 전환점이 된 시기다. 컬러 방송으로 한층 위세를 떨치게 된 텔레비전은 스타의 독점 양산체제를 갖췄으며 탤런트는 물론 가수, 영화배우까지 텔레비전 진출이 활발했다. 1980년대 최고 가수로 떠올라 연예계를 평정한 조용필은 '창밖의 여자' 발표로 단일 앨범 사상 처음으로 100만 장을 돌파해 문화산업에 대한 새로운 인식을 심어줬으며 본격적인 오빠부대를 형성하며 새로운 팬 문화를 만들었다.

1980년대 중반 산발적이던 팬의 관심과 활동이 조용필의 팬클럽이 결성되면서 스타와 팬의 새로운 관계가 형성됐다. 물론 이때의 팬클럽은 체계적이고 조직적인 것이 아니라 자연발생적인 것이었다. 이때도 국내 연예계는 조직적인 팬 관리의 체계가 마련되지 않았을 뿐 아니라 팬 관리라는 개념조차 도입되지 않았다. 조용필의 팬클럽 회원은 오빠가 좋아서 모였고 오빠의 한마디를 듣고 싶어서 따라 다녔다. 여기에서 한 발짝 더 나아가 결성된 팬클럽은 회원끼리 정기적으로 모여 음악을 감상하고 정보를 교환하는 일종의 동호회 모임 성격으로 발전하기도 했다.

〈한류 팬클럽 현황〉

■ 지역별 한류 동호회

   – 아시아·대양주 지역 267개(약 1,760만 명)
   – 아메리카 지역 715개(약 260만 명)
   – 유럽 지역 182개(약 140만 명)
   – 아프리카·중동 지역 84개(약 10만 명)

■ 한류 동호회 증감 현황(2012~2014)

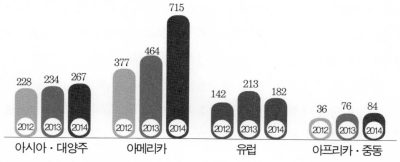

출처: 한국국제교류재단

   이 시기의 팬클럽 상황은 1910년대 할리우드 스튜디오들이 스타 시스템 구축을 시작하면서부터 영화사 내부에 팬 관리부를 두어 팬클럽이나 팬을 조직적이고 체계적으로 관리한 것과 큰 차이가 있다. 할리우드 영화사는 팬클럽을 영화의 고정 수요층으로 활용했을 뿐만 아니라 스타의 인기를 견인하는 홍보기제, 그리고 회비 등을 거둬들여 스타의 수익 창구로 활용한 것과 1980년대 결성된 우리의 팬클럽 상황과는 큰 차이를 보인다.

   연예인 팬클럽이 우리나라에 본격적으로 등장하기 시작한 것은 1980년대 중반 이후부터다. 1980년대의 팬클럽이 대상으로 했던 스타는 주로 영미 계열의 가수나 그룹이었다. 당시의 대표적인 영미권 가수의 팬클럽으로는 1984년에 결성된 비틀즈 팬클럽, 1986년 듀란듀란 팬클럽,

1987년 아바 팬클럽 등이다.

이 당시의 팬클럽의 수나 규모, 활동의 양상 또한 매우 열악했다. 당시의 팬클럽이 영미권의 연예인에 국한되었던 것은 1980년대 중반까지 국내 연예인들이 체계적인 스타 시스템에 의해 관리되지 않았고 국내 대중음악 음반시장이 거의 영미 계열 가수의 음반을 중심으로 형성되었기 때문이다. 양재영은 「청소년집단의 대중문화 수용과정에 관한 연구」에서 이 당시 유독 가수를 대상으로 한 팬클럽만이 주류를 이뤘던 것은 당시 국내 대중문화 시장에서 영화나 다른 대중문화 장르에 비해 영미권의 대중음악 스타들이 상대적으로 널리 인지되었기 때문이라고 분석했다.

1980년대 후반부터 조용필 팬클럽을 비롯해 국내 스타의 팬클럽이 속속 등장하면서 대중문화 수요층이 10대로까지 확산됐다. 1970~1980년 고속 경제성장의 과실의 혜택이 10대에게 주어지기 시작한 경제적 상황과 소형 뮤직 카세트 등 기기의 발달은 10대를 문화상품의 주소비층으로 유입시켰다. 이로 인해 1980년대 후반 텔레비전에서는 10대를 겨냥한 예능 프로그램이 많이 등장하고 소방차 등 댄스그룹 가수의 출연이 잦아졌다.

문화상품의 소비력을 갖춘 10대의 대중문화 시장의 전면 부상, 케이블 TV 등 다양한 매체 등장, 인터넷의 보급, 대중문화와 연예인에 대한 산업적 인식 확산, 문화상품을 전문적으로 생산하고 스타 시스템을 구축한 연예기획사의 설립 붐, 대기업의 대중문화 시장 진출 등의 특징을 보이는 1990년대 들어서는 팬클럽은 폭발적으로 증가했다.

10대가 방송, 음반, 영화 등 대중문화 상품의 최대의 소비자로 떠오른 1990년대 들어서는 연예기획사 주도의 스타 생산체제가 형성되고 스타 시스템이 체계를 잡아가면서 팬클럽을 조직적으로 관리하는 현상이 두드러졌다. 개인적으로 좋아하고 동호회라는 모임으로 정보를 교환하던 팬들은 1992년 서태지와 아이들의 팬클럽 '요요' 결성을 시작으로 팬클럽을 통해서 조직적인 스타 지원활동을 벌이기 시작했다. 가수에 한정되던 팬클럽도 탤런트, 영화배우 등 연예계 전체로 확산되었고 회원이 수만 명에서 수십만 명에 달하는 서태지와 아이들, 조성모, 김건모, 신승훈, H.O.T, god 등의 공식, 비공식 팬클럽이 속속 등장했다. 팬클럽은 두 종류가 있었는데 스타가 소속된 회사에서 운영하는 공식 팬클럽, 또 하나는 인터넷 등을 중심으로 생겨난 자생 모임인 비공식 팬클럽이다.

1990년대 들어 연예기획사나 대중매체에서도 파악할 수 없을 만큼 팬클럽의 숫자가 급증했다. 팬클럽은 기본적으로 스타와 운명을 같이 하기 때문에 원히트 원더(one-hit wonder)처럼 벼락 스타의 출몰이 심하고 스타의 생명이 짧은 상황에서 하루에도 새로 생기는 팬클럽과 없어지는 팬클럽이 셀 수없이 많았다. 팬클럽의 규모나 회원 수도 천차만별이었다.

1990년대 들어 스타의 주요한 팬 층을 구성하는 10대는 대중문화 생산에 적극적으로 의견개진이나 압력 행사로 대중문화 생산물 제작에 적지 않은 영향을 미쳤다. 또한, 연예기획사와 미디어가 만들어낸 스타를 보고 따르기만 했던 팬이 스타 만들기에 직접 참여해 팬에 의한 주도적인 스타 만들기도 시작됐다.

2000년대 들어서는 스타와 연예인 팬의 스펙트럼은 확장됐다. 연령층도 중장년층까지 확대되고 '삼촌팬'의 용어가 의미하듯 중년 남성 팬도 크게 늘었다. 그리고 자기가 좋아하는 스타를 하루 24시간 추적하며 사생활 정보를 취득하고 유포하는 사생팬까지 등장했다.

이처럼 팬의 문양과 양태는 변화해왔다. 이제 팬은 공식, 비공식 팬클럽을 통해 스타에 관심을 드러내는 등 다양한 활동을 펼친다. 팬클럽은 한 사회 내에서 특별한 가치, 지위를 가지는 일종의 스타라 할 수 있는 사람이나 사물에 대한 존경이나 숭배를 조직적으로 행하고, 스타와의 직접적인 관계를 유지하며 스타를 지원하는 자발적으로 형성된 집단이다.

1990년대 중반부터는 연예기획사, 제작사, 팬클럽 관리 대행사들이 전면에 나서 팬클럽 조직을 관리하기 시작했다. 이제는 신인 발굴 때부터 팬클럽을 운영하는 것은 보편적인 추세다. 심지어 데뷔 전에 조직한 팬클럽을 통해 홍보를 지속해서 한뒤 데뷔와 동시에 팬클럽 활동을 본격적으로 가동시키는 경우까지 생겼다.

2000년대 들어서는 국내 팬 뿐만이 아니라 차인표의 중화권 팬클럽 '표동인심(表動仁心 · 차인표가 우리 마음을 움직였다)'을 비롯한 중국, 일본, 미국 등 전 세계 한류스타 팬클럽이 속속 등장했다. 한국국제교류재단의 조사결과에 따르면 2015년 현재 중국, 일본, 미국, 브라질 등 86개국에 1,493개의 한류스타와 콘텐츠 관련 팬클럽이 결성돼 활동하고 있고 팬클럽 회원수는 3,559만 명에 달한다.

인터넷의 발달, SNS의 등장, 스마트폰의 대중화로 인해 2000년대부터 영화나 드라마 등 작품이 흥행에 성공하거나 높은 시청률을 기록하면 출연한 신인이나 스타의 팬클럽은 폭발적으로 생겨났다.

팬클럽의 가장 주요한 활동은 선호하는 스타의 상품인 음반 및 콘서트, 영화, 드라마 등을 소비하는 것이다. 이로 인해 스타는 경쟁력과 인기를 상승시킬 수 있고 연예기획사는 안정적인 수입을 확보할 수 있으며 영화사나 방송사는 흥행이나 시청률을 쉽게 올릴 수 있다. 음반시장에서 발매하기도 전에 주문이 들어오는 선주문제가 활성화된 것도 순전히 팬클럽의 탄생으로 가능했다.

또한, 팬클럽은 연예기획사가 개최하는 스타와의 팬미팅, 영상회, 사진회, 스타의 생일모임, 화보발간 등 갖가지 이벤트에 참여하거나 스타가 출연하는 방송 프로그램에 참석하는 활동도 한다. 장동건의 팬클럽,

장나라 팬클럽, 장근석의 팬클럽, 이민호의 팬클럽처럼 자신들이 좋아하는 스타의 이미지 제고를 위해 장애인시설 방문이나 자원봉사 활동을 하는 팬클럽도 많아졌다.

스타에 관한 정보를 기획사를 통해서 제공받거나 자체적으로 취득한 것을 다수의 사람들에게 유통시키며 스타의 이미지와 인기를 상승시키는 홍보 전령사 역할도 하고 있다.

팬클럽 회원은 뮤직비디오 감상회, 작품 품평회 등 소모임을 정기적으로 갖고 인터넷 등을 통해 스타에 대한 정보와 소식을 교환하며 대중매체의 모니터링도 하고 있다. 자신들이 좋아하는 스타에 대한 비판적 기사나 프로그램에 대해서는 해명은 물론 항의나 물리적인 공격까지 가하기도 한다.

무엇보다 팬클럽 회원은 또래 집단을 비롯한 대중의 기호와 취향, 문화상품 구매 패턴, 유행하는 패션과 헤어스타일 등 다양한 정보를 스타나 연예기획사에 제공해 스타가 인기를 높이거나 유지할 수 있는 마케팅 전략 수립에도 많은 도움을 주고 있다.

## 3. 팬·팬덤의 순기능과 폐해: 팬, 스타의 부상과 몰락 좌우하는 주체

"여자들은 돈을 노린 꽃뱀이다." "성폭행 혐의로 고소한 것은 숨겨진 의도가 있다." "오빠를 유혹한 여자의 잘못이지 오빠는 잘못이 없다." … "사회적 물의를 일으킨 것에 대해 지탄하며 그와 관련된 활동과 콘텐츠를 배척할 것이다", "아무리 좋아하는 스타지만 문제 있는 행동은 비판받아 마땅하다", "스타가 불법을 저절렀다면 사법적 처벌뿐만 아니라 대중의 처벌도 받아야한다" … 2016년 5월부터 7월까지 3개월 동안 유명 예능인 유상무, 한류스타 박유천, 인기 배우 이진욱 등 인기 연예인이 여성들로부터 성폭행 혐의로 고소를 당한 직후 나온 팬들의 반응이다.

이 두 반응은 팬과 팬덤의 두 얼굴이다. 팬은 긍정적인 측면과 부정적인 문제를 모두 안고 있다. 에드가 모랭이『스타』에서 말했듯 "아무것도 아닌 존재(배우)를 신과 같은 존재인 스타로 만드는 신성한 양식이 바로 팬"이라고 한 것처럼 팬은 무명과 신인을 스타로 만들어내는 원동력이고 문화상품을 왕성하게 소비해 대중문화를 존재하게 하는 중요한 역할을 한다. 이 때문에 팬은 대중문화의 젖줄이자 스타 시스템의 주역이라는 평가를 받는다. 배용준, 최지우, 이병헌, 장동건, 이민호, 김수현, 송중기, 장근석, 송혜교, 전지현, 빅뱅, 소녀시대, 엑소 등 중국, 일본에서 높은 인기를 누리는 한류스타의 등장도 팬들의 역할이 절대적이었다.

또한, 팬은 대중문화의 능동적인 수용자로 자신의 의견을 적극적으로 개진해 대중문화와 스타 시스템의 병폐를 개선하는 주체로서의 긍정적인 역할도 수행하고 있다. 2001년 가수들의 팬클럽이 문화연대와 함께 문제가 많았던 '가요 순위 프로그램 폐지' 운동을 전개했고 '노예계약'으로 대변되는 연예기획사와 소속 연예인간의 부당한 계약관행 개선을 위해 고발 등 다양한 활동을 펼쳐 2011년 공정거래위원회의 표준계약서 제도 도입을 가능하게 했다.

팬은 한발 더 나아가 대중문화의 새로운 지평을 확장한다. 헨리 젠킨스가『텍스트 밀렵자들(Textual Poachers)』에서 "팬픽 등 팬이 스타 또는 캐릭터, 작품 원작을 재해석하고 변형해 창조한 팬 제작물은 팬에 의해 재해석되고 창조된 새로운 대중문화이며 기존의 대중문화에 새로운 상상력과 활력을 불어넣는 긍정적인 역할을 한다"고 강조한 것처럼 단순히 스타와 대중문화를 소비하는 것에서 벗어나 팬픽 등 창작물을 만드는 프로슈머로서의 모습을 보이며 대중문화와 스타 문화에 기여하고 있다.

하지만 이러한 긍정적인 기능을 하는 스타 팬에 대해 대중의 시선이나 사회적 인식, 기성세대의 태도는 냉소와 비난으로 일관하고 있다. 팬을 맹목적으로 스타를 추종하는 무뇌아, 스타와 연예기획사의 이윤창출에 동원되는 '살아있는 ATM', 스타의 집에 몰래 찾아가 속옷이나 훔치는 불가촉천민(不可觸賤民) 혹은 일탈을 일삼는 집단으로 취급하고 있다.

물론 팬과 팬클럽의 병폐와 문제점도 상존한다. 음주운전, 폭행, 성폭행, 대마초 흡연 및 마약 투약 등 자신들이 좋아하는 스타와 연예인의 문제 있는 행동에 대해 묻지마 옹호로 일관하는 행태나 활동은 스타와 스타문화, 스타 시스템에 악영향을 끼치고 있다. 심지어 일부 스타와 연예기획사는 팬의 이러한 심리를 이용해 문제 연예인에 대한 여론이나 정보를 조작하는 경우까지 생겨나고 있다. 이러한 행태는 스타의 생명력을 죽이고 문제 연예인을 양산하는 원인으로 작용한다.

2002년 미국국적 취득으로 군대를 가겠다는 자신의 말을 뒤집고 군입대를 면제받은 유승준에 대해 입국불허조치를 내린 법무부와 병무청에 사이버 테러에 가까운 비난을 퍼부었던 행태에서부터 2016년 6월 한류 스타 박유천에 대해 성폭행 혐의로 고소한 여성 4명에 대해 "유흥업소 직원이 성폭행을 당했다는 것이 말이나 되냐"며 인신공격을 하는 행태까지 일부 팬들의 문제 있는 행태는 팬 문화의 일그러진 모습이다.

또한, 언론이나 전문가의 정당한 비판이나 기사에 대한 물리력 행사도 문제다. 일부 팬은 연기자의 연기력이나 가수의 가창력에 문제가 많아 이에 대해 비판을 하는 전문가나 기자 등에게 무차별 전화항의나 사이버 테러를 가하는 등 문제 있는 행동을 하고 있다. 건강한 스타 문화와 스타 시스템에 반드시 필요한 비판과 견제를 물리력을 동원해 무력화하는 일부 팬의 행태 역시 팬과 팬클럽 문화의 문제점 중 하나다.

자신이 좋아하는 스타의 숭배현상이 지나쳐 좋아하는 스타와 라이벌 관계에 있는 스타, 혹은 연인관계에 있는 연예인에 대해 무차별적이며 반이성적인 공격을 가하고 악의적인 루머를 퍼트리는 행위도 팬들의 병폐적 행태의 하나다. 일부 팬과 팬클럽은 인터넷에 자신이 좋아하는 가수, 연기자와 라이벌 관계에 있는 가수나 연기자에 대한 안티 사이트를 개설해 근거 없는 소문이나 악의적인 비판을 퍼붓는 경우도 적지 않다. 또한, 연인관계에 있거나 열애설이 보도될 때 자신의 좋아하는 스타나 연예인의 연인에 대한 팬들의 사이버테러 역시 적지 않은 문제를 야기한다. 1999년 최고 인기를 누리던 H.O.T의 문희준과 열애설이 난 걸그룹 베이비복스의 간미연에게 문희준의 일부 팬이 면도칼과 협박편지, 간미연의 얼굴이 훼손된 사진을 보내 사회문제가 된 것은 단적인 사례다. 2014년 소녀시대 태연과 엑소 백현의 열애사실이 보도되자 두 스타의 팬은 인터넷 등을 통해 상대방에 대해 비난을 퍼붓는 등 사이버 공격을 가하는 한편 자신이 좋아하는 스타에 등을 돌리는 현상까지 초래됐다. 결국 이 두 스타는 2015년 결별했다.

또한, 연예기획사와 스타의 상업적인 논리에 따라 움직이며 일부 팬클럽의 회원이 연예기획사의 단순한 이윤창출 도구로 전락되는 것도 문제다. 연예기획사나 스타는 연예인을 좋아하는 팬의 마음을 이용해 똑같은 음반을 멤버들 캐릭터별 디자인을 달리해 판매하거나 터무니없이 비싼 가격의 굿즈 제품을 내놓으며 이윤을 극대화하고 있다. 이 때문에 '팬들은 살아있는 ATM'이라는 비판까지 쏟아지고 있다.

2000년대 들어 급증하고 있는 사생팬의 행태 역시 팬들의 고질적인 병폐 중 하나다. 스타 사생활을 추적하는 사생팬은 택시 등을 이용해 스타나 연예인을 24시간 추적하며 스타의 사생활을 심대하게 침해하고 있다. 사생팬은 교통위반과 교통사고의 위험에도 불구하고 스타를 추적해 스타와 팬의 안전에도 큰 문제가 발생하고 있다. 2016년 6월 배우 김민종의 주거지를 무단침입 해 벌금형을 선고받은 30대 여성팬을 비롯해 일부 사생팬은 스타의 집에 무단침입 해 속옷 등을 훔치고 이를 사진 찍어 SNS나 팬클럽 사이트에 올리는 등 폐해가 날로 심각해지고 있다.

2012년 JYJ 멤버의 사생팬에 대한 폭언 논란이 제기된 후 JYJ 소속사 씨제스엔터테인먼트는 "사생팬들이 JYJ 숙소에 몰래 들어와 멤버들의 속옷 등을 훔치고 이를 입고 사진을 찍고 멤버들에게 문자를 보낸 적 있다"며 사생팬의 행태를 공개한적 있다.

사생팬은 일상생활을 마비시키는 메시지와 전화테러 뿐만 아니라 스타의 인스타그램 해킹 등 범법행위까지 일삼고 있다. 아이돌그룹 샤이니의 키는 SNS를 통해 2016년 4월 "최근 미친 듯이 쏟아지는 메신저와 전화에 시달리고 있다. 이건 정말 모욕적이고 참을 수가 없다. 내 전화를 600개의 메시지로 채워주신 다른 분들도 이런 일 그만하시길 바란다"는 입장을 밝혔고 사생팬의 주택침입으로 이사까지 한 지코는 방송 등을 통해 "밤에 자고 있는데 문이 열리는 소리가 들리는 것은 공포다. 팬의 이러한 행태는 사랑이 아니라 학대다"고 말하는 등 사생팬의 행태에 힘들어하는 스타들이 급증하고 있다.

팬과 팬클럽은 스타를 만드는 스타 시스템의 주체이자 대중문화의 젖줄 역할을 한다. 하지만 사생팬의 행태 등 팬과 팬클럽의 갖가지 병폐도 존재해 스타와 팬 문화에 어두운 그림자를 드리우고 있다.

## 맺음말을 대신하며

연극 '아버지' 상연 도중 세트에 부딪혀 많은 피를 흘린 한 배우가 있었다. 함께 공연하던 연기자들은 연극을 중단하고 흐르는 피를 닦아주려했지만, 그는 연극의 흐름과 관객의 몰입을 방해해서는 안 된다며 부상을 당한 채 공연을 끝까지 마쳤다. 이순재다. 연기자 정선아는 "피가 줄줄 흐르는 와중에도 흔들림 없이 공연을 마치신 이순재 선생님. 아직까지도 심장이 덜덜 떨린다. 커튼콜 뒤 선생님 눈가에 맺혔던 눈물은 내 심장에 영원히 머물 것 같다"고 했다. "연기자가 어떤 상황에서도 연극이나 영화, 드라마에 최선을 다해야 하는 것은 관객과 시청자에게 한 어길 수 없는 약속이다"고 연기자 이순재는 말한다. 그는 2008년 모친상 중에도 예정되었던 공연을 취소하지 않고 연극을 마친 뒤 빈소로 향했다.

이순재는 그런 스타다.

"제가 고맙지요. 어떻게 '국민 아버지'라는 수식어까지 얻을 수 있었겠어요. 배우로 살았기에 가능한 일이지요. 바람이 있다면 죽는 순간까지 연기자 최불암으로 살고 싶지요. 작은 배역은 있어도 작은 배우는 없습니다. 그래서 조연이든 단역이든 주연이든 매순간 최선을 다해 연기하면 모두가 대중에게 울림을 주는 큰 배우가 되는거라고 생각해요." 수많은 사람이 보고 자란 최불암이다. 성공과 인기에만 연연해하는 배우가 더 많은 요즘 최불암은 TV 화면과 스크린, 무대를 사랑하는 예술을 통해 소생하는 아름다운 연기자다.

"대중의 사랑과 인기, 돈은 잠시 빌리는 것일 뿐 스타의 것이 아닙니다. 사랑을 준 대중에게 최선의 노력을 다해야 하지요. 스타를 고용하는 사람은 방송사도 연예기획사도 아닌 대중이기 때문에 언제 어디서나 대중에게 최선을 다해야 합니다." 길가다 만난 넝마주이 소녀에게 따뜻한 집 밥을 먹이고 두 아이를 입양하고 전 세계 빈민지역 아동에게 따뜻한 손길을 내밀며 수많은 사람을 사랑 나눔에 동참시킨 차인표다.

"참 힘들지요. 연예인으로 산다는 게. 그런데 전 연기할 때가 정말 행복해요. 힘들다가도 카메라에 불이 들어오면 힘이 나요." 그녀는 천상 연기자였다. 드라마나 영화를 보면서 적지 않은 시간 수많은 사람이 그녀가 웃으면 행복했고 그녀가 울면 슬퍼했다. 연기자 최진실의 힘이다. 그리고 그녀는 한 인간으로서 수많은 사람에게 진정한 성공의 롤모델이었다. 수제비를 먹으며 자란 힘든 시절을 이겨내고 우리 시대 최고의 스타가 됐다. 그것만으로 좌절한 사람에게 위로를, 절망한 사람에게 희망을, 포기하는 사람에게 도전할 용기를 줬다. 스타 최진실의 존재의미였다.

"나는 무대에 설 때 권투선수 같은 기분으로 선다. 무대는 내 링이다. 권투선수들이 링에 오르면 3분이 주어진다. 3분 내에 KO를 시키느냐 혹은 당하느냐가 정해진다. 노래도 3~4분이다. 그 노래 한 곡에 내가 사람들을 KO시켜서 내 사람으로 만들 것인지 아니면 내가 사람들에게 당할 것인가를 결정하는 마음으로 항상 무대에 선다." 50여 년 스타 가수로 활약하며 팬들의 사랑을 받다 은퇴한 패티 김의 소감이다. 패티 김은 은퇴하는 그날까지 스타의 자존감을 지키며 당당한 모습을 보였다.

화장실에서 소리가 들린다. 소리도 지르고 울먹이기도 한다. 큰일이 났나 했다. 한 중견 여자 연기자였다. 그녀의 손에 노력의 흔적을 보여주는 너덜너덜해진 드라마 극본이 들려 있다. 화장실에 가는 순간까지 연기 연습을 한 것이다. 우리 시대 최고의 연기자로 꼽히는 나문희다.

드라마와 영화, 그리고 연극까지 종횡무진이다. "연극을 하는 것도, 새로운 작품을 선택하는 것도 모두 도전이지요. 새로운 것에 도전하는 것은 늘 힘이 들지요. 도전해서 결과가 좋지 않을 때도 있지만 설사 실패한다고 해도 나를 많이 발전시키더라구요. 그래서 도전하는 것이지요. 오늘의 내가 있는 것은 크고 작은 도전 때문이라고 생각해요." 나문희의 대답이다.

"오늘의 나를 만들어준 것은 팬이었고 그런 팬들에게 희망을 주고 싶다. 40여 년이란 긴 세월동안 날 지켜준 힘은 팬이다. 팬들의 사랑이 없었다면 지금까지 견딜 수 없었을 것이다. 그래서 연습과 노력을 멈출 수 없고 새로운 것에 도전한다." 음악에 대한 무한도전과 완벽추구, 뜨거운 열정으로 조용필이라는 장르를 만든 슈퍼스타 조용필이 늘 가슴에 새기는 말이다. 이 때문에 한국 대중음악은 조용필 이전과 이후로 나뉘고 사람들은 '조용필'이라 쓰고 '가왕'이라 읽는 것이다.

"방송이 너무 안 되고 하는 일마다 자꾸 어긋난 적이 있다. 그 때 간절하게 기도했다. 한 번만 기회를 주시면, 단 한번만 개그맨으로서 기회를 주시면 최선을 다하겠다고 다짐했다. 그 소원(한 번만 기회를 달라는 바람)이 이뤄지고 난 후에는 만일 내가 초심을 잃고 이 모든 것이 나 혼자 이룬 것이라고 한 번이라도 생각한다면 세상에서 가장 큰 벌을 받아도 할 말이 없게 될 것이라고 생각하고 있다." 최고의 예능스타 유재석의 다짐이다. 고통스러운 오랜 무명생활을 견디면서 좌절하지 않고 스타로 비상한 뒤에도 철저한 자기관리와 노력으로 예능의 지평을 확장하는 유재석은 그 자체가 감동이자 신화다.

"스크린이나 TV에서 보여지는 아티스트들의 모습은 너무나 반짝인다. 유명인으로서 사람들에게 많은 사랑을 받는 화려한 삶을 꿈꾸며 무작정 연예인의 꿈을 갖는다면 오산이다. 나를 포함한 대부분의 연예인은 사람들에게 받는 사랑과 믿음을 지켜야 한다는 부담이 크다. 그 부담감은 결국 화려한 모습의 이면에 갇혀 보이지 않지만 그 공허함은 스스로 견뎌내야 한다. 오랜 연습생 기간을 거쳐 다듬어져야 만이 카메라 앞에 설 수 있다. 그에 걸리는 시간과 본인이 느끼게 될 고통 역시 짊어져야 할 짐이 될 것이다." 아역 연기자로 출발해 좌절과 시련을 극복하고 한류스타로 우뚝 선 장근석이 연예인 꿈을 꾸는 이들에게 해주고 싶은 말이란다.

1998년 그토록 원하던 문화부 발령을 받고 평소 마음에 둔 학술, 출판을 담당하고 싶다는 마음을 피력했다. 하지만 방송, 연예, 영화 등 대중문화를 담당하라는 부장의 지시에 "연예인을 잘 모르는데요"라는 대답으로 소극적 저항을 했었다. 그리고 18년 동안 대중문화 현장을 누비며, 다양한 분야에서 활동하는 스타와 연예인을 만났다. 또한 방송과 대학 강단에서도 대중문화와 스타를 이야기하고 강의를 했다.

"연예인을 잘 모르는데요"라고 대답했었던 나는 18년 사이 대중문화 전문기자와 대중문화평론가로 타이틀이 바뀌었다. 18년이라는 세월 동안 기자로, 연구자로 대중문화와 스타 시스템의 주역들을 취재하고 공부하면서 스타와 대중문화의 소중한 의미를 알게 되었다. 그리고 연예인 지망생 공화국의 문제, 모든 것을 독식하는 스타 권력의 폐해, 스타와 연예인을 인간이 아닌 상품으로 취급하며 이윤창출에만 몰두하는 연예기획사와 미디어의 병폐, 지망생을 발탁해 스타로 키우는 육성 시스템의 심각한 상황도 체감했다.

그리고 또 알게 됐다.

이순재부터 송중기까지, 조용필부터 엑소까지, 안성기부터 김고은까지 내가 취재하면서 만난 그리고 작품을 통해서 접한 무수한 스타와 연예인들로 인해 내 인생이 의미 있는 확장을 할 수 있었다는 것을, 그리고 그들이 진정한 내 삶의 멘토 역할을 하고 있다는 것을.

　이 책이 연예인 지망생, 스타와 연예인, 스타 시스템과 미디어의 종사자, 연구자, 그리고 스타와 대중문화를 소비하는 대중에게 길잡이가 되길 바란다.
　대중문화와 스타, 스타 시스템에 대해 좀 더 관심을 기울이고 알게 되면 자신의 삶과 인생의 스펙트럼이 분명 달라질 것이라 생각한다.

## 〈연예기획사별 소속 연예인〉

| 기획사 | 연예인 |
|---|---|
| SM엔터테인먼트 | 강타, 보아, 이연희, 설리, 천상지희, 장리인, 고아라, 틴틴파이브(홍록기, 이동우), 트랙스, 동방신기, 슈퍼주니어, 소녀시대, 샤이니, f(x), EXO, 레드벨벳, NCT, 유호정, 이재룡, 윤다훈, 김민종 |
| SM C&C(SM엔터테인먼트 자회사) | 강호동, 김하늘, 송재림, 신동엽, 장동건, 전현무, 김병만, 이수근, 오정연, 강예원, 황신혜, 정소민 |
| YG엔터테인먼트 | 지누션, 원타임, 페리, 마스타 우, 빅뱅, 2NE1, 싸이, 강승윤, 에픽하이, 페리, 테디, 악동뮤지션, 이하이, WINNER, iKON, 김희애, 차승원, 강동원, 이종석, 임예진, 장현성, 남주혁, 길소원, 유병재, 안영미, 최지우, 정혜영, 구혜선, 유인나, 손호준 |
| JYP엔터테인먼트 | 박진영, 2PM, 2AM, 원더걸스, 미쓰에이(JYP 산하 AQ 소속), 15&(박지민, 백예린), 지소울, TWICE, GOT7, 이정진, 민효린, 윤박, 최우식 |
| FNC엔터테인먼트 | FT아일랜드, 씨엔블루, AOA, 엔플라잉, 이노베이터, 유재석, 정형돈, 송은이, 노홍철, 이국주, 지석진, 김용만, 곽동연, 김민서, 김소영, 문세윤, 박광현, 성혁, 이다해, 이동건, 윤진서, 조재윤, 김원희 |
| iHQ(구 싸이더스 HQ) | 장혁, 김우빈, 김유정, 김소현, 이미숙, 엄기준, 박재범, 한은정, 조보아, 이유비, 임형준, 선우선, 백성현, 남규리, 오광록, 임슬옹, 손준호, 채림, 정주연, 김보라, 서신애, 고은미, 최아라, 박건태, 김지영, 박희본 |
| 키이스트 | 배용준, 김수현, 김현중, 소희, 구하라, 엄정화, 엄태웅, 손현주, 박서준, 주지훈, 정려원, 한예슬, 한지혜, 홍수현, 인교진, 소이현, 손담비, 박수진 |
| 이매진아시아 (구 웰메이드예당) | 유동근, 전인화, 오연서, 박상면, 이일화, 서효림, 송경철 |
| 판타지오 엔터테인먼트 | 주진모, 서강준, 염정아, 김새론, 김성균, 헬로비너스, 공명, 윤승아, 이소연, 정태우, 황보라 |
| 큐브엔터테인먼트 | 비스트, 현아, 비투비, 씨엘씨, 김기리, 신지훈, 노지훈, 허경환, 서우 |
| 화이브라더스 (구 심엔터테인먼트) | 김윤석, 주원, 김정은, 이동휘, 유해진, 박혜수, 임지연, 강지환, 김상호, 오현경, 황우슬혜, 길해연 |

| | |
|---|---|
| 씨제스엔터테인먼트 | JYJ, 최민식, 설경구, 이정재, 강혜정, 이범수, 거미, 류준열, 류혜영, 곽도원, 송새벽, 송일국, 박성웅, 김강우, 황정음, 라미란, 박주미, 문소리, 이청아, 정선아, 정석원, 윤지혜, 강홍석 |
| 나무엑터스 | 문근영, 유준상, 한혜진, 김주혁, 신세경, 지성, 김아중, 김소연, 윤제문, 박건형, 김지수, 이윤지, 유지태, 김효진, 백윤식, 도지원, 유선, 전혜빈, 홍은희, 한정수, 천우희, 구원, 김혜성, 채빈, 김향기 |
| 블러썸엔터테인먼트 | 송중기, 고창석, 김보령, 박보검, 손승원, 손창민, 송종호, 임주환, 차태현, 한상진 |
| 킹콩엔터테인먼트 | 김범, 이동욱, 이광수, 유연석, 조윤희, 김지원, 박희순 |
| 미스틱엔터테인먼트(구 미스틱 89 그리고 가족) | 윤종신, 조정치, 하림, 김연우, 퓨어킴, 에디킴, 장재인, 장항준, 서장훈, 장호일, 김영철, 조규찬, 한채아, 오지은, 신소율, 손은서, 안미나, 박혁권, 김기방, 하재숙, 브라운아이드 걸스, 천둥 |
| 코엔스타즈 | 이경규, 이휘재. 이경실, 조혜련, 장윤정, 유세윤, 장동민, 유상무, 박경림, 문희준, 현영, 김지선, 안선영, 김나영, 신봉선, 김숙, 홍진경, 장도연, 박준금, 김광규, 홍지민, 한혜린, 김빈우, 이연두, 전수진, 최은경, 정지영, 정이랑, 허안나, 배지현, 붐, 김상혁, 성대현, 변기수, 김인석, 이상준, 김기욱, 예재형, 이혜정, 김태훈, 양재진, 단우, 양진석, 신동선, 홍경준, 김진아, 김완배, 김여운, 이은지, 정아름 |
| BH엔터테인먼트 | 이병헌, 한효주, 한지민, 한가인, 이지아, 이희준, 진구, 장영남 |
| 호두앤유 엔터테인먼트 | 김혜수, 이성민, 이선균, 송강호, 신하균, 김고은, 전혜진 |
| 매니지먼트 숲 | 공유, 공효진, 류승범, 전도연, 이천희, 정유미 |
| HB엔터테인먼트 | 김래원, 조성하, 지진희, 신성록, 조현재, 안재현 |
| 스타쉽엔터테인먼트 | 케이윌, 씨스타, 보이프렌드, 유승우, 몬스타엑스, 우주소녀 |
| 스타제국 엔터테인먼트 | V.O.S, 제국의 아이들, 나인뮤지스, 소리얼, 예원, 임팩트 |
| DSP미디어 | 허영지, 레인보우(레인보우 픽시), 에이젝스, APRIL, 소민 |
| Fe 엔터테인먼트 (구 후너스 크리에이티브) | 김현철, 심현보, 고세원, 길용우, 김갑수, 김미려, 김원준, 박신아, 박시은, 이기찬 |
| YMC엔터테인먼트 | 휘성, 에일리, 마이티 마우스, 배치기, 신보라, 럭키제이, 슈가볼, 소울라이츠, 김지아, I.O.I |
| CJ E&M | 다비치, 로이킴, 연진, SG워너비, 스피카, 에릭남 |

| | |
|---|---|
| MBK엔터테인먼트<br>(구 코어 콘텐츠미디어) | 김규리, 티아라, DIA, 샤넌 |
| 월 엔터테인먼트 | 김옥빈, 강소라, 온주완, 진이한, 남보라, 김소은, 강래연 |
| 폴라리스 엔터테인먼트 | 김범수, 김세아, 김선경, 김준배, 선우재덕, 선우, 신민철, 아이비, 아이언, 양동근, 오윤아, 이켠, 재희, 정재은, 정준, 정호빈, 주혜지, 최무성, 럼블피쉬, 한희준, 황지현, 레이디스코드 |
| 열음 엔터테인먼트 | 김성령, 김유미, 박효주, 유정래, 박민지, 이열음, 길금성, 민우혁, 이시훈, 이현욱, 차엽, 도지환 |
| 아이오케이(IOK) 컴퍼니 | 고현정, 조인성, 정은채, 한이서, 최다빈, 진기주 |
| C9 엔터테인먼트 | 윤하, 송희진, 정준영, 주니엘, 치타, 올티, JJK, 루피, 조덕환 |
| TS 엔터테인먼트 | 시크릿, B.A.P, 언터쳐블, 소나무 |
| United Artist Agency | 유아인, 송혜교 |
| 드림티엔터테인먼트 | 걸스데이, 주비스, MAP6 |
| 뮤직팜 | 김동률, 이적, 조원선(롤러코스터), 존박, 체리필터, 곽진언 |
| 빅히트 엔터테인먼트 | 방탄소년단, 8eight, 2AM(JYP 공동) |
| 브랜뉴뮤직 | 산이, 버벌진트, 팬텀, 미스에스, 이루펀트, 태완, 범키, 칸토, Bizinz, 피타입, 애즈원, 샴페인&캔들, 허인창, 양다일, MC그리 |
| 안테나 뮤직 | 유희열, 정재형, 루시드폴, 페퍼톤스, 박새별, 권진아, 이진아, 샘김, 정승환 |
| 페이브 엔터테인먼트 | 아이유, 지아, 써니힐, 런, HISTORY, 피에스타, 장현, 라디, 멜로디데이, 윤현상 |
| 스노우볼 엔터테인먼트 | 송윤아, 이수경, 신동욱, 양진성, 백진희, 오의식, 이채영 |
| 더블유에스(WS)<br>엔터테인먼트 | 송창의, 손가영, 이엘리야, 김준아, 이정화, 김채은, 강영석 |
| 제이와이드 컴퍼니 | 천호진, 배종옥, 이상윤, 이영은, 이아현, 엄지원, 최윤소, 오민석, 왕지원, 최재환, 민성욱, 김진우, 이미도, 민지아, 진현빈, 전재형, 한예준, 임지현, 김소혜, 한승연, 김태리, 김사희, 박형수, 손여은 |
| 사람 엔터테인먼트 | 고성희, 권율, 이하늬, 김재영, 변요한, 윤계상, 이제훈, 조진웅, 지우, 최원영, 한예리 |
| 토비스 미디어 | 공현주, 최송현, 이상엽, 유호린, 강동호, 이도영, 신지운, 한지우, 유은호, 민지원, 원태희, 오민성, 강결 |

| | |
|---|---|
| 스타제이 | 소유진, 이수혁, 왕지혜, 수애 |
| 문화창고 | 전지현, 박민영, 조정석 |
| 더퀸 | 김남주, 김승우, 김정태, 성유빈, 신강우, 오만석, 윤다영, 이승연, 이태성, 이해준, 조창근, 최호중 |
| 샘 컴퍼니 | 황정민, 강하늘, 박정민, 정재헌, 최우리, 정상훈, 한채영 |
| S.A.L.T 엔터테인먼트 | 김정화, 박신혜, 김지안 |
| 클로버 컴퍼니 | 한석규, 남경주, 감우성, 한성용, 지상혁, 이주승, 박주희 |
| 국엔터테인먼트 | 김상경, 김지영, 김혜리, 김태한, , 박선영, 심희섭, 이종수, 한지안 |
| PI(피아이) 엔터테인먼트 | 정웅인, 김형범, 곽민호, 윤주희, 정성운, 백보람, 이루리, 김예은 |
| 씨그널 엔터테인먼트 | 김현주, 이상훈, 전세현, 이서연, 이시유, 심훈기, 한소하, 이미연, 공형진 |
| G.G 엔터테인먼트 | 유진, 이세은, 정의철, 최대철, 강동우, 한은서, 양나래, 주경희 |
| 더좋은이엔티 | 송승헌, 채정안, 김재욱, 장희진, 구재이, 이주연, 현승민 |
| 더솜 엔터테인먼트 | 조민기, 윤해영, 고명환, 김진수, 허정규, 고수희, 황금별, 서동원, 강석정, 김혁, 류혜린, 정다혜, 박두식, 윤주 |
| 프레인 TPC | 김대명, 김무열, 류승룡, 류현경, 문정희, 문지애, 박용우, 박지영, 서민지, 양익준, 엄태구, 오상진, 오정세, 오재무, 이세영, 이준, 이초희, 조은지, 지수, 황선희 |
| MS team(엠에스팀) 엔터테인먼트 | 손예진, 이민정, 문채원 |
| 메이딘 엔터테인먼트 | 주상욱, 진재영, 최진호, 전수경, 이정은, 윤지원, 나현주, 인교진, 허재호, 장태성, 김광민, 임수연, 이혜인, 주현진 |
| WM 엔터테인먼트 | B1A4, 오마이걸 |
| 플랜A 엔터테인먼트 | 에이핑크, 허각 |
| 스타쉽 엑스 | 정기고, 매드클라운, 주영, 브라더수 |
| 매니지먼트케이 | 김희원, 유서진, 이석준, 이선진, 강지섭, 김지연, 서은아, 정다솔, 차준 |
| 점프 엔터테인먼트 | 서지혜, 서현진, 연우진, 서이숙, 조미령, 이현경 |
| 디에이와이 엔터테인먼트 | 이덕화, 김규철, 김일우, 이지현, 신혜지, 추헌엽 |

| | |
|---|---|
| 제이스타즈 엔터테인먼트 | 기태영, 김지석, 이현진, 한예원, 정지윤, 김종수, 김병철, 윤아름, 박훈, 안세호, 박서윤, 이진희, 우상욱 |
| 풀잎이엔앰 | 정찬, 김여진, 이주현, 이희도, 천성훈, 강다빈, 장다나 |
| 디지털수다 | 김슬기, 김정민, 류덕환, 서이안, 서지원, 이본, 이해영, 조복래, 타카기리나 |
| 비오비 스타 컴퍼니 | 금보라, 이경심, 이훈, 허이재, 윤지유, 박수민, 장혜리, 서지승, 서진원, 이선구, 정세형, 홍지영, 안아영, 윤진 |
| 매니지먼트 구 | 조민수, 이요원, 차예련, 이다희, 임정은, 김선경, 최윤영, 권현상, 이중문, 이승효, 정천석, 옥지영, 한주현, 선우은숙, 오인혜, 김시운, 송은채 |
| 엠지비(MGB) 엔터테인먼트 | 윤상현, 박탐희, 서유정, 송재희, 메이비, 이효정, 동현배, 송아영, 이지연, 이시후, 우혁, 유모리, 이수용, 윤이나 |
| 에이치엠(HM) 엔터테인먼트 | 박해일, 우희진, 성지루, 배슬기, 이상우, 류태준, 이승준, 김강현, 김지유, 김영재, 손화령, 채태석, 안기영, 최원, 김승윤 |
| 스타하우스 엔터테인먼트 | 박솔미, 신동미, 한주완, 이다윗, 곽시양, 송원석, 권도균, 김유미 |
| 스타빌리지 엔터테인먼트 | 강신일, 오달수, 이환, 조은숙, 전배수, 허준석, 진경, 엄효섭, 조덕현, 조희봉, 오윤홍, 염동현, 이철민, 황영희, 최재섭, 권재원, 윤돈선, 박정표, 하지은, 현성, 정승길, 조순창, 박지환, 김홍파, 정석용, 장성범, 이미은, 이승훈 |
| H8 컴퍼니 | 손태영, 권상우, 심지호, 이지혁, 이은채, 희웅 |
| 에스엘이엔티 | 박하선, 한혜경, 최준호, 성유리 |
| 지앤지(GnG) 프로덕션 | 이종혁, 한고은, 심형탁, 서도영, 엄현경, 민도희, 박소은 |
| 크다 컴퍼니 | 강성연, 김민정, 고나은, 심이영, 송옥숙, 양정아, 박유나, 전성우 |
| 아트미디어 그룹 | 정보석, 윤유선, 김진근, 정애연, 김보정, 장재호, 김동혁 |
| 팬스타즈 컴퍼니 | 류진, 김유리, 김윤서, 하주희, 최우석, 홍인영, 한지완, 최성재, 표예진, 이인하 |

* 2016년 8월 기준(소속 연예인은 계약기간에 따라 변동)

# 참고문헌 및 자료

〈인터뷰〉
가수 겸 연기자 수지
가수 양희은
가수 조용필
강우석 영화감독
김영섭 SBS드라마본부장
김영희 PD
김종도 나무액터스 대표
김희정 전 에이스타스 부사장
나상천 드림티엔터테인먼트 이사
박진영 JYP엔터테인먼트 프로듀서
박해선 전 KBS예능국장
백남수 전 에이스타스 대표
연기자 고두심
연기자 고현정
연기자 김명민
연기자 나문희
연기자 손예진
연기자 송혜교
연기자 이순재
연기자 이은주
연기자 장근석
연기자 정우성
연기자 차인표
연기자 최불암
연기자 최진실
운근일 전 SBS 드라마국장
윤석호 PD
윤흥식 전 KBS드라마국장

이병훈 PD
이수만 SM엔터테인먼트 프로듀서
장수봉 전 MBC PD
정영범 스타제이 대표
정욱 JYP엔테테인먼트 대표
코미디언 구봉서
코미디언 이주일

〈참고문헌〉

강내희. 『문화론의 문제설정』. 문화과학사. 1996.
강영희. 「스타론」. 『TV:가까이 보기, 멀리서 읽기』. 현실문화연구. 1993.
강준만. 『고독한 대중』. 개마고원. 1997.
_____. 『대중문화의 겉과 속』. 인물과 사상사. 2013.
_____. 『대중문화의 겉과속3』. 인물과 사상사. 2006.
강준만, 강지원. 『빠순이는 무엇을 갈망하는가』. 인물과 사상사. 2016.
강태영, 윤태진. 『한국TV 예능오락 프로그램의 변천과 발전』. 한울아카데미. 2002.
강현두. 「현대 한국사회와 대중문화」. 『현대사회와 대중문화』. 강현두 편, 나남출판.
    2000.
고정민, 민동원. 『국내음반산업의 주요이슈와 대응방안』. 삼성경제연구소. 2003.
고현정. 『고현정의 결』. 꿈의 지도. 2015.
국가인권위원회. 『여성연예인 인권침해 실태조사』. 2009.
국세청. 『2012 사업소득 원천징수 신고현황』. 2013.
김승현, 한진만. 『한국사회와 텔레비전 드라마』. 한울아카데미. 2001.
김영덕. 『방송매체별 음악프로모션 전략 차별화』. 한국방송영상산업진흥원. 2002.
김우룡, 김영석. 『방송과 독립 프로덕션』. 나남 1992.
김제동. 『김제동이 만나러 갑니다』. 위즈덤 경향. 2011.
김창남. 『대중문화의 이해』. 한울. 2003.
김호석. 「텔레비전과 스타 시스템」. 『텔레비전과 문화연구』. 황인성 편저, 한나래.
    1999.
_____. 『스타 시스템』. 삼인. 1998.
김휴종. 『한국영화스타의 스타파워분석』. 삼성경제연구소 보고서. 1997.
남재일, 박재영. 『국내 연예저널리즘 현황과 품질제고 방안 연구』. 한국언론진흥재단. 2013.

다키야마 스스무. 『할리우드 거대미디어의 세계전략』, 니혼게이자이 신문사, 2000, 곽해선 옮김, 중심. 2001.

루샹리. 「중국연예 매니지먼트 문제점과 개선방안」. 건국대대학원 석사논문. 2013.

마정미. 『최진실 신드롬』. 청하. 1993.

문화관광부. 『매니지먼트 산업 실태조사』. 2013.

_____. 『방송연예산업 종사자 실태조사 및 개선방안연구』. 2006.

미래창조과학부. 『2015 인터넷 이용실태조사』. 2015.

_____. 『무선 통신 서비스 통계현황』. 2016.

박성혜. 「기업형 연예매니지먼트 회사의 매니지먼트 시스템 분석과 개선방안에 관한 연구」. 홍익대학교 광고홍보대학원 석사논문. 2006.

_____. 『별은 스스로 빛나지 않는다』. 씨네21 북스. 2010.

박해선. 「대중음악 매니지먼트의 역동적 진화와 스타 메이킹에 관한 연구」. 서강대 언론대학원 석사논문. 1999.

반야월. 『나의 삶, 나의 노래』. 선. 2001.

방송문화진흥회편. 『방송대사전』. 나남. 1990.

방송위원회. 『한류의 안정적 기반구축과 방송연예 매니지먼트 산업의 개선을 위한 해외사례연구』. 2006.

배국남. 『스타 성공학』. 이투데이. 2015.

빅뱅. 『세상에 너를 소리쳐』. 쌤앤파커스. 2009.

신대남. 「한국 연예인의 홍보전략에 관한 연구」. 동국대학교 행정대학원 석사논문. 1988.

신혜선, 김광수 외 지음. 『스타를 만드는 사람들』. 문예마당. 1997.

심의철, 이은영. 『방송연예산업경영론』. 북코리아. 2013.

양문석. 「스타권력과 드라마 현실 그리고 새로운 모색」. 한국방송프로듀서연합회. 2005.

양재영. 「청소년 집단의 대중문화 수용과정에 관한 연구」. 서울대대학원 석사논문. 1994.

오명환. 『텔레비전 드라마 예술론』. 나남출판. 1994.

오세인. 「대중문화 매니지먼트 산업에 관한 연구」. 중앙대대학원 석사논문. 1995.

운군일. 「스타의 매력요인에 관한 연구」. 고려대 언론대학원석사논문. 2000.

원용진. 『대중문화의 패러다임』. 한나래. 2000.

이경기 편. 『급할 때 써먹을 수 있는 1,000가지 영화이야기』. 삼호미디어. 1994.

이규형. 『닛폰, 닛폰 분가』. 동방미디어. 2000.

이기훈. 『남자 아이돌이 군대에 간다』. 하나금융투자. 2015.

이동연 엮음. 『아이돌』. 이매진. 2011.

_____. 『대중문화 연구와 문화비평』. 문화과학사. 2002.

이미자. 『인생 나의 40년』. 황금가지. 1999.

이병훈. 『꿈의 왕국을 세워라』. 해피타임. 2009.

이영미. 『한국대중가요사』. 시공사. 2001.

_____. 『흥남부두의 금순이는 어디로 갔을까』. 황금가지. 2002.

이용관, 김지석. 『할리우드』. 제3문학사. 1992.

이은영. 「연예 매니지먼트 시스템의 변화과정 및 발전방안연구」. 동국대학교 문화예
술대학원 석사논문. 2012.

이일래. 「대중소비사회에서 스타 이미지의 상품화에 관한 연구」. 부산대대학원 석사
논문. 2000.

임경민. 「연예매니지먼트 실태와 발전방안에 관한 연구」. 연세대언론홍보대학원 석
사논문. 2001.

장규수. 『한류와 스타 시스템』. 스토리 하우스. 2011.

정종화. 『자료로 본 한국영화사1』. 열화당. 1997.

정혜경. 「한국대중문화 영역의 스타 시스템 변화과정에 관한 연구」. 서울대학원 석
사논문. 1996.

존 피스크. 「팬덤의 문화 경제학」, 박명진 외(편), 1997, 『문화, 일상, 대중』. 한나래.

주창윤. 『신문의 방송보도』. 한국방송진흥원보고서. 2000.

진현승. 「대중매체 산업의 스타 시스템에 관한 연구」. 서강대대학원 석사논문.
1992.

최불암. 『인생은 연극이고 인간은 배우라는 오래된 대사에 관하여』. 샘터. 2007.

최용재. 『스타가 되기까지』. 흥국증권. 2015.

최은희. 『최은희의 고백』. 랜덤하우스. 2007.

최진실. 『그래, 오늘 하루도 진실 되게 살자』. 책이 있는 마을. 1998.

하윤금, 김영덕. 『방송과 연예매니지먼트 산업』. 커뮤니케이션북스. 2003.

하지원. 『지금 이 순간』. 북로그컴퍼니. 2012.

한국국제교류재단. 『지구촌 한류현황』. 2015.

한국언론진흥재단. 『2015 언론수용자 의식조사』. 2015.

한국콘텐츠진흥원. 『2015 대중문화예술산업 실태보고서』. 2015.

한국텔레비전방송연기자협회. 「출연료 현실화 자료」. 1977.

허행량. 『스타 마케팅』. 매일경제신문사. 2002.

호현찬. 『한국영화 100년』. 문학사상사. 2001.

황동미. 『한국영산업구조분석』. 영화진흥위원회 연구보고서. 2001.

황문평. 『인물로 본 연예사』. 선. 1998.

황완덕. 「중고생 연예인 팬클럽 활동에 관한 연구」. 성균관대학교 교육대학원 석사 논문. 1999.

황정희. 『스타를 꿈꾸는 사람들의 열등감』. 청조사. 2000.


A. Breton. *Introduction to an Economics of Culture: A liberal Approach*, Cultural Industries, Unesco. 1982.

Andrew Tolson. *Mediations: Text and Discourse in Media Studies*, London & New York: Hodder Headline Group, 1996.

Andrew Tudor. *Image and Influence*, London: Allen & Unwin. 1974.

Arther Asa Berger. *Media Analysis Techniques*, SAGA Publications Inc, 1982, 『대중매체비평의 기초』, 한국사회언론연구회 매체비평과 옮김, 이론과 실천. 1993.

Christine Gledhill. *Stardom: Industry of Desire*, Vision & Language Publishing Company, 1991, 『스타덤: 욕망의 산업1』, 조혜정, 박현미 옮김, 시각과 언어. 1999.

_____ . *Stardom: Industry of Desire*, Vision & Language Publishing Company. 1991. 『스타덤: 욕망의 산업2』, 곽현자 옮김, 시각과 언어. 1999.

Daniel Boorstin. *The Image*, London: Weidenfeld and Nicholson. 1962.

Douglas Gomery. *The Hollywood Studio System*, New York: St. Martin's Press, 1986, 『할리우드 스튜디오 시스템』, 이용관 옮김, 예건사. 1992.

Edgar Morin. *Les Stars*, Galilee, 1984, 『스타』, 이상률 옮김, 문예출판사. 1997.

Emmanuel Levy. "Social Attributes of American Movie Stars," *Media, Culture and Society* 12, 1990.

Eric Sherman. *Directing The Film*, Acrobat Books, 장미희 옮김, 『거장들이 말하는 영화만들기』, 까치. 1996.

Garth Jowett & James Linton. *Movies as Mass Communication*, Sage Publications, 1989, 『영화 커뮤니케이션』, 김훈순 옮김, 나남출판. 1994.

Herbert Marcuse. *One Dimensitional Man*, Boston: Beacon Press. 1964.

I. C. Jarvie. *Towards a Sociology of The Cinema*, London: Routledge &

Kegampaul. 1970.

Jack C, Ellis, *A History of Film*, New Jersy: Prentice—Hall, Inc., 1985, 『세계 영화사』, 변재란 옮김, 이론과 실천. 1994.

Jason E. Squire. *The Movie Business Book*, New York: Gilbeot Publishing Co., 1992, 『할리우드의 영화산업』, 강인형 옮김, 길벗. 1997.

Jean Baudrillard. *La Sociate de consommation: ses mythes ses sructures*, Paris: Editons Denoel, 1986, 『소비의 사회』, 이상률 옮김, 문예출판사. 1992.

Jeremy G. Butler. *Television: Critical Methods and Applications*, Mahwah & London: Lawrence Erlbaum Associates. 2002.

Joanne Hollows and Mark Jancovich. *Approaches to Popular Film*. Manchester: Manchester University Press. 1995, 『왜 대중영화인가』, 문재철 옮김, 한울. 1999.

John Belton. *American Cinema/Ammerican Culture*, Mcgraw—Hill, 1994, 『미국영화/미국영화』, 이형식 옮김, 한신문화사. 2000.

John Ellis. *Visible fictions, Cinema: Television: Video*, London and New York: Routledge. 1992.

John Fiske, *Reading the Popular*, Unwin Hyman. 1989.

Karen Hardy Bystedt. *Before They were Famous*, Oslo Production, 1996, 『스타들이 말하는 나의 무명시절』, 김수진 옮김, 룩스. 2002.

Leo Lowenthal. "The Triuumph of Mass Idols," *Literature, Popular and Society*, Prentice Hall, Englewood Cliffs, 1961.

Louis Giannetti. *Understanding Movies*, New York: Prentice—Hall inc, 1996, 『영화의 이해』, 김진해 옮김, 현암사.

Marita Stuken & Lisa Carwright. *Practices of Looking: Introduction to Visual Culture*, Oxford & New York, Oxford University Press. 2001.

Marshall McLuhan. *Understanding Media: The Extentions of Man*, New York: McGraw—Hill, 1965, 『미디어의 이해』, 박정규 옮김, 커뮤니케이션북스. 2011.

Max Horkheimer Und Theodor W. Adorno. *Dialektik der Aufklarung*, 1969, 『계몽의 변증법』, 김유동 옮김, 문예출판사. 1995.

Ramond Williams. *Key words*, London: Fontana. 1983.

Richard Dyer. *Stars*, British Film Institute, 1979, 『스타—이미지와 기호』, 주은우 옮김, 한나래. 1995.

Richard Griffith. *The Movie Stars*, New York: Doubleday. 1970.

Robert C. Allen and Douglas Gomery. *Film History: Theory and Practice*, New York: Alfred A. Knopf, 1985.

S. C. Earley. *An Introduction to American Movies*, New York: A Mentor Book, 1979, 이용관 옮김. 『미국영화사』, 예건사, 1993.

Susan Hayward. *Key Concepts in Cinema Studies*, London: Routledge, 1996, 『영화사전』, 이영기 옮김, 한나래, 1997.


〈신문잡지〉

고재열. 「누가 연예산업을 움직이는가」. 시사저널. 2005년, 7월 19일.

김명국. 「누가 한국을 움직이는가」. 시사저널. 2015년 9월 23일.

노명우. 「자살의 사회학, 누구나 마지막엔 인간일 권리가 있다」. 방송작가. 2010년 5월호.

라제기. 「한국엔터산업 빅3 '이수만, 양현석, 나영석'」. 한국일보. 2015년 6월 12일.

박인영. 「뜨겠다는 일념으로 돈과 섹스를 바쳤다」. 월간중앙. 2002년 9월.

배국남. 「미디어의 대중문화, 70년의 문양은?」. 관훈저널. 2015년 가을호.

_____. 「방송과 마니아」. MBC가이드. 2002년 11월호.

_____. 「별이 되어 살다간 목마른 삶」. 주간한국. 2003년 4월 17일.

_____. 「얼짱, 스타 시스템을 뒤집다」. 주간한국. 2003년 12월 25일.

_____. 「클릭! 한번에 스타는 뜨고 진다」. 주간한국. 2003년 7월 10일.

신중현. 「나의 이력서」. 한국일보. 2003년 3월 4일.

윤태진. 「알권리로 포장된 관음증과 정보권력 부추기기」. 신문과 방송. 2011년 6월.

이흥우. 「이흥우 PD의 연예가 클로즈업」. 중앙일보. 2002년 5월 18일.

정희완. 「연예 지망생 상습폭행…연예기획사대표 징역 6년 확정」. 경향신문. 2013년 6월 21일.

최보식. 「100만 스타 지망생 노리는 검은손」. 조선일보. 2003년 5월 23일 A9면.

_____. 「해부, 연예기획사」. 조선일보. 2003년 5월 28일.

최지향. 「보아 열풍」. 한국일보. 2003년 4월 15일.

_____. 「조성모, 야성으로 돌아오다」. 한국일보. 2003년 3월 11일.

# 색인